弗布克人力资源管理从入门到精通实战指南系列

人员招聘管理实训实战实务

朱晓静　编著

人民邮电出版社

北　京

图书在版编目（CIP）数据

人员招聘管理实训实战实务／朱晓静编著．—北京：
人民邮电出版社，2016.1
　（弗布克人力资源管理从入门到精通实战指南系列）
　ISBN 978-7-115-41097-9

　Ⅰ．①人…　Ⅱ．①朱…　Ⅲ．①企业管理—人力资源管
理　Ⅳ．①F272.92

　中国版本图书馆 CIP 数据核字（2015）第 275619 号

内 容 提 要

　　如何才能通过人员招聘为企业"招贤纳士"，为岗位选拔最适宜的人才，并做到人尽其才
呢？很多成功企业的经验告诉我们，只有通过对人力资源管理工作者进行专门的实训、实战和
实务操作演练，才能真正提高人员招聘管理工作的效率，使企业更加具有竞争力。

　　本书是一本关于企业人力需求规划和预测、招聘渠道计划和选择、招聘活动组织与实施的
实务工具书。全书围绕流程化、标准化、规范化、实务化"四化合一"的主旨，系统地介绍了
企业人力招聘计划、招聘工作预测、招聘渠道选择、校园招聘、内部选聘、劳务派遣、网络招
聘、猎头招聘共八大关键事项，并且给出了多个岗位人员招聘的设计范例与大量可以"拿来即
用"的模板。

　　本书能够为企业管理人员、企业招聘执行人员以及相关岗位工作人员提供详细、完善的招
聘解决方案，适合企业管理者、人力资源管理岗位人员以及各大院校相关专业师生阅读参考。

◆ 编　　著　朱晓静
　　责任编辑　包华楠
　　执行编辑　付微微
　　责任印制　焦志炜

◆ 人民邮电出版社出版发行　　　北京市丰台区成寿寺路 11 号
　　邮编 100164　　电子邮件 315@ ptpress. com. cn
　　网址 http://www. ptpress. com. cn
　　固安县铭成印刷有限公司印刷

◆ 开本：787×1092　1/16
　　印张：13.5　　　　　　　　　　2016 年 1 月第 1 版
　　字数：236 千字　　　　　　　　2016 年 1 月河北第 1 次印刷

定　价：39.00 元
读者服务热线：（010）81055656　印装质量热线：（010）81055316
反盗版热线：（010）81055315
广告经营许可证：京崇工商广字第 0021 号

前　言

为帮助企业提高人力资源管理效率，使企业的人力资源管理工作达到专业化与高效化，"弗布克人力资源管理从入门到精通实战指南系列"图书针对具体的管理业务模块，从多个视角为人力资源管理人员提供了分层化、精细化、实务化的解决方案。

本系列图书涵盖了企业管理制度设计、内部竞聘管理、管理与工作流程设计、岗位说明设计、人力资源计划制订、员工培训管理、人员招聘管理、员工关系管理、员工离退管理等规范化管理内容，在为读者提供人力资源各业务模块操作演练的同时，还提供了各种可以借鉴的模板、示范等，使企业人力资源管理工作不再浮于表面、流于形式。

《人员招聘管理实训实战实务》是本系列图书中的一本，全书围绕流程化、标准化、规范化、实务化"四化合一"的主旨，对企业人员招聘管理过程中所能用到的制度与操作规范加以设计示范，明确了人员招聘各执行主体的权责范围，有利于企业推进人员招聘规范化与标准化管理，大力提升企业的招聘执行能力。同时，本书为企业人员招聘管理提供了相应的操作示范，有针对性地为人力资源管理人员提供了人员招聘具体事项、具体问题的解决方案。

本书的特点主要体现在以下四个方面。

一、系统介绍了八大招聘工作关键事项

本着系统、实用的原则，本书详细阐述了企业人力招聘计划、招聘工作预测、招聘渠道选择、校园招聘、内部选聘、劳务派遣、网络招聘、猎头招聘共八大招聘工作的关键事项，并针对每一事项提供了内容知识方面的实训说明与操作经验方面的实战示范，兼具理论性与实操性，便于读者提升岗位技能。

二、详述五种招聘方式并提供相应的实战工具

本书还详细介绍了五种常用的招聘方式，对每种招聘方式的顾虑因素、操作准备、实施程序、操作要点、效果评估以及存在的风险事项等一一予以实训说明，并配套提供实用的工具表单、操作方案、文书范例等实战工具，不仅有利于招聘工作人员掌握每一种招聘方式的操作要点，还有利于在实际的甄选工作中"稍改即用"。

三、全程示范招聘工作特需的文书范例

本书针对企业人力招聘计划、招聘说明、招聘渠道计划、校园招聘面试通知、校园招聘录用（辞谢）通知、内部选聘公告、公开竞聘、网络面试通知、猎头公司人才推荐报告、招聘效果评估报告、招聘工作总结、招聘工作报告等事项提供了详细的编写范例，方便招聘工作人员根据自身工作需要"拿来即用"。

四、文图结合，增强内容的可读性和实用性

本书内容穿插使用活泼的**曲线图形**、严谨的**实务模板**，既提炼出每个招聘管理事项的核心工作，也提供了招聘工作开展所需要的标准化的实务范例，既不减每一步工作事项的**实务性**和**实用性**，又增强了图书内容的趣味性和可读性。

综上所述，本书主要体现了"**以招聘工作为导向，以招聘技能为核心**"的设计理念，全面阐述了招聘工作所需的**实用知识**和**操作技能**，并配套提供实用的**实战工具**，力求为企业招聘工作人员解决工作上的困扰，帮助企业打造高水平、高技能、高效率的人力资源工作团队。

在本书编写的过程中，孙宗坤、程富建、孙立宏、刘井学负责资料的收集与整理工作，贾月、罗章秀负责图表的编排工作，张春婉、李作学参与了本书第 1 章的编写，何雨桐、齐艳霞参与了本书第 2 章的编写，张正参与了本书第 3 章的编写，毕春月参与了本书第 4 章的编写，王胜会参与了本书第 5 章的编写，李健参与了本书第 6 章的编写，权锡哲参与了本书第 7 章的编写，张艳锋参与了本书第 8 章的编写，金丹仙参与了本书第 9 章的编写，全书由朱晓静统撰定稿。

目 录

第1章 企业人力招聘计划

1.1 企业年度招聘计划

人力资源部需要在年初制订企业本年度人力资源计划，其中编制年度人员招聘计划是重要环节。该计划的编制，可以从人员需求数量方面着手，具体包括年度用人需求测算、年度人员流动测算、年均人员保有测算等；还可以从人员需求结构方面着手，包括学历构成测算、男女比例测算、员工区域测算等。

1.1.1 年度用人需求测算

1. 年度用人需求测算的步骤

企业用人需求的测算，为招聘数量预测提供战略指导和依据。以下一年度为预测期，企业用人需求测算的步骤一般如图1-1所示。

图1-1 企业用人需求测算的步骤

（1）目前用人需求测算

进行用人需求测算，要先掌握现有人员的情况，并统计出当下所需人员数量。企业目前用人需求测算的步骤如图1-2所示。

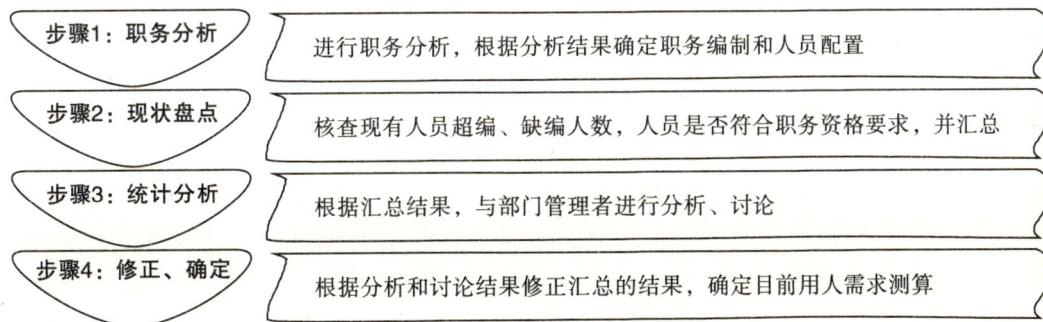

图1-2 企业目前用人需求测算的步骤

（2）下一年度新增用人需求测算

按照企业人力资源战略规划和下一年度业务发展规划，根据工作岗位数，结合现有人员情况，对下一年度新增用人需求进行测算，以满足企业战略发展的要求。

下一年度新增用人需求测算的步骤如图1-3所示。

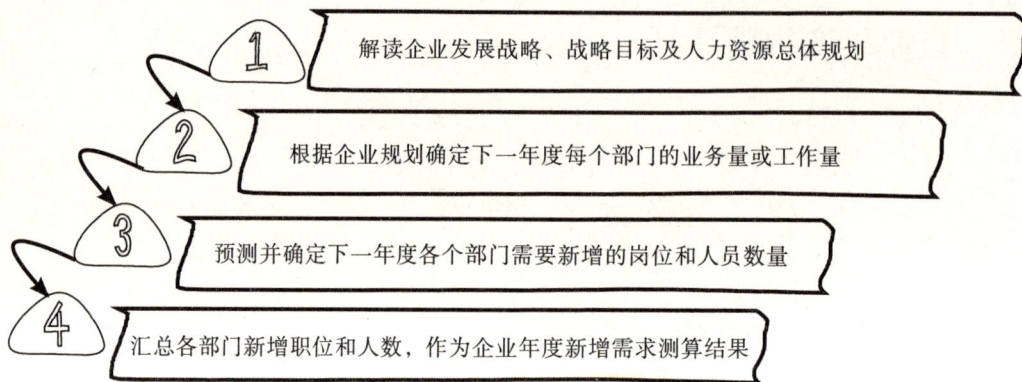

1 解读企业发展战略、战略目标及人力资源总体规划

2 根据企业规划确定下一年度每个部门的业务量或工作量

3 预测并确定下一年度各个部门需要新增的岗位和人员数量

4 汇总各部门新增职位和人数，作为企业年度新增需求测算结果

图1-3 下一年度新增用人需求测算的步骤

在汇总下一年度新增用人需求时，需要测算每个部门预计需求总人数、现有合格人数和超编人数，汇总得出下一年度需增人数。

（3）下一年度流失人员测算

企业对下一年度流失人员进行测算，以备制定用人需求补充方案。下一年度流失人员测算的步骤如图1-4所示。

步骤1：退休人员统计　　统计下一年度退休人员的数量

步骤2：离职人员预测　　预测下一年度人员离职情况及人数

步骤3：结果汇总　　对退休人员、离职人员的统计和预测结果进行汇总

步骤4：调整确认　　分析和调整汇总结果，进行未来流失人员测算

图1-4 下一年度流失人员测算的步骤

企业开展年度流失人员测算时，需要对拟退休人员进行调查汇总、对拟离职人员进行预测，以及对因其他原因流失的人员进行预测，将三者的结果加以汇总，从而得出年度流失总人数。

（4）企业年度总体用人需求

根据目前用人需求测算、下一年度新增用人需求测算及下一年度流失人员测算，汇总统计得出最终的用人需求测算结果。

2. 年度用人需求测算的方法

用人需求测算需要有可靠的数据和合适的方法。测算企业下一年度各个部门需要新增的岗位和人员数量，该项工作既需要有可靠的数据作为支撑，也需要选择合适的方法进行定量测算。常用的定量测算方法有以下五种，招聘工作者可以根据实际情况选择使用。

（1）回归分析法

回归分析法运用数学中的回归原理，以过去的变化情况为依据预测未来变化趋势，需要掌握大量的相关因素和数据资料，并建立合理的数学模型。此方法适用于离职人员测算、下一年度人员数量测算等。回归分析法包括简单的回归分析和多元化的回归分析，如图1-5所示。

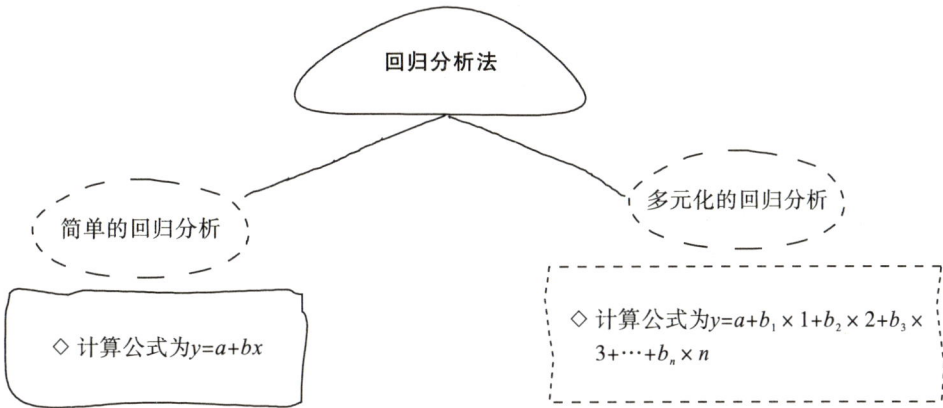

图1-5 回归分析法的分类

回归分析法

简单的回归分析

◇ 计算公式为$y=a+bx$

多元化的回归分析

◇ 计算公式为$y=a+b_1\times1+b_2\times2+b_3\times3+\cdots+b_n\times n$

公式中，y为人员数量，x为产品数量、销售收入等；a、b为根据企业往年资料推算出的系数。运用回归分析法预测企业某类人员需求数量，可按照图1-6所示的应用步骤进行。

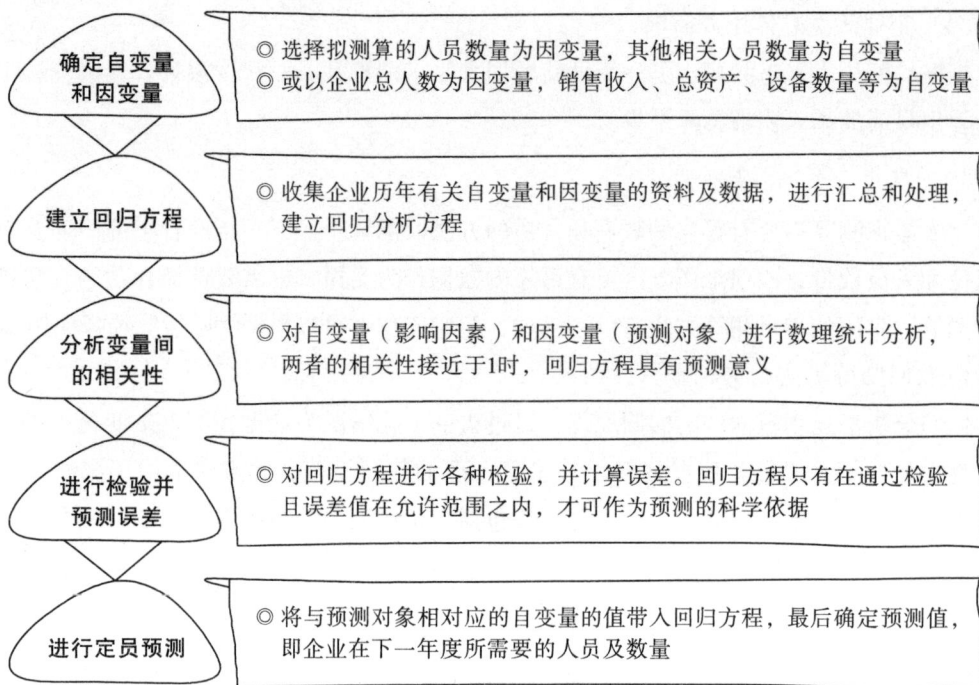

图1-6 回归分析法的应用步骤

回归分析法可借助计算机及统计分析软件（如 SPSS、SAS 等）进行数据分析和处理，过程比较复杂，但通过这种方法测算的数据相对比较精确。

（2）成本分析法

成本分析法主要从成本的角度进行人员需求测算，计算公式为：

$$NHB = TB \div [(S + BN + W + O) \times (1 + a\% \times T)]$$

公式中，NHB 为下一年度企业所需的人员数量，S 为下一年度企业所需的人员预算总额，BN 为企业员工的平均奖金，W 为企业员工目前的平均福利，O 为企业员工目前的其他平均支出，$a\%$ 为企业计划每增员一人增加成本的百分数，T 为年限。

（3）转换比率法

转换比率法主要用于短期预测，其原理是根据工作量或业务量（如生产任务或销售任务）来转化确定一线人员的数量，如生产人员、业务员等，再根据一线人员的数量确定管理、辅助人员的数量，如人力资源管理人员、财务人员、行政人员等。转换比率法的公式为：

$$计划期末需要的员工数量 = \frac{目前的业务量 + 计划期业务的增长量}{目前人均业务量 \times (1 + 生产率的增长率)}$$

运用转换比率法进行年度用人需求测算的举例如下：

某公司在2015年的年销售额是2 000 000元，基层销售人员为200人，在2014年计划增加销售额 1 000 000 元，根据销售经验和客户群保持状况，估计每人平均销售率将增加 20%，预测今年销售人员流失 20 人，请问该公司在 2016 年应招聘多少名销售人员？

解：2015 年该公司应招聘的销售人员人数 $= \dfrac{2\ 000\ 000 + 1\ 000\ 000}{\dfrac{2\ 000\ 000}{200} \times (1 + 0.2)} + 20 = 270$（人）

假如该公司人员比例相对稳定，一般销售人员与行政管理人员的比例为 30∶1，与财务人员的比例为 90∶1，则该公司还需增加行政管理人员和财务人员各多少人？

解：在运用转换比率法得出销售人员新增人数后，再根据销售人员与行政管理人员、财务人员等的相应比例，可计算出其他人员需要增加的人数。

行政管理人员需增加人数 $= 270 \times \dfrac{1}{30} = 9$（人）

财务人员需增加人数 $= 270 \times \dfrac{1}{90} = 3$（人）

（4）人员比率法

人员比率法是根据可预知的人员数量，以及该人员数量与其他人员数量的比例，来确定其他人员的数量。

使用人员比率法需要注意的是，可预知人员数量与其他人员数量的比例可以是历史数据的稳定平均值，且该值是合理的；也可以是行业内标杆企业的一般值，但使用时须结合本企业实际情况。

运用人员比率法进行年度用人需求测算的举例如下：

某公司基层员工与管理人员的比例为 10∶1，该公司由于规模扩大，新一年需新增基层人员 100 人，同时，有 5 名基层人员将退休，5 名基层人员将晋升为管理人员，按照以往比例推算，将流失基层人员 12 人、管理人员 3 人。请问，在其他条件不发生变化的情况下，该公司应招聘多少名管理人员和基层人员？

解：其他条件不变，基层人员与管理人员的比例为 10∶1，则需新增管理人员人数 = 100 ÷ 10 = 10（人）。

在这一年中，预测将有 3 名管理人员流失、5 名基层人员晋升为管理人员，所以，实际需招聘的管理人员人数 = 10 + 3 - 5 = 8（人）。

因为按照以往比例推算这一年将流失基层人员 12 人，5 名基层人员将晋升，还有 5 名基层人员将退休，所以实际需招聘的基层人员人数 = 100 + 5 + 5 + 12 = 122（人）。

（5）劳动定额法

劳动定额法是按劳动者在单位时间内应完成工作量来推算用工人数的，具体应用步骤如图 1-7 所示。

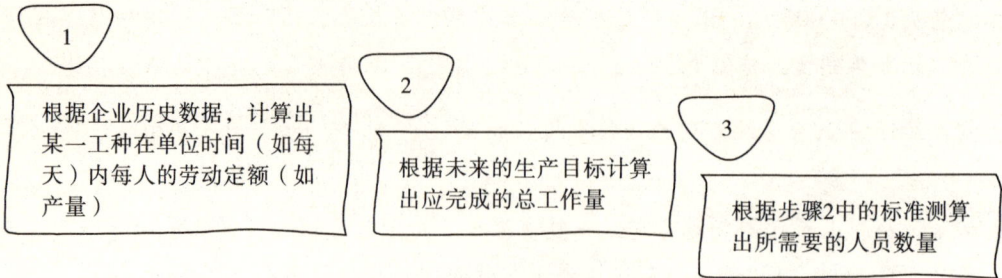

图1-7 劳动定额法的应用步骤

运用劳动定额法进行年度用人需求测算的举例如下：

某厂生产一件产品需要0.25小时，计划每天生产3 200件产品，每人每天工作8小时，若按3%的平均缺勤率计算，那么该厂每天需要多少工人？

解：每人每天生产产品数 = 8÷0.25 = 32（件）

全勤情况下需要的人数 = 3 200÷32 = 100（人）

每天缺勤人数 = 100×3% = 3（人）

每天所需总人数 = 100 + 3 = 103（人）

若企业劳动生产率提高，则运用该方法进行人力资源需求预测时，还需添加一个变量，此时劳动定额法的计算公式应为：

$$N = \frac{W}{q(1+R)}$$

公式中，N为人力资源需求总数量；W为企业总的任务量；q为企业该任务的定额标准；R为人力资源规划期间劳动生产率的变动系数。

$R = R_1 + R_2 - R_3$，R_1表示企业技术进步引起的劳动生产率提高系数，R_2表示经验积累产生的生产率提高系数，R_3表示由劳动者及某些因素引起的生产率降低系数。

运用劳动生产率系数进行年度用人需求测算的举例如下：

在上例中，若考虑工厂引进生产技术，使生产效率提高60%，由于工人操作熟练，使生产效率提高50%，而由于劳动者长期工作产生的厌倦情绪导致生产效率降低10%，其他条件不变，该工厂应当需要多少名工人？

解：该工厂需要的工人数为 $N = \dfrac{W}{q(1+R)} = \dfrac{3\ 200}{32 \times (1+0.6+0.5-0.1)} + 3 = 53$（人）

1.1.2 年度人员流动测算

企业年度人员流动包括人员晋升、人员降职和人员调动三个方面，对下一年度人员流动测算也应当从这三个方面入手。

1. 年度晋升测算

对企业年度晋升人员的测算，不仅包括对下一年度晋升人数的测算，还需掌握晋升前后的职位状况。具体可按照以下步骤进行，如图1-8所示。

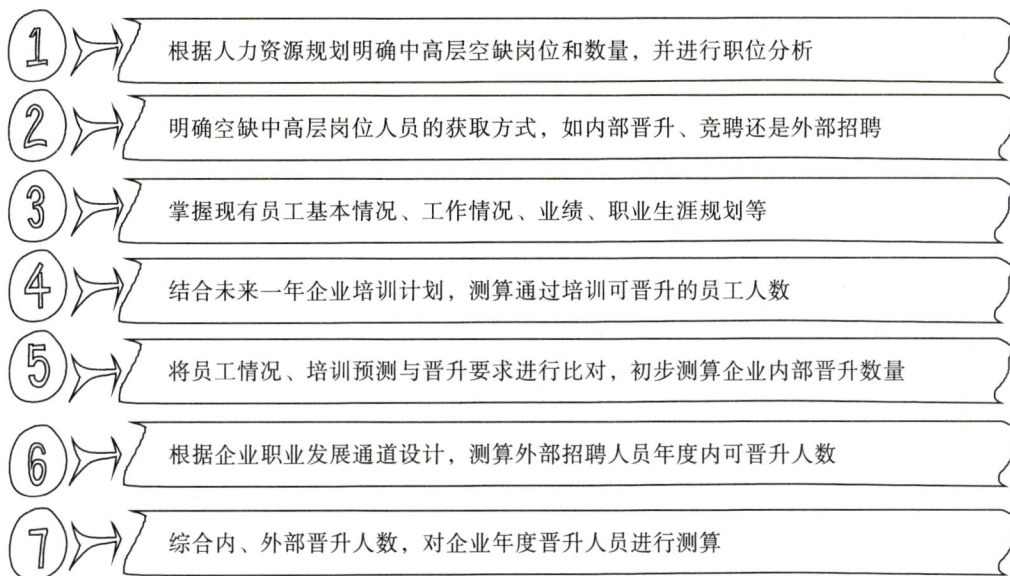

① 根据人力资源规划明确中高层空缺岗位和数量，并进行职位分析

② 明确空缺中高层岗位人员的获取方式，如内部晋升、竞聘还是外部招聘

③ 掌握现有员工基本情况、工作情况、业绩、职业生涯规划等

④ 结合未来一年企业培训计划，测算通过培训可晋升的员工人数

⑤ 将员工情况、培训预测与晋升要求进行比对，初步测算企业内部晋升数量

⑥ 根据企业职业发展通道设计，测算外部招聘人员年度内可晋升人数

⑦ 综合内、外部晋升人数，对企业年度晋升人员进行测算

图1-8　年度晋升测算步骤

2. 年度降职测算

企业年度降职测算需要与以下四方面的事项相结合，如图1-9所示。

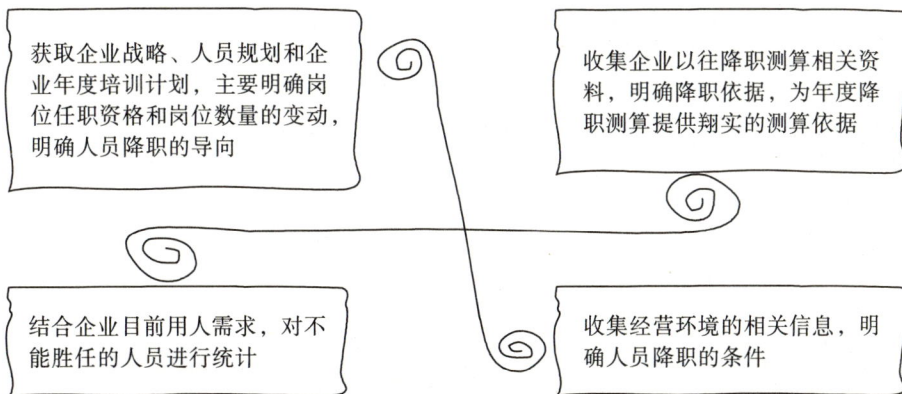

获取企业战略、人员规划和企业年度培训计划，主要明确岗位任职资格和岗位数量的变动，明确人员降职的导向

收集企业以往降职测算相关资料，明确降职依据，为年度降职测算提供翔实的测算依据

结合企业目前用人需求，对不能胜任的人员进行统计

收集经营环境的相关信息，明确人员降职的条件

图1-9　年度降职测算需结合的事项

3. 年度调动测算

对企业下一年度可能发生的人员调动进行测算，其步骤如图1-10所示。

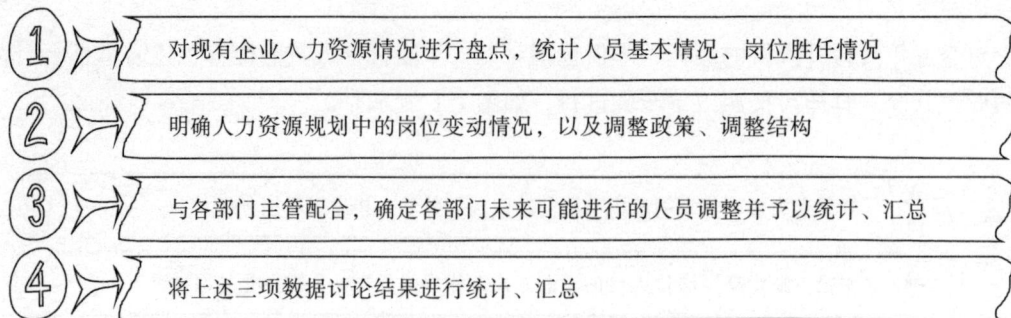

图 1-10 企业年度调动测算的步骤

4. 人员流动测算工具

常用于人员流动测算的工具是马尔可夫模型。该模型主要是通过确定人员转移概率，观察并找出历年来部门员工变化的规律，以此测算下一年度部门员工的供给情况。其应用步骤如图 1-11 所示。

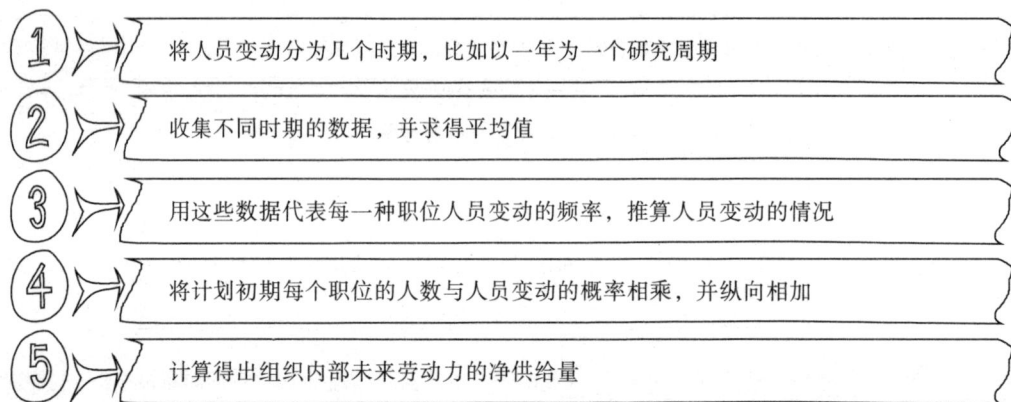

图 1-11 马尔可夫模型的应用步骤

其计算公式为：

$$N_i(t) = \sum_{j=1}^{k} N_j(t-1) P_{ij} + R_i(t)$$

公式中，i，j，k，t 取值为 1，2，3，…，$N_i(t)$ 为 t 时 i 类别中的雇员人数；P_{ij} 为从 j 类向 i 类的转移率；$R_i(t)$ 为在时间 $(t-1,t)$ 内 i 类所补充的人数；k 为职务分类数。

将上式改为向量的形式，则在时刻 t 人数的行向量为：

$$N(t) = [N_1(t), N_2(t), \cdots, N_k(t)]$$

$(t-1,t)$ 时间内补充人数的行向量为：

$$R(t) = [R_1(t), R_2(t), \cdots, R_k(t)]$$

各类人员间的转移矩阵为：

$$P = \begin{bmatrix} P_{11} & P_{12} & P_{13} & P_{1k} \\ P_{21} & P_{22} & P_{23} & P_{2k} \\ \cdots & \cdots & \cdots & \cdots \\ P_{k1} & P_{k2} & P_{k3} & P_{k4} \end{bmatrix}$$

则上式可以写成：

$N(t) = N(t-1) \cdot P + R(t)$，$t = 1, 2, \cdots$

例如，图 1-12 为某公司在 $N_{-3} \sim N$ 年间人员的转移矩阵。

	经理	副经理	部长	副部长	职员	离开公司
经理	0.75	0	0	0	0	0.25
副经理	0.75	0.75	0.05	0	0	0.15
部长	0	0.042	0.90	0	0	0.058
副部长	0	0	0.027	0.73	0	0.243
职员	0	0	0.028	0.81	0.162	

$P=$（上表为图1-12内容）

图 1-12 人员转移矩阵举例

上述矩阵的含义是，在 $N_{-3} \sim N$ 年间纵向为 N_{-3} 年年初的情况，横向为 N 年年末的情况。由最后一列可知，各职位离开公司的比例分别为：经理 25%，副经理 15%，部长 5.8%，副部长 24.3%，职员 16.2%。

晋升情况为：5% 的副经理晋升为经理，4.2% 的部长晋升为副经理，2.7% 的副部长晋升为部长，2.8% 的职员晋升为副部长。

降职的情况为：5% 的副经理降职为部长。

保有率情况为：经理 75%，副经理 75%，部长 90%，副部长 73%，职员 81%。

用 N_{+1} 年年初的人数及以上数据，对人数进行概率计算，可以推测 N_{+1} 年人员数量情况，如表 1-1 所示。

表 1-1 马尔可夫分析法推测的人员数量情况

职位名称	N 年年初人数	N_{+1} 年人员数量情况					
		经理	副经理	部长	副部长	职员	离开公司
经理	4	3					1
副经理	20	1	15	1			3
部长	96		4	86			6

（续表）

职位名称	N年年初人数	N₊₁年人员数量情况					
		经理	副经理	部长	副部长	职员	离开公司
副部长	264			7	193		64
职员	1258				35	1019	204
预测人员内部供给		19	94	228	1019		
外部供给（外部招聘）		1	2	36	239		

1.1.3 年均人员保有测算

企业年均人员保有测算需要考虑影响年均人员保有的因素，再利用惯性原理，根据以往的统计数据，综合分析、测算下一年度人员保有的总体情况。

1. 年均人员保有测算的步骤

年均人员保有测算的步骤如图1-13所示。

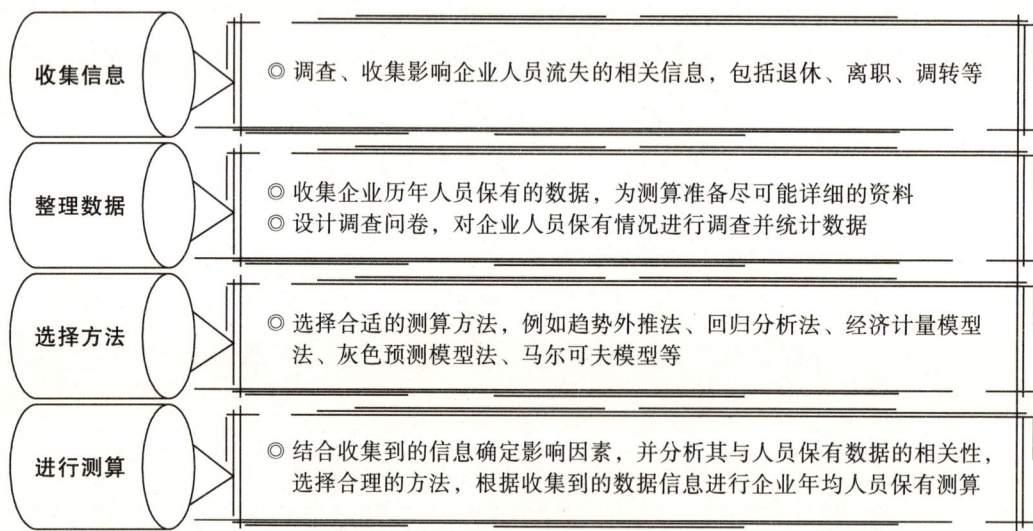

图1-13 年均人员保有测算的步骤

2. 年均人员保有情况分析

员工离职，企业需要承担一定的损失，测算年均人员保有情况，不仅要采用合理的方法对年均人员保有进行测算，而且要分析测算过程和结果数据，为企业提供人力资源决策依据。

通过年均人员保有率测算，可对以下问题进行分析，如图1-14所示。

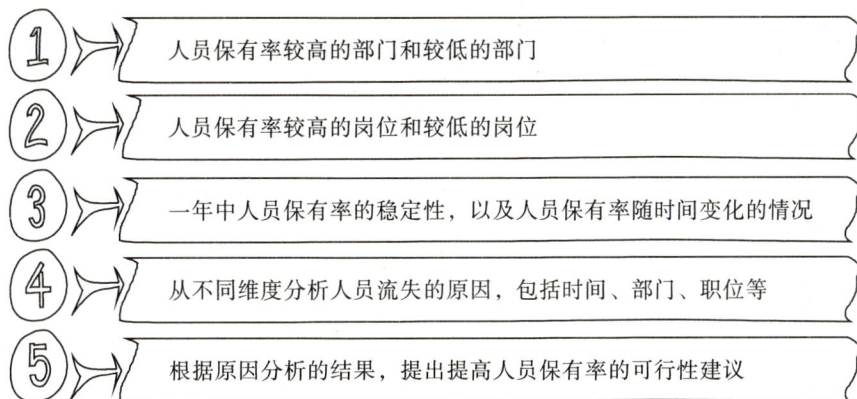

图 1-14　通过年均人员保有率测算可以分析的问题

1.1.4　人员学历构成测算

学历在一定程度上反映了一个人的能力和素质水平。企业人员学历构成从某种程度上反映了企业人力资源整体素质水平。企业人员学历构成测算可以按照以下步骤进行。

（1）根据企业战略、环境分析和历年数据，对某一较容易预测学历的人数和比例进行测算，如对本科学历的人数和比例进行测算，可采用的方法有趋势外推法、经济计量模型法、灰色预测模型法、马尔可夫模型等。

（2）按高中及以下、专科、本科、硕士、博士学历类别，统计企业员工的学历情况，按人数、占比进行汇总、统计。

（3）运用 SPSS 软件，对表中的数据进行相关性分析，观察它们之间的相关度是否高，即用本科学历构成的数据推测其他学历构成的数据是否合理。

（4）如果以上因变量和自变量高度相关，则以本科学历的统计数据为自变量，其他学历统计数据为因变量。

（5）将表中的数据利用 SPSS 做一元线性回归，建立一元线性回归方程，利用各学历构成之间的比例线性关系建立方程，确定回归系数。

（6）将自变量"本科学历"的人数及比例代入线性方程，得到其他学历的预测值。

1.1.5　员工男女比例测算

因不同的工作岗位对任职人员的性别要求不同，人力资源部需要从整体上把握好男女员工的性别比例，在制订招聘计划时对企业用人需求中的男女比例进行测算。

1. 计算岗位所需男女员工的人数

对用人岗位男女员工需求人数进行计算，其计算方法如表 1-2 所示。

表1-2 岗位男女员工需求人数计算方法

岗位性别要求	男性员工需求人数/人	女性员工需求人数/人
必须全部为男性	需求总人数×1	需求总人数×0
必须全部为女性	需求总人数×0	需求总人数×1
男性优先	需求总人数×α（0.5<α<1）	需求总人数×β（0<β<0.5）
女性优先	需求总人数×β（0<β<0.5）	需求总人数×α（0.5<α<1）
男女均可	需求总人数×γ（0<γ<1）	需求总人数×δ（0<δ<1）

2. 对表1-2的说明

（1）α 的范围为 0.5~1，根据岗位对性别要求程度高低而定，要求程度越高，则越趋近于1。

（2）β 的范围为 0~0.5，岗位对性别的要求程度越高，则越趋近于0。

（3）γ、δ 为性别偏向调节系数，以平衡企业整体性别要求，$0<\gamma<1$，其中，$0<\delta<1$，$\gamma=1-\delta$，根据企业实际情况和需要而定，其计算步骤如图1-15所示。

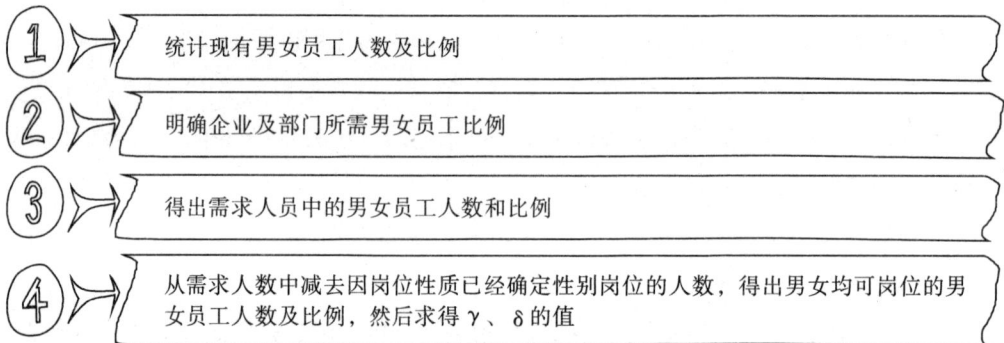

① 统计现有男女员工人数及比例

② 明确企业及部门所需男女员工比例

③ 得出需求人员中的男女员工人数和比例

④ 从需求人数中减去因岗位性质已经确定性别岗位的人数，得出男女均可岗位的男女员工人数及比例，然后求得 γ、δ 的值

图1-15 性别偏向调节系数的计算步骤

γ、δ 算法的举例如下：

某公司现有员工700人，男女比例为3:4，即男性员工300人，女性员工400人，公司规划未来一年男女员工比例为4:3。根据需求测算，需招聘员工350人。其中，100名员工的性别因岗位性质已确定，为70名男性，30名女性。那么，其他150名男女均可的招聘岗位中，应招聘多少名男性和多少名女性？占总需求人数的比例 γ、δ 分别为多少？

解：未来一年公司总人数为：700+350=1050（人）

根据需求的男女比例，男性员工人数为：1050×4÷7=600（人）

女性员工人数为：1050×3÷7=450（人）

确定人员需求中有70名男性员工和30名女性员工，则男女均可的招聘岗位中男性员工的人数为：600-300-70=230（人）

女性人数为：$450 - 400 - 30 = 20$（人）

$\gamma = 230 \div 350 = 0.657$（保留三位小数）

$\delta = 20 \div 350 = 0.057$（保留三位小数）

最终得出的人数计算结果须四舍五入取整数。

3. 确定岗位男性与女性所占的比例

根据对需求人员中男女人数的计算结果，确定各岗位男性员工与女性员工所占的比例。计算公式为：

男性占比 = 岗位需求男性员工人数 ÷ 岗位需求总人数

女性占比 = 岗位需求女性员工人数 ÷ 岗位需求总人数

4. 测算各部门乃至整个企业的男女员工比例

得出各个岗位男女员工比例的数据结果后，计算出各部门乃至整个企业的男女员工比例测算结果，进而汇总、统计。

1.1.6 企业员工区域测算

1. 测算区域的划分

根据企业的业务经营特点，可对人力资源的需求情况按区域来测算。具体划分依据、划分方法可分为以下几种，如图1-16所示。

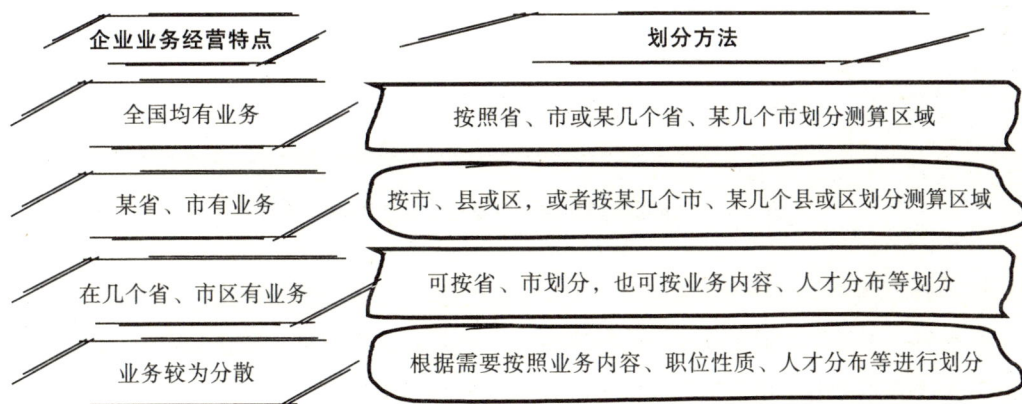

图1-16 测算区域的划分依据和方法

2. 影响测算区域划分的因素

经综合分析，影响测算区域划分的因素主要包括但不限于下列五种因素：

（1）企业对区域人才的政策、薪酬福利对人才的吸引程度；

（2）企业本身（如知名度、工作性质等）对区域人才的吸引程度；

（3）相关专业人才在区域内的分布情况；

（4）该区域人才市场供需状况、人力资源政策；

（5）企业文化与区域特定社会风气、习惯、宗教信仰等的匹配状况。

3. 企业战略及区域无重大变化可采用的测算方法

根据历年各区域员工数量随时间的变化趋势，对下一年度各区域员工数量进行测算。计算公式为：

$$y = a + bt$$

公式中，t 为时间变量；y 为该区域员工的数量；a、b 为待定值，表示 y 和 t 的关系，通过对历史数据和时间进行回归分析可求得具体值，主要是由计算机及相应的统计软件完成。

运用趋势外推法对区域员工数量进行测算的步骤如图 1-17 所示。

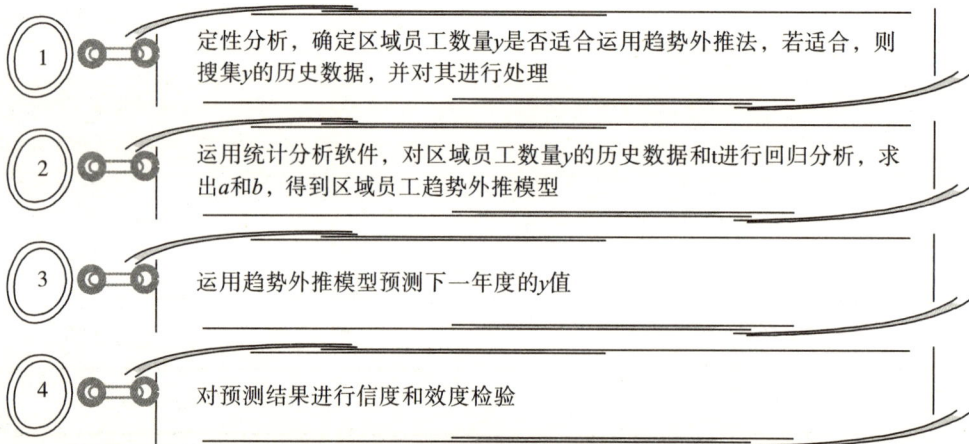

① 定性分析，确定区域员工数量 y 是否适合运用趋势外推法，若适合，则搜集 y 的历史数据，并对其进行处理

② 运用统计分析软件，对区域员工数量 y 的历史数据和 t 进行回归分析，求出 a 和 b，得到区域员工趋势外推模型

③ 运用趋势外推模型预测下一年度的 y 值

④ 对预测结果进行信度和效度检验

图 1-17　运用趋势外推法测算区域员工数量的步骤

4. 企业开发新战略区域的情况

企业下一年度开发新业务区域的战略目标，需要将该区域员工数量的测算与该区域影响员工数量的环境因素相结合，可使用的方法一般有以下两种。

（1）多元线性回归分析法（参考 1.1.1 节的介绍）。对于区域员工的测算来说，可以以区域员工数为因变量，其他影响因素的数据为自变量，运用过去的数据计算回归系数，求得回归方程，分析变量间的相关性，检验后进行区域员工测算。

（2）经济计量模型。将区域内员工人数与影响员工人数的主要因素之间的关系用数学模型的形式表示出来，根据此模型及主要因素变量对企业区域员工进行测算。其测算的回归模型公式如下：

$$y = f\ (x_1,\ x_2,\ x_3,\ \cdots,\ x_i,\ x_n)$$

公式中，y 为区域员工数量；x 为自变量，表示影响区域员工数量的值；f 为函数，表示 y 与 x 的关系，f 是通过对现有的 y 和 x 进行数据分析求得的。

1.2 部门招聘计划

1.2.1 部门年度人力测算

作为部门负责人，部门经理需要于上年度末，对下一年度本部门人力资源需求、供给及调整人数、岗位等进行一一测算，既为制订部门招聘计划提供决策依据，也为企业人力资源部制订年度招聘计划奠定基础。部门年度人力测算的内容及步骤如图 1-18 所示。

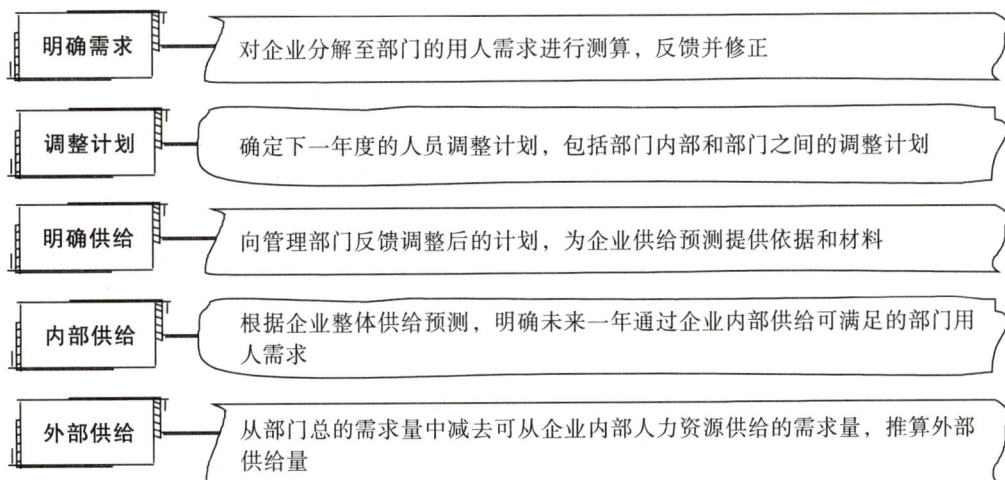

明确需求	对企业分解至部门的用人需求进行测算，反馈并修正
调整计划	确定下一年度的人员调整计划，包括部门内部和部门之间的调整计划
明确供给	向管理部门反馈调整后的计划，为企业供给预测提供依据和材料
内部供给	根据企业整体供给预测，明确未来一年通过企业内部供给可满足的部门用人需求
外部供给	从部门总的需求量中减去可从企业内部人力资源供给的需求量，推算外部供给量

图 1-18 部门年度人力测算的内容及步骤

在对部门人力资源进行数量测算后，部门经理需要对人力需求岗位的名称、新增人数、拟到岗时间、内部供给人数、外部招聘人数等各项测算结果进行汇总。

在对部门人力资源进行供求数量测算的同时，部门经理还需要对部门年度人力成本支出、发生情况进行测算，以便有效地控制企业配给的人力成本预算额度，根据企业要求控制人力成本的支出。

根据企业人力成本的构成，部门人力成本仍需要从人力获取成本、人力培训与开发成本、人力使用成本、人员离职成本这四大方面进行逐一统计和测算。

1.2.2 部门年度招聘计划

企业各部门应根据企业总体经营战略和人力资源战略规划，结合本部门的实际情况，编制适应企业发展及本部门业务开展的招聘计划。

1. 确认部门人员招聘需求

部门经理在确认本部门人员招聘需求时，需根据企业整体人力资源规划及需求测算、人员配置计划等，考虑部门业务和人员的变动，确认本部门的人员招聘需求，如图 1-19 所示。

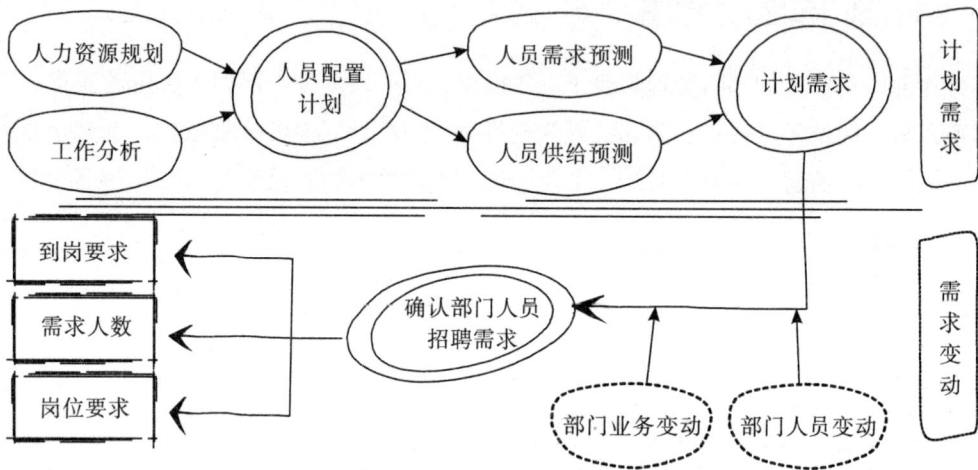

图 1-19　确认部门人员招聘需求

2. 编制招聘计划表

确认部门人员招聘需求后，部门经理需要在人力资源部经理或招聘主管的指导、协助下，从企业整体年度招聘计划中分解得到部门的招聘计划，结合本部门的人员招聘需求，制定本部门下一年度的招聘计划表。招聘计划表应包括以下七个事项：

（1）人员需求岗位列表，包括所要招聘的职务名称、任职资格等；

（2）拟招聘的岗位，任职人员需到岗的时间、各阶段到岗的人数等；

（3）本部门招聘工作参与人员、面试人员名单及其职责说明等；

（4）本部门招聘成本支出预算，包括企业公共支出的人力招聘成本分摊到本部门的招聘成本；

（5）本部门人员对招聘渠道、招聘广告、招聘启事的要求；

（6）本部门招聘时间、面试地点的安排计划，如无相应计划，则需服从人力资源部的统一安排；

（7）本部门应聘者的面试题、笔试题和测评方案等。

1.3 季节招聘计划

1.3.1 年初招聘实施计划

年初招聘实施计划主要是根据年度招聘需求对年初阶段的招聘工作进行计划和安排，包括需要马上招聘的职位、到岗时间、所属部门、职位信息、招聘渠道、招聘方式、招聘日程、相关责任人员等事项的落实。

招聘管理工作人员在一一落实上述事项后，需编制一份年初招聘实施计划表，以指导年初忙乱的招聘工作，确保年初需招聘的职位有人员及时到岗。相关示例如表 1-3 所示。

表 1-3　年初招聘实施计划表

填表日期：____年__月__日

需求职位明细						
部门	招聘岗位	人数	岗位职责	任职资格	到岗时间	备注
人数合计		____/人		职位数合计		____/个
招聘安排						
工作事项	时间安排		负责人	实施人员		
发布招聘信息	____年__月__日至____年__月__日					
筛选简历	____年__月__日至____年__月__日					
笔试	____年__月__日__时					
面试	初试：____年__月__日__时 复试：____年__月__日__时					
录用通知	____年__月__日至____年__月__日					
招聘费用预算						
费用项目	费用说明			金额合计		

（续表）

招聘政策			
1. 新员工上岗前，须与企业签订劳动合同，试用期为 1~3 个月			
2. 企业按照国家规定为员工缴纳社会保险			
薪资待遇			
部门	职位	试用期工资（元/月）	转正后工资（元/月）
补助说明			

1.3.2　生产旺季招聘计划

生产旺季招聘具有需求人数多、招聘时间紧的特点，需要招聘工作人员及时补充企业人力资源，保证企业持续生产工作。

1. 生产旺季招聘方法

生产旺季并不意味着招聘旺季，企业招聘工作人员在制订生产旺季招聘计划时，需要考虑采用多种方法满足生产旺季的招聘需求。企业可采用的生产旺季招聘方法一般有以下几种，如图 1-20 所示。

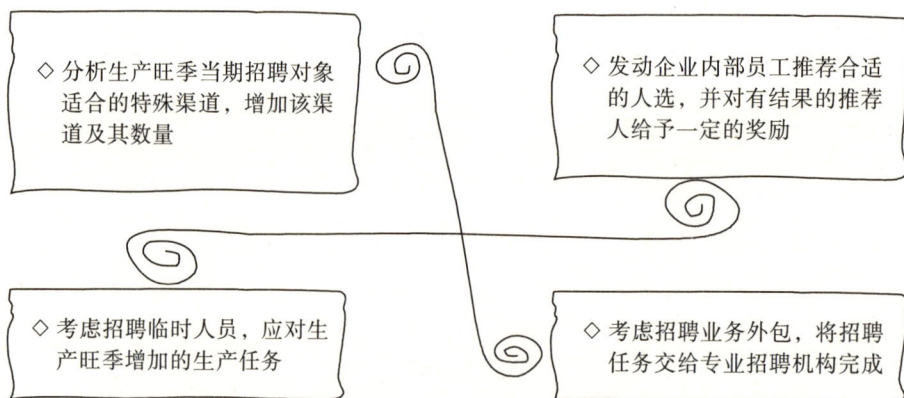

◇ 分析生产旺季当期招聘对象适合的特殊渠道，增加该渠道及其数量

◇ 发动企业内部员工推荐合适的人选，并对有结果的推荐人给予一定的奖励

◇ 考虑招聘临时人员，应对生产旺季增加的生产任务

◇ 考虑招聘业务外包，将招聘任务交给专业招聘机构完成

图 1-20　生产旺季招聘方法

2. 生产旺季招聘计划编制重点

招聘管理工作人员在编制生产旺季招聘计划时，应重点考虑以下问题：

（1）临时编制的旺季招聘计划的审核、审批时间；

（2）增加特殊的招聘渠道以及落实招聘的人员数量、增加的费用预算；

（3）增加的招聘小组、面试成员，以及临时增加招聘的时间成本；

（4）面试测评方案是否需要精简，抓住待考查者的核心素质和能力，提高招聘效率。

1.3.3 新上项目集中招聘计划

新上项目除主要负责人外，其他一些中层管理人员、基层执行人员均未及时落实的，企业人力资源部需要全力配合，做好这一项目急需人才的招聘工作。

1. 制订新上项目集中招聘计划的步骤

企业可按照下列步骤，及时、合理地安排新上项目集中招聘，以适应新项目的招聘需求和用人需求变化。

（1）明确项目运行战略、规划及业务计划。

（2）根据项目业务和规模设立项目部门或小组。

（3）明确各项目部门或小组的工作职责及工作量。

（4）根据项目部门的职责和工作量确定各部门所需人员。

（5）明确各部门或小组的招聘需求，根据业务内容拟写岗位职责和任职资格说明。

（6）整合各部门或小组的招聘计划，按照招聘渠道制订统一的招聘计划。

2. 制订新上项目集中招聘计划的注意要项

招聘管理工作人员针对新上项目制订集中招聘计划时，需要重点把握的事项如图1-21所示。

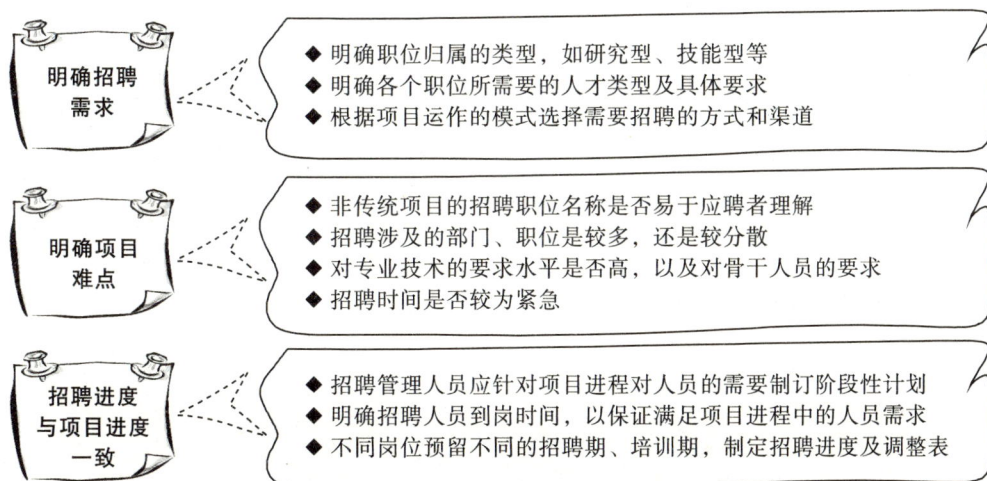

图1-21　制订新上项目集中招聘计划的注意事项

3. 新上项目可采用的招聘方法

新上项目可采用以下三种招聘方法：

（1）优先考虑内部选拔，因为内部选拔具有对所选人员熟悉程度高、所选人员对新项目接受较快的特点，可满足新上项目招聘的特殊要求；

（2）可考虑招聘外包，将招聘任务交给专业招聘机构；

（3）也可采用专场招聘的方式，对项目所需人员进行集中招聘。

1.4 项目招聘计划范例

1.4.1 项目技术人员招聘计划范例

项目技术类岗位，对应聘者的专业技能及综合能力有较高的要求，需要技术部配合人力资源部做好应聘者技术技能的全面考查工作。以下为某公司网络技术项目技术人员招聘计划范例，供读者参考。

××公司网络技术项目技术人员招聘计划

一、招聘目的与原则

为顺利开展××网络技术项目，提供技术支持与人员保障，本着"择优录取，任人唯贤"的原则，面向社会及企业内部招聘技术人员____名。

二、项目技术类岗位信息

本次招聘的主要岗位为网络开发专员、数据库工程师。

××公司网络技术项目技术人员招聘信息

××有限公司是集网站开发、销售、客户体验于一体的新型公司，为客户提供最有帮助的渠道合作以及丰富的互动体验。现因业务拓展，急需招聘以下人员。

一、网络开发专员（2 名）

1. 职位描述（略）

2. 基本要求（略）

3. 技术要求（略）

二、数据库工程师（1 名）

1. 职责描述（略）

2. 基本要求（略）

3. 技术要求（略）

请将简历和期望月薪发送至邮箱××，保持联系方式畅通，我们会及时通知您面试。

（续）

三、招聘途径

本次网络开发专员及数据库工程师通过网络招聘、内部招聘和人员推荐三种渠道进行。

1. 网络招聘

网络招聘渠道可选择以下三类网站。

（1）综合性招聘网站。综合性网站招聘范围广、可提供备选人数量大，也有利于借助于网站及招聘广告扩大企业知名度。本次计划选择1~2家综合性招聘网站。

（2）专业性网站。针对某一专业技术发布招聘信息，寻找合适的人才。针对本项目需要的技术人员，选择1~2家专业性网站。

（3）应届毕业生网站。主要是针对应届毕业生和实习生的招聘，可在××理工大学、××工业大学校园内部招聘网站和论坛以及校园类招聘网站发布招聘信息。

2. 内部招聘

在本企业公告栏及企业网站发布招聘信息，内部人员可根据招聘信息与其他应聘者同等参加应聘。

3. 人员推荐

企业内部人员认为有可用人才的，可引荐人员参加应聘，为企业提供多种人才渠道。

四、招聘日程安排

本次针对专业技术人员的招聘，严格按照招聘原则及规章制度，内部与外部人员均需经过各项招聘程序，公平竞争。招聘日程安排表如下所示。

招聘日程安排表

安排事项	时间安排	负责人	安排说明
发布招聘信息	____年__月__日—____年__月__日		1. 在外部招聘渠道发布招聘信息 2. 在企业内部公告栏发布招聘信息
筛选简历	____年__月__日—____年__月__日		按规定的比例和数量筛选出合格的简历
笔试安排	网络开发专员：____年__月__日__时 数据库工程师：____年__月__日__时		组织简历通过的人员参加笔试并给出笔试成绩
面试安排	____年__月__日—____年__月__日		组织笔试通过的人员及面试人进行面试
给出录用结果	____年__月__日—____年__月__日		统计面试成绩，发送录用通知

1.4.2 项目施工队伍招聘计划范例

项目施工队伍的招聘主要通过招标的方式进行。成功中标的施工队承包项目的同时，需要负责施工人员的供给，以保证施工的顺利进行。其招聘计划有别于其他常规的招聘计划，以下范例供读者参考。

××项目施工队伍招聘计划

一、目的及范围

为保证××工程项目顺利完成，提高施工质量和效率，本次施工队伍招聘采用施工队招标的形式，通过选拔最为合适的施工队伍，为本项目提供施工人员支持。

二、准备工作

（一）发布公告

通过网站、报纸、电视渠道面向社会所有工程施工队发布公开招标公告。

招标公告

1. 招标名称

××项目施工人员队伍招标。

2. 招标条件

本招标项目已由____（批文名及编号）批准建设，项目业主为××，施工人员资金提供来源为××，招标人为××。项目已具备招标条件，现对该项目的施工人员队伍进行公开招标。

3. 投标人资格要求

本次招标投标人需具备××资质，××业绩，要求施工队伍人员具备相应的施工能力。

4. 招标文件提交

有意向参加招标的投标人请于____年__月__日前提交预审材料及申请书，并按要求将盖章后的纸质材料寄送至××省××市××路××号××公司××（收）。预审材料清单及招标申请书可通过以下联系方式获取。

5. 联系方式

有意者可致电：××××（陈女士）或发送电子邮件至××××（电子邮箱）。

（二）招标资格审查备案

人力资源部收集投标人的资料信息，审查其是否具备招标资质，鉴别其材料真伪，并将可进行投标的施工队伍资料在企业档案管理处备案。

三、日程安排

本次项目施工队伍的招标采用公开招标的形式，程序细则符合相关法律法规。招标日程安排如下所述。

（续）

（一）通知参加招标的施工队伍

向通过资格审查的投标队伍发放资格预审合格数及招标通知，确定可参加现场招标的队伍，包括参加队伍数量、参加人数及负责人。

（二）开标

参加招标的队伍于____年__月__日在本公司会议厅举办项目施工队招标活动，招标时间为上午____点至下午____点，本公司主持开标和唱标。

（三）评标

本公司将依照法律法规和公司规定，组建评标委员会并进行复核，对施工队伍进行符合性鉴定、技术标鉴定、商务标鉴定，并最终编写完整的评标报告。

四、收尾工作

（1）向中标施工队伍发出中标通知书，通知未中标施工队伍结果，并表示感谢。

（2）与中标施工队伍签署合作合同。

1.4.3　项目经理内部选聘计划范例

项目经理属于企业中高层管理人员。项目经理的招聘，一般常采用内部选聘的方法。以下为某企业项目经理内部选聘计划范例，供读者参考。

项目经理内部选聘计划

一、招聘目的

为规范企业××项目经理内部选聘工作，公平选拔，特制订本计划。

二、内部选聘原则

本次内部选聘本着公平、公正、公开的原则，以选拔优秀、择优录取为原则，从品德、知识、技能、经验等方面对参聘人选进行选拔和审核，确保选拔到最优秀、最合适的项目经理人才。

三、选聘小组成员的确定

管理层：负责监督整体选聘过程并做出最终决策。

人力资源部工作人员：负责整个选聘工作的组织与实施。

外聘专家：负责提供专业指导、建议，设计试题、制定评分标准等。

四、申请资格

（1）身体健康，工作态度端正，遵守企业的规章制度。

（2）热爱企业，维护企业的利益。

（续）

（3）年度考核连续被评为"优秀员工"达三次及以上。

（4）具备选聘岗位的任职资格条件。

五、选聘方式

企业内部参与选聘的人员主要通过部门推荐和员工个人申请两种方式产生。

1. 部门推荐

部门推荐是由各部门主管或企业管理层填写"优秀人选推荐表"，提交至人力资源部，经人力资源总监审核合格后，候选人接受选聘工作小组的考核。根据候选人的表现，选聘小组做出相应的决策。

2. 员工个人申请

员工个人申请是指中高层领导职位出现空缺时，企业发布职位公告，由员工自主申请该职位，选聘时，由各部门主管负责，部门相关人员提供协助。

六、选聘流程

（1）组建选聘工作小组，包括内部评定人员及外部专家，并对选聘工作小组的成员进行分工。

（2）发布选聘公告，要求参加选聘的人员填写"××项目经理内部选聘申请表"。

（3）"××项目经理内部选聘申请表"填写完毕后，由直接主管签署审核建议并提交到选聘工作小组。

（4）选聘小组对选聘人员进行全面的资格审查。

（5）对选聘人员进行考核，考核方式包括笔试和面试两种。

（6）选聘工作小组根据考核的结果做出录用决策。

七、选聘结果处理

（1）企业按照择优录取的原则，确定岗位人选。人力资源部为其办理调动手续，并做好落选者的思想工作，避免员工积极性受到影响。

（2）被录用者有两个月的试用期，在试用期内，项目最高负责人发现被录用者不能胜任的，其应根据企业规定回到原岗位工作。

第2章 招聘工作预测

2.1 招聘区域预测

2.1.1 招聘半径预测

招聘半径是指企业展开招聘活动的地理范围，招聘半径的范围受区域经济发展水平、企业人才需求水平、区域人才供给水平、区域人才质量水平等因素的影响，其中，企业人才需求水平是招聘半径的决定性影响因素。招聘半径越大，企业品牌价值辐射的区域越大。

以环渤海地区的某物流企业为例，该企业的招聘半径一般都界定得比较大。其中，北京市通过二三产业的发展需求带动物流行业的进步，天津市以物流需求为主要优势，河北省物流相关设施的供给相对充足，辽宁省、山东省物流产业的物流生产要素占有绝对优势，因此，该物流企业将北京市、天津市、河北省、山东省、辽宁省均划入了自身的招聘区域范围。五省市的地理面积约为 55.14 万平方公里，由圆面积公式 $S = \pi r^2$ 可得，该企业的招聘半径约为 4.19 万公里。

再以另一个湖南乡村物流企业为例，北靠长江，处于珠三角和长三角的开放地带，2013 年铁路通车里程为 5000 公里，交通便捷，省会城市长沙市与 13 个城市全部实现高速连接，国道、省道、县道、乡村道路等交通网络贯通南北，长三角和珠三角地区对农产品需求量较大，物流产业在该地区有较大的需求优势。因此，该物流企业的招聘范围可涵盖湖南省、湖北省、重庆市，招聘面积覆盖为 48.01 万平方公里，该企业的招聘半径约为 3.91 万公里。

2.1.2 区域供给预测

区域供给预测是指对企业所在区域内人才资源供给水平进行预测，区域供给受地区高等教育规模、人才供给量、人才就业迁移水平等因素的影响。区域人才供给的衡量指标如表 2-1 所示。

表 2-1　区域人才供给的衡量指标

衡量指标	说明
区域高等教育发展规模指标	全日制高校招生数
人才资源供给指标	• 在业大专以上人数增量 • 在业本科以上人数增量 • 人力资源市场供给增量：包括不同行业、不同时段、不同区域、不同招聘渠道的人才供给情况

根据上述指标，假设以下两大条件。

（1）专科生招收三年后、本科生招收四年后才能成为增量人才。为便于分析，统一高等教育培养期为三年，即人才输出滞后于招生时间三年。

（2）假设将第三年底作为基期，第 n 年底作为报告期，若某地区无人才就业迁移现象，该地区（$4-n$）年来在业大专以上人数累计增量应接近该地区 1～（$n-3$）年高校累计招生人数，故两者之差值即可反映人才流动情况。

综上所述，区域人才供给预测的公式为：

（1）人才净迁入率 = ［（$4-n$）年在业大专以上人数累计增量 - 1～（$n-3$）年高校累计招生数］÷第三年底（基期）在业大专以上人数×100%

（2）人才增量系数 = 在业本科以上人数增量÷在业大专以上人数增量

（3）区域人才供给预测 = 区域人力资源市场供给数量×［（1+人才净迁入率）+（1+人才增量系数）］

假设某地区 2013 年底在业大专以上人数为 11.6 万人，在业本科以上人数为 21.5 万人，2015 年在业大专以上人数为 56.8 万人，在业本科以上人数为 32.9 万人，2013—2015 年全日制高校招生数共 35 万人，2015 年人力资源市场供给量为 36.2 万人，则：

该地区 2015 年人才净迁入率 = （56.8 - 11.6 - 35）÷56.8×100%≈17.96%

该地区 2015 年人才增量系数 = （32.9 - 21.5）÷（56.8 - 11.6）≈0.25

该区域 2015 年人才供给预测 = 36.2×［（1+17.96%）+（1+0.25）］= 87.95（万人）

2.1.3　区域竞争预测

区域竞争预测是指区域内具有相同市场定位、相同人才需求的企业对人才资源竞争情况的预测。区域竞争预测的影响因素主要包括区域人才竞争力、区域内具有相同市场定位的企业数量两大方面。

1. 区域人才竞争力预测

区域人才竞争力预测主要从区域人才队伍建设能力、区域人才市场建设能力和区域人才政府建设能力这三个方面进行。区域人才竞争力评价指标体系如表2-2所示。

表2-2　区域人才竞争力评价指标体系

一级指标	二级指标（权重）	三级指标（权重）
区域人才竞争力	区域人才队伍建设能力（0.44）	• 成人识字率（0.09） • 每万人高中及以上受教育程度人数比例（0.21） • 每万人高中阶段在校生人数比例（0.21） • 每万人拥有专业技术人员比例（0.28） • 高新技术产业人均经费（0.21）
	区域人才市场建设能力（0.28）	• 城镇私营及个体单位就业人员占人口比例（0.28） • 年末就业人口占总人口比例（0.24） • 平均工资水平（0.24） • 失业保险参保人数占城镇就业人口比例（0.24）
	区域人才政府建设能力（0.28）	• 政府教育支出占总支出比例（0.53） • 政府科技支出占总支出比例（0.31） • 政府卫生支出占总支出比例（0.16）

注：确定各级指标权重的方式包括层次分析法、文献查阅法、该指标对人才竞争力结果的重要性分析。

2. 区域竞争预测实例

以A市某公路物流企业为例，依据区域人才竞争力指标体系可进一步测算出公路物流业人才区域竞争力，该企业所在区域公路物流业的人才竞争力为79.65。A市知名公路物流企业共496家，区域某类企业的人才竞争力水平计算公式为：

区域某企业的人才竞争力水平＝区域内某一行业的企业人才竞争力水平÷区域内同类型企业数量

根据这个公式，可算出该企业在A市的人才竞争力水平数值约为0.16。

若该公路物流企业位于B市，且B市公路物流业的人才竞争力为70.36。B市知名公路物流企业共356家，依据上述计算公式可得，该企业在B市这个区域的人才竞争力数值约为0.2。

经上述比较可知，该公路物流企业在A市招聘的区域竞争水平较低。

2.2 招聘效果预测

2.2.1 招聘数量预测

招聘数量预测是指人力资源部经理根据期初的人力需求总数，结合招聘区域内人力供给和竞争预测的结果，预测期末企业需招聘的人员数量。

1. 狭义的招聘数量预测

从狭义上讲，招聘数量预测包括不同渠道的招聘数量预测、不同部门的招聘数量预测、不同层级和职能类别的招聘数量预测，具体如表2-3所示。

表2-3　狭义的招聘数量预测

预测的内容	说明
不同渠道的招聘数量预测	• 不同渠道获得的简历数量预测　• 不同渠道最终录用人员的数量 • 不同渠道的招聘效率　　　　　• 录用员工和岗位的匹配度
不同部门的招聘数量预测	• 企业各部门招聘人数　　　　　• 部门招聘员工的来源渠道 • 部门招聘人数的录用比例
不同层级和职能类别的招聘数量预测	• 各层级和职能类别招聘的人数比例 • 各层级和职能类别招聘人员的来源渠道 • 各层级和职能类别招聘人数的录用比例

2. 广义的招聘数量预测

从广义上讲，招聘数量预测包括现实人力资源招聘数量预测、未来人力资源招聘数量预测和未来人力资源流失数量预测三个方面的内容。这一预测维度因其操作的方便性、结果的相对合理性常被企业招聘工作人员广泛使用。

（1）招聘数量预测的实施

招聘数量预测的实施有助于完善企业招聘工作，有利于在提高招聘工作效率、增加招聘员工与岗位匹配度的同时，保证用最小的人力、财力、物力等成本取得最大的招聘成效。招聘数量预测的实施环节包括以下三方面内容，具体说明如表2-4所示。

表2-4　招聘数量预测的内容及说明

预测内容	说明
现实人力资源招聘数量预测	• 人力资源部对企业员工现状进行分析 • 人力资源部结合企业发展及业务规模状况，对目前一线生产人员、专业技术人员和市场拓展人员等各部门人员的需求情况进行预测
未来人力资源招聘数量预测	• 人力资源部对可能影响未来人力资源需求的管理和技术因素进行预测 • 人力资源部结合企业业务发展规划、各部门工作量，确定未来销售收入和项目数量等因素，并综合考虑技术和管理等因素产生的变化，最终确定未来需增加的岗位及人数，即未来人力资源招聘数量
未来人力资源流失数量预测	因企业发展至某个阶段后，离职率相对稳定，因此，未来人力资源流失数量预测可延续上年度统计数据

（2）招聘数量预测案例分析

因招聘数量预测涉及的因素众多，因此，企业在实际预测的过程中多采用定量分析的方式，构建预测指标体系，以提高预测准确性。

招聘数量预测涉及的指标较多，常见指标包括当期需求数量（A）、期初在职数量（B）、当期新招数量（C）、当期离职数量（D）、当期离职率（F）等。

招聘数量预测涉及的两个公式如下：

① 当期需求数量 = 期初在职数量 + 当期新招数量 − 当期离职数量

② 当期离职率 = 当期离职数量 ÷ （期初在职数量 + 当期新招数量）×100%

可简化为：

① $A = B + C - D$

② $F = D \div (B + C) \times 100\%$

将①②联立，整理后可得：

③ $A = D \times (1/F - 1)$

运用上述三个公式，即可针对企业不同招聘环境，测算招聘数量。

当然，在人力资源部的实际工作中，常使用更为简化的招聘数量预测方法，即：

企业当期需招聘人数 =（企业当期人才需求总数×离职率）÷（1−离职率）

+（企业当期人才需求总数−企业期初在职人数）

以某中小型制造企业为例，2014年3月末企业在职人数为2300人，2014年4月企业人才需求总数为2500人，2014年5月企业人才需求总数为3000人，2014年6月基层人力需求总数为3500人。企业发展的某个阶段内，离职率相对比较稳定，因此可通过历史数据统计得出：近1~3年的月均离职率或3年内某月份的离职率为10%。则：

4 月份基层人力招聘数量＝（2500×10%）÷（1－10%）＋（2500－2300）＝478（人）

5 月份基层人力招聘数量＝（3000×10%）÷（1－10%）＋（3000－2500）＝833（人）

6 月份基层人力招聘数量＝（3500×10%）÷（1－10%）＋（3500－3000）＝889（人）

2.2.2 招聘质量预测

招聘质量预测是对招聘工作质量、招聘实施效果等进行预评价，具体预评价的内容包括员工聘用到岗情况、招聘费用支出、招聘费效比、人岗匹配度、人员稳定性等方面的预测与评价。

人才储备状况不尽如人意、企业内部协作沟通有问题等因素，均有可能导致企业招聘质量偏低。因此，对招聘质量进行事先预测，以便发现招聘工作预测、计划以及实施等方面的工作漏洞，从而保证最终需求人力的按时按质补充，已经成为招聘管理工作人员在工作伊始即面临的核心问题。

1. 招聘质量预测的流程

招聘质量预测有助于人力资源部发现招聘工作不同环节存在的漏洞，保证招聘效果。招聘质量预测的流程如图 2-1 所示。

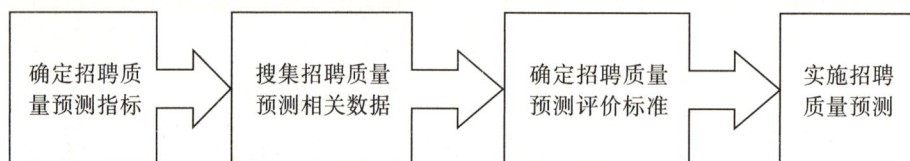

图 2-1　招聘质量预测的流程

2. 招聘质量预测的实施

建立完善的招聘质量预测指标体系，有利于在招聘活动实施前即做好招聘质量评价工作。一般来说，招聘质量预测指标主要包括人力资源部对应聘人员（包括工作能力、工作技能、职业素养等方面）质量的预测，对招聘工作实施质量的预测，对影响招聘质量的社会因素的预测三个方面，具体如表 2-5 所示。

表2-5 招聘质量预测指标体系

预测维度		预测指标	高质量招聘工作的指标表现说明
对应聘人员质量的预测		工作能力	应聘人员的岗位胜任素质能够满足岗位能力需求
		工作技能	应聘人员具备岗位所需的各项工作技能，能够独立、高效地开展工作
		职业素养	应聘人员具有较高的职业素养，努力工作，不断奋斗
		人岗匹配度	应聘人员与应聘岗位的匹配度较高
		员工聘用到岗情况	已聘用人员在人力资源部规定的时间内上岗
对招聘工作实施质量的预测	招聘方法	简历申请数量	因招聘方法的有效实施带来简历申请的数量与去年同期相比有大幅度提高
		合格的简历申请数量	合格简历申请的数量占总简历申请数量的一半以上
		平均每个被录用员工的招聘成本	人力资源部录用员工花费的成本低于招聘总成本
	招聘结果	招聘员工的质量	业绩优良的新员工数量占新员工总人数的比例较高
		招聘人员的结构	人员素质结构、年龄结构、区域结构配置合理
		招聘人员的稳定情况	招聘人员在入职半年内的流失率较低
		招聘费用的使用情况	招聘费用使用合理，招聘成本较低
		招聘成本的效用情况	招聘成本所产生的效果较高
		对新工作满意的员工数量	对新工作满意的员工数量占新员工总人数的比例较高
	招聘过程	招聘完成比例	招聘到的员工数量占预期招聘员工的比例较高
		招聘周期	人力资源部的招聘周期较短，表明实施工作比较高效
		招聘实施流程	招聘实施流程十分清晰，不存在流程较差、冗余的现象
		面试的数量	面试人数占简历审核通过人数的比例较高
		被面试者对面试质量的评价	超过半数以上的被面试者对面试非常满意
		职业前景介绍的质量	人力资源部能够向被面试者详细、充满希望地介绍职业前景
对影响招聘质量的社会因素的预测		信息对称性	• 企业传递给应聘人员的信息真实、准确 • 应聘人员传递给企业的信息全面、深入
		区域人才竞争性	区域内同类型企业对相同人才的需求水平较高

对聘用员工质量的预测和对社会因素的预测多采用定性分析的方式，而对招聘工作实施质量的预测多采用定量分析的方式，后者在实际工作中的难度较大。下面以某企业为

例，着重对招聘工作实施质量的预测指标进行说明。

某科技企业 2013 年计划招聘员工 30 人，人力资源部启动第一轮招聘活动后，预期收到的简历数量为 180 份（去年同期同主题招聘活动收到的简历数量为 100 份），经初步筛选后，预期通知 90 人参加公司的初试，预期最终录取 30 人，若该轮招聘总成本预计为 2100 元，本轮招聘预期会达成的效果量化预测的计算公式如下。

（1）招聘成本效用＝录用人数÷招聘总成本×100%，即：

本轮招聘成本效用＝30÷2100×100%＝1.4%

这个数据表明，本轮招聘活动中支出的每单位招聘成本产生的招聘效用较低。

（2）引发的简历申请数量的增加率＝（今年招聘的简历投递数量－去年同期招聘的简历投递数量）÷去年同期招聘的简历投递数量×100%，即：

本轮招聘引发的简历申请数量的增加率＝（180－100）÷100×100%＝80%

这个数据说明，因招聘方法的改善，本次招聘引发的简历数量与去年同期相比提高了 80%，招聘方法的改善取得了良好效果。

（3）平均每个被录用员工的招聘成本＝招聘总成本÷录用员工人数，即：

本轮招聘平均每个被录用员工的招聘成本＝2100÷30＝700（元）

（4）面试人数比例＝面试人数÷简历投递人数×100%，即：

本轮招聘面试人数比例＝90÷180×100%＝50%

这个数据说明，有 50% 的简历投递者通过了简历初步筛选，表明职位申请者的素质水平较高。

（5）招聘人数完成比＝录用员工数量÷预期招聘员工数×100%，即：

本轮招聘人数完成比＝30÷30×100%＝100%

这个数据说明，企业的本次招聘在数量上全面完成了招聘计划，招聘结果较理想。

2.3　人员流动预测

2.3.1　季节性流动预测

季节性流动是指某些行业或企业的业务随季节不同而遇到淡旺季之分，且对劳动力的需求随季节变化而发生的波动现象。此外，每年 12 月至次年 2 月作为高校招聘季、员工跳槽频发季，成为企业人员流动的高发时段，是特殊的季节性流动。季节性流动预测是指企业人力资源部对因季节变动导致的人员流失、流入情况进行预测。

因此，人力资源部在进行人员季节性流动预测前，首先应分析本企业所在行业的季节性特点和求职者队伍人员构成特点。预测前需分析的因素如图 2-2 所示。

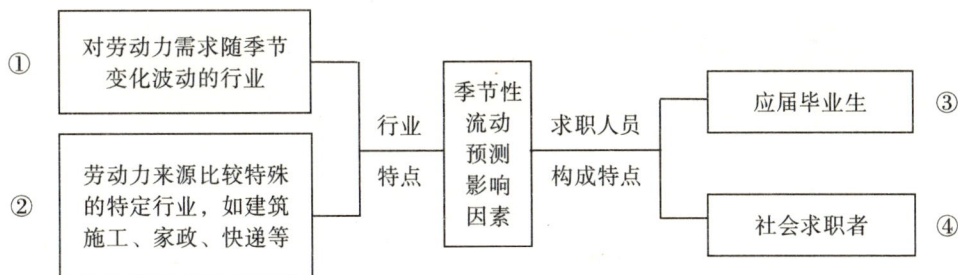

图 2-2　季节性流动预测影响因素分析

①②③④为常见的人力资源季节性流动因素，人力资源部根据①②与③④不同组合预测可能出现的季节性流动情况，并制定出应对措施。

每年 12 月至次年 2 月作为人员流动的高发时段，人员的流入和流出现象发生频次较高，人力资源部应提前做出预测，以便提前开展招聘工作。不同组合情况及其对应的人员流动情况如下所述。

1. ① + ③组合

对劳动力需求随季节变化波动的企业，如航运业、建筑业、旅游业、农业等行业，在每年 12 月至次年 2 月萧条、减产的季节，业务量剧减。此时，人员流入数量须有所控制。

而每年 12 月至次年 2 月恰恰是应届毕业生寻找就业机会的高峰期。这些企业的人力资源部既要考虑公司淡季业务量对人力数量的约束，还要为旺季业务量剧增对人力数量的需求储备足够的人力资源，做好每年一次的应届毕业生的校园招聘规划与执行工作。

2. ① + ④组合

上述对劳动力需求随季节变化波动的企业，在每年春节及对劳动力需求较多的季节，要么人员流出数量会因"节日返家"等因素的影响而急剧增加，导致日常运营业务停滞；要么会因业务量剧增对劳动力的需求量剧增。

同时，社会求职者面对较多的求职机会，会选择离职后重新进入劳动力供给市场，导致企业人力资源流出数量增多，为应对业务量增加对人力资源需求的增加，人力资源部应制订大规模的针对社会求职者的招聘计划，事先储备充足的人才应对劳动力需求，做好社会求职者的招聘与录用工作。

3. ② + ④组合

劳动力来源比较特殊的特定行业，主要是指农产品加工、家政服务业、物流业、运输业等劳动力密集型行业。在每年的重大节日，这些行业业务量会有大幅度增加，对人力的需求也大大增加。

而从事该行业的人员却会因"节日返乡"、请假或离职，导致在此期间企业的人员流出数量增加，企业应及时通过特殊类型的人力资源服务公司、再就业培训中心开展大规模的招聘活动，弥补较大的人员流出。

2.3.2　人员稳定预测

人员稳定预测是指人力资源部对企业在职员工能够持续从事本岗位工作的时间长度、短期内是否会离职等情况进行预测。人员稳定预测是企业进行员工流失预测的基础，有助于人力资源部针对员工流失的可能性提前制定相应政策，缓解员工流失给企业造成的损失。

1. 员工个人稳定性预测

人力资源部从员工投递简历直至入职工作的整个过程出发，针对不同环节可能对员工个人稳定性产生影响的因素进行分析，以便评价在职员工个人的稳定性。员工个人稳定性评价指标如表2-6所示。

表2-6　员工个人稳定性评价指标

预测指标		指标说明	分值
职业生涯规划程度	1级	员工一直在同一行业相同类型的职位工作，具有完善的职业生涯规划和明确的职业发展方向	15
	2级	员工在相同行业不同职位或不同行业相同职位发展，具有较为明确的职业发展方向，但缺乏长期职业生涯规划	10
	3级	员工以往工作经历较为复杂，无法对职位和行业进行归类，缺乏明确的职业发展方向	5
个人工作经历的时间	1级	员工在开始工作的三年内，没有变换过工作单位	15
	2级	员工每份工作延续的时间呈增长趋势，变换工作的频率成递减趋势	10
	3级	员工在开始工作的五年内，变化三次或以上工作单位	5
心理测试	1级	心理测试结果为员工无离职的潜意识，工作十分稳定	10
	2级	心理测试结果反映出员工具有一定的离职倾向	5
	3级	心理测试结果反映出员工的离职倾向十分明显，具有离职惯性，应聘者具有较强的欲望、乐于换新的工作环境	1
对薪资满意度	1级	员工对目前薪资状况满意，认为薪资水平能够充分体现自身价值	20
	2级	员工对薪资满意度一般，认为薪资水平应有小幅度提升	10
	3级	员工对薪资满意度较低，认为薪资水平无法与自身付出相匹配	5

（续表）

预测指标		指标说明	分值
组织合适度	1级	企业的行为方式和价值观与员工相适应，员工对企业文化和管理方式满意度较高	20
	2级	员工对企业管理方式存在一定意见，能够适应部分企业价值观	10
	3级	员工不适应企业管理方式，与企业价值观存在冲突	5
工作地点合适度	1级	工作地点与员工居所距离较近，交通便捷	10
	2级	工作地点虽与员工居所有一定距离，但交通网络发达	5
	3级	工作地点与员工居所距离较远，交通不便	1
稳定性认知	1级	员工对工作岗位具有浓厚意愿，重视职业稳定性	10
	2级	员工不愿意选择稳定的职位，希望尝试不同职位	5
	3级	员工以"旅游"的心态对待工作，不愿意选择长久的职位	1

人力资源部根据上述员工个人稳定性评价表，可测算出某一员工个人的稳定性得分值，如表2-7所示。

表2-7　员工个人稳定性预测结果

得分值	等级	后续决策
81~100分	优秀	员工稳定性较好，在同等情况下，人力资源部可考虑优先做出录取、晋升、加薪等决策
61~80分	良好	员工稳定性一般，人力资源部应慎重做出相关人事决策
60分以下	较差	员工稳定性较差，在同等情况下，人力资源部可考虑延迟做出人事决策

2. 在职员工队伍整体稳定性预测

人力资源部在个人稳定性预测的基础上，预测在职员工队伍整体的稳定性。在一般情况下，在职员工队伍整体稳定性与员工个人稳定性呈正相关的关系。

例如，当团队中某一员工的个人稳定性降低，产生较强的离职意愿，而人力资源部又在员工关系管理方面存在欠妥的地方，就容易造成该员工对企业的抱怨或其他不良言行，间接影响其他员工对企业的信心，也易带来群体性的离职现象。

2.4　招聘投资收益预测

招聘收益是指招聘工作为企业带来的直接或间接经济效益，招聘投资是指企业为招聘工作投入的全部成本，一般通过招聘成本和流失成本之和来进行衡量。人力资源部在对二者准确计算的基础上，对招聘的投资收益进行预测。

2.4.1 招聘成本预测

招聘成本预测是招聘投资收益预测的基础，招聘成本是指在员工招聘工作过程中所花费的各项成本的总称，主要包括招聘和录用员工的过程中发生的招募、选拔、录用、安置及适应性成本五个方面。

1. 招聘成本预测的项目

招聘成本可以归纳为五个方面，招聘成本预测的计算方法为：

招聘成本 = 招募成本 + 选拔成本 + 录用成本 + 安置成本 + 适应性培训成本

（1）招募成本 = 直接业务成本（如广告费、宣传费、场地费、差旅费、办公费等）+ 招聘管理人员劳务费 + 间接管理成本（如行政管理费、招聘场地使用费等）

（2）选拔成本 = 选拔面谈的时间成本 + 资料费 + 考试成本 + 测试评审成本

其中：

选拔面谈的时间成本 =（每人面谈前的准备时间 + 每人面谈所需时间）× 选拔人员工资率 × 候选人数

资料费 =（每人申请资料印发费 + 每人资料汇总费）× 候选人数

考试成本 =（平均每人的材料费 + 平均每人的评分成本）× 参加笔试人数 × 考试次数

测试评审费用 = 测试所需时间 ×（招聘管理人员的工资率 + 各部门参与招聘人员的工资率）× 评审次数

（3）录用成本 = 入职手续费 + 调动补偿费 + 安家费 + 差旅补助费

（4）安置成本 = 行政管理费 + 设备安装费 + 安置人员时间损失成本

（5）适应性培训成本 =（负责指导工作者的平均工资率 × 培训引发的生产率降低 + 新职工的工资率 × 职工人数）× 受训天数 + 教育管理费 + 资料费 + 培训设备折旧费

2. 招聘成本预测的案例分析

以某生产型企业 2015 年招聘为例，该企业预计招聘员工 30 人，人力资源部在 3 - 6 月招聘期间，共发生以下经济业务，据此进行本次招聘成本的预测。

（1）招募成本预测

3 月份发生的招募人员直接劳务费和福利费共计 7600 元，3 月中旬该企业参加招聘会，业务费用包括会议费 2000 元、差旅费 350 元、招聘广告费 500 元、宣传材料费 2500 元、办公费 600 元、水电费 300 元、行政管理费 300 元、招聘场地租赁费 3000 元。

则：

招募成本 = 7600 + 2000 + 350 + 500 + 2500 + 600 + 300 + 300 + 3000 = 17 150（元）

（2）选拔成本预测

该企业4月中旬开展为期四天的应聘新员工的笔试和面试工作，随后进行改卷、调查、分析等选拔工作。初步面试工作人员的工资率为30元/时，面试人数为招聘人数的4倍，面试前的准备时间为每人3小时，面试所需时间为每人0.25小时；印发每份申请表资料费3元，每人资料汇总费用2元；在考试过程中，平均每位求职者的材料费为6元，书面测试的成本10元，口语测试平均成本5元，人数为90人；人力资源部请各部门代表进行各种调查和比较分析，招聘专员的工资率为30元/时，用人部门代表的平均工资率为20元/时，评审分三次进行，每次四小时，则：

选拔面谈的时间成本 = （3 + 0.25）×30 ×90 = 8775（元）

资料费 = （3 + 2）×90 = 450（元）

考试成本 = （6 + 10 + 5）×90 = 1890（元）

评审成本 = （20 + 30）×3 ×4 = 600（元）

选拔成本 = 8775 + 450 + 1890 + 600 = 11 715（元）

（3）录用成本预测

该企业6月份录用30名员工，企业在录用过程中支付的手续费为30元/人，则：

录用成本 = 30 ×30 = 900（元）

（4）安置成本预测

7月份对录用的30名员工进行安置，安排新员工的工作需花费行政管理费用2000元，为新入职员工准备的办公用品费用为40元/人，录用部门因安置员工损失的时间成本为30元/时，安置时间共计3小时，则：

安置成本 = 2000 + 40 ×30 + 30 ×3 ×30 = 5900（元）

（5）适应性培训成本预测

该企业从7月1日开始对新入职员工进行适应性培训，每位新员工的工资为50元/日，每月按照22天计算，每日安排讲座4小时，模拟练习4小时，授课讲师的工资为100元/时，培训期间授课讲师因离岗产生的损失费为40%，教育管理成本为每月2000元，资料费平均每人每月100元，培训设备折旧费为每月2000元，则：

适应性培训成本 = （100 ×4 ×40% + 50 ×30）×22 + 2000 + 100 ×30 + 2000 = 43 520（元）

根据对上述五个方面的成本预测，可以预测该企业本次招聘成本为：

17 150 + 11 715 + 900 + 5900 + 43 520 = 79 185（元）

2.4.2　流失成本预测

流失成本预测是指人力资源部将某次招聘活动作为基准点，预测当该次招聘的员工离职时，所产生的离职成本及离职后的人员重置成本。

1. 流失成本预测项目

流失成本预测项目主要包括离职成本和重置成本，二者又可以进一步细化，如表2-8所示。

表2-8　流失成本预测项目

预测项目		预测项目说明及公式
离职成本	直接成本	直接成本是指利用数据和资源可以被量化的成本，计算公式如下： ● 直接成本 = 处理员工离职人员的工资支出 + 员工离职费用 + 离职岗位招聘费用 + 离职面谈成本 + 策略性外包成本 ● 离职面谈成本 = 面谈者的时间费用 + 离职员工的时间费用 ● 面谈者的时间费用 = （面谈准备时间 + 面谈时间）×面谈者工资率×离职人数 ● 离职员工的时间费用 = 面谈时间×离职员工的平均工资率×离职人数
	间接成本	● 间接成本是指很难被量化但会导致发生损失的成本 ● 间接成本可以在企业财务报表中查出，主要包括员工离职前工作效率下降、新员工入职后工作效率较低、企业交易损失、资产潜在损失、员工士气下降等
重置成本	人力资源开发成本	人力资源开发成本 = 在职培训成本 + 特殊培训成本 + 培训者时间损失 + 劳动生产率损失
	医疗保健成本	医疗保健成本 = 离职员工医疗保险费用支出 + 新员工医疗检查费用

2. 流失成本预测的案例分析

下面以某企业流失一名新聘员工和一名已工作五年的员工为例来进行流失成本预测的分析示范。

某企业对30名新招聘的员工进行适应性训练后，从8月1日开始进入2个月的试用阶段，在试用期间，每位新员工的工资为70元/日，每日工作8小时。试用期结束后，人力资源部对上述员工进行考核，决定辞退无法胜任企业工作的员工1名。同时，在企业工作5年的员工主动辞职，该员工的工资为30元/时，离职金2000元，人力资源部办理该员工的离职手续、收回科研器材和办公设备，共用时10小时，人力资源部员工的工资率为20元/时，两名离职员工的离职面谈由人力资源部经理负责，其工资率为100元/时，准备面谈需30分钟，进行面谈需15分钟。则：

（1）离职面谈成本 =（30÷60 + 15÷60）×100×2 + 15÷60×（70÷8 + 30）= 159.6875（元）

（2）与离职相关的管理活动费用 = 10÷2×20×2 = 200（元）

（3）离职金 = 2000×1 = 2 000（元）

由上述公式可得出：直接离职费用 = 159.6875 + 200 + 2000 = 2359.6875（元）

2.4.3　招聘收益预测

招聘收益预测是指人力资源部预测招聘工作为企业带来的直接和间接经济效益，招聘收益预测的方法包括招聘收益综合预测和招聘收益直接预测。

1. 招聘收益的综合预测

在实际预测过程中，应考虑的因素包括实际招聘人数（N）、招聘过程有效性指标（R）、工作绩效差别（S）、被录用人员在招聘过程中的平均成绩（Z）。

招聘收益预测公式为：

招聘收益 = 实际招聘人数 × 招聘过程有效性指标 × 工作绩效差别 × 被录用人员在招聘过程中的平均成绩

即：招聘收益 = $N \times R \times S \times Z$

其中，招聘过程有效性指标是指招聘方法的效度，有效性系数的范围为 $[0, 1]$，有效性系数越高，员工获得企业满意度的可能性越高。工作绩效差别是指员工每年工作绩效的变化程度，美国学者的相关研究指出，该指标的取值约为年薪的40%。人力资源部在实际操作的过程中，因招聘收益预测公式中的部分指标难以衡量，因此，多使用"新聘员工为企业带来的经济增加值"作为招聘收益的衡量标准。

2. 招聘收益的直接预测

在对招聘收益进行直接预测的过程中，应考虑的因素包括录用人数、面试人数、总成本效用等，如表2-9所示。

表2-9　招聘收益直接预测的项目

预测项目	预测公式
招聘完成率	招聘完成率 = 录用人数 ÷ 拟招聘人数 × 100%
总成本效用	总成本效用 = 录用人数 ÷ 招聘总成本
选拔成本效用	选拔成本效用 = 选拔面试的人数 ÷ 选拔费用
录用成本效用	录用成本效用 = 录用人数 ÷ 录用费用

在实际工作中，为简化预测流程，人力资源部多使用"招聘完成率"作为对招聘收益进行直接衡量的标准。

3. 招聘成本收益预测常用公式

根据招聘成本和收益预测情况，人力资源部对招聘投入带来的效益情况进行预测，即招聘成本收益预测。招聘成本收益预测是对招聘工作有效性进行考核的重要指标，招聘成本收益预测水平越高，说明招聘工作越有效，预测的公式为：

招聘效益＝招聘收益－招聘成本

招聘成本收益率＝（招聘收益－招聘成本）÷招聘成本

某电力企业在 2015 年实际招聘 100 人，在招聘过程中使用面试和知识测验这两种测评方式。面试有效性指标为 0.14，知识测验的有效性指标为 0.48，不同应聘者实际工作绩效的差别为 5500 元/年，被录用人员在招聘过程中的平均测试成绩为 1.5。在采用面试的招聘方法时，人均成本为 30 元/时；在采用只是测验的招聘方法时，人均成本为 40 元/时，录用率为 20%，则：

面试的招聘效益＝$100 \times 0.14 \times 5500 \times 1.5 - 100 \times 30 \div 20\% = 100\,500$（元）

面试的招聘成本收益率＝$100\,500 \div 15\,000 = 6.7$

知识测验的招聘效益＝$100 \times 0.48 \times 5\,500 \times 1.5 - 100 \times 40 \div 20\% = 376\,000$（元）

知识测验的招聘成本收益率＝$376\,000 \div 20\,000 = 18.8$

第3章 招聘渠道选择

3.1 媒体招聘

媒体招聘是指通过报刊、电视和行业出版物等传统媒介以及网络、社交软件等新兴媒介向公众传递企业的人力资源需求信息，以吸引求职者前来应聘的招聘方法。媒体招聘的渠道多种多样，在借助各类媒体进行招聘的过程中，要注意根据企业招聘费用预算和拟招聘的职位特点来选择适用的招聘媒体。

一般来说，按媒体形式的不同，媒体招聘可划分为平面媒体招聘、网络媒体招聘、电视媒体招聘，以及新兴的微信媒体招聘等。

3.1.1 平面媒体招聘

平面媒体招聘的媒介主要包括报纸、杂志以及招聘现场的宣传资料等。

1. 平面招聘媒介分析

一般而言，报纸分类广告比较适合于将应聘者的来源限定于某一地区使用；而专业杂志招聘的优点是群体针对性比较强，所以当招聘职位专业性较强并对上岗时间和应聘者来源地没有太多要求时，利用专业杂志发布招聘广告、实施招聘是一个很好的选择。平面媒体招聘适用范围及优缺点分析如表3-1所示。

表3-1 平面招聘媒介的适用范围及优缺点分析

媒介	适用范围	优点	缺点
报纸	◎ 将招聘限定于某一地区时 ◎ 当可能的求职者大量集中于某一地区时 ◎ 当有大量的求职者在翻看报纸并希望被聘用时	标题短小精悍、招聘广告大小可灵活选择、发行集中于某一特定区域、各种栏目分类编排便于求职者查找	容易被求职者忽视、集中的招聘广告容易导致招聘竞争的出现、发行对象无特定性、企业需为大量非有效的读者付费、广告印刷质量一般比较差

（续表）

媒介	适用范围	优点	缺点
杂志	◎ 当职位专业性要求较高时 ◎ 当时间和地区限制不是首要因素时 ◎ 当与正在进行的其他招聘计划有关联时	专业杂志能到达特定的职业群体手中、招聘广告大小有灵活性、广告印刷质量较高、有较高的编辑声誉、因潜在求职者可能将杂志保存或再次翻看使得杂志广告的有效时限较长	发行区域太广，所以当企业将招聘活动限定在某一特定地区时通常不能使用；杂志招聘广告的预约期较长
招聘现场的宣传资料	◎ 在一些特殊场合，如就业交流会、公开招聘会、定期举行的就业服务会上 ◎ 当求职者访问企业的某一分支机构或下属单位时，向他们散发的招聘宣传材料	能够马上引起应聘者对企业招聘职位的兴趣，极富自主性和灵活性	能发挥的有效作用有限；要使此种措施有效，前提是保证求职者能到招聘现场

2. 平面媒体招聘广告的设计

平面媒体招聘广告的核心内容是职位所要求的胜任素质，并向受众表明企业对符合资格要求应聘者的欢迎态度。

（1）平面媒体招聘广告的形式设计

平面媒体招聘广告的形式须满足 AIDA（Attention-Interest-Desire-Action）原则。A——能引起求职者的注意，广告新颖、独特、与众不同，通过诸如大字体或色彩图片等方式，吸引眼球；I——用一些充满激情与励志的广告语，激起求职者的兴趣，让求职者产生共鸣；D——能激发人们的求职欲望，并与个人的求职需求联系起来，从对象需求分析的结果激发求职者的求职意愿；A——方便求职者的求职行为，留下联系方式便于促使其行动的信息。

（2）平面媒体招聘广告的内容设计

平面媒体招聘广告的内容设计是平面媒体招聘中的关键工作之一，需要遵循真实、合法与简洁的原则，具体说明如图 3-1 所示。

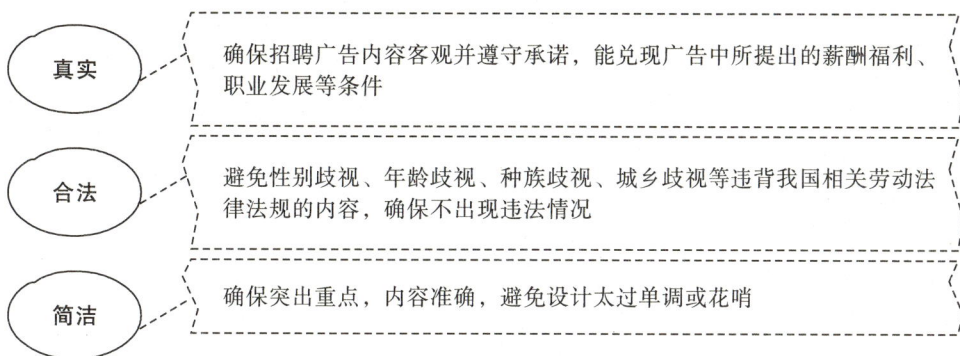

图 3-1 平面媒体招聘广告内容设计三原则的说明

（3）平面媒体招聘广告必备信息对比

对于平面媒体招聘广告中要显示的信息，美国学者在 1982 年通过对报纸读者的调查得到企业招聘广告中各种信息的必要性程度对比，如表 3-2 所示。

表 3-2 平面媒体招聘广告中各种信息的必要性对比

信息	信息的必要性	信息	信息的必要性
工作地点	69%	相关经历	40%
任职资格	65%	个人素质	32%
工资	57%	工作前景	8%
职务	57%	企业班车	8%
责任	47%	员工福利	6%
相关企业	40%		

3.1.2 网络媒体招聘

网络媒体招聘，也称为电子招聘，是通过技术手段帮助企业完成招聘。这一招聘渠道具有费用少、成本低，没有时间和空间的限制，信息覆盖面广、招聘周期长，联系方便快捷，信息收集及时、充分，缩短企业招聘时间等优点。

通过网络媒体招聘，招聘工作人员可以定时定向发布招聘信息，发布后也可以自行管理，且可通过招聘网站提供的格式简历、格式邮件和过滤功能来降低简历筛选的难度，加快简历处理的速度。同时，还可以自由设置搜索条件，搜索到适合本企业招聘岗位的简历。

1. 网络招聘媒体分析

一般来说，企业通常可以通过三种方式进行网络招聘：一是在企业自身网站上发布招聘信息，搭建招聘平台系统；二是与专业招聘网站合作，通过专业招聘网站发布招聘信息，利用专业网站已有的系统开展招聘广告发布、简历搜索与筛选等招聘活动；三是通过相关专业论坛、QQ 群等发布招聘广告。三种网络招聘方式的适用范围与优缺点分析如表 3-3 所示。

表 3-3　三种网络招聘方式的适用范围及优缺点分析

媒介	适用范围	优点	缺点
企业网站	◎ 访问量不高的情况下可以作为一种守株待兔的方式 ◎ 访问量较高时人群适合可行性很高	成本较低，节省时间与人力	受网站访问量影响大，不适合不知名的中小型企业
招聘网站	◎ 适合一般岗位的招聘，如果刊登一周后发现效果不够理想，可考虑其他方式 ◎ 不适合资深专业人员和高级管理岗位的招聘	受众面广，可随时发布招聘信息；信息发布后管理方便，周期长；简历数量大，招聘所花的费用较低	简历筛选量大，应试率较低，岗位针对性不强
相关论坛或 QQ 群	◎ 适合一些专业技术人员的招聘，如可通过专业排版 QQ 群来招聘排版人员、平面设计人员等 ◎ 可在专业论坛发帖，如通过专业人力资源论坛来招聘人力资源等执行性职位	人群针对性较强，信息发布及时性强	需要花费一定量的人力和时间，诚信度较低

2. 网络媒体招聘广告的内容

对于网络媒体招聘，由于互联网上每日信息更新数量庞大，用户浏览信息迅速，一般一条招聘信息仅 2~3 秒的阅读时间。为了使求职者在最短的时间内了解企业以及岗位的相关信息，企业网络招聘广告的内容必须简洁明了、突出重点，涵盖企业简介、任职要求与岗位职责以及人力资源部联系方式等。

（1）企业简介

网络招聘广告首先要写清楚企业性质及运营业务等情况，以便让求职者对企业有一个初步的了解。这里要注意一点，在网络招聘广告中，企业简介的文字不宜过多，而应该用简约的语言将最吸引应聘者的企业信息表达出来。

例如，某企业在简要介绍完企业基本情况后，加上了这样一段话："在本公司，你可以享受平等的发展空间和充分的晋升机会，与公司共同成长。"这就是一个成功的设计。

（2）任职要求与岗位职责

网络招聘广告要发布的重要信息之一，就是有关空缺岗位的任职要求与职责。任职要求告诉应聘者应聘该岗位需要具备什么条件，岗位职责则告诉应聘者这个岗位都需要做什么。当然，这里不需要将该岗位的工作说明书全部照搬下来，但至少要参考其中的主要条款并以概要的语言表述出来。

实际招聘中，可能会出现已有现成的任职要求模板，但其实同样的岗位，在不同的企业中很可能承担的职责并不相同。

（3）应聘材料要求与联系方式

在网络媒体招聘广告的最后部分，要向求职者说明投递简历或应聘材料的要求以及企业的联系方式，还可以要求应聘者自己提出薪资要求等。提供企业人力资源部的联系方式可以有以下几种：通信地址、电子邮箱、固定电话和传真等。

例如，符合要求的应聘人员请将个人简历、学历证书扫描件、身份证扫描件，以及联系方式通过电子邮件的方式发送到××××邮箱。

3.1.3　电视媒体招聘

目前，电视媒体招聘大体可分为两种。一种是传统的广告类电视媒体招聘，如一些地方的电视台推出的人才交流节目，播出一些招聘广告，发布企业的人才招聘信息。另一种是特殊的电视媒体招聘，正受到极高的关注，如各大电视台举办的各种知名企业招聘栏目，这些既实用又充满趣味性的招聘节目是企业进行电视招聘时可以选择的，但其成本高、适用范围小，不适合中小型企业使用。

1. 电视媒体招聘的优势

（1）电视是一种大众信息传播媒介，这种形式的广告在当地电视台的覆盖面比较广，目标受众接受的概率非常高。

（2）利用电视媒体招聘，企业可以提升自身在当地的知名度，而且可以有效宣传企业的业务，树立企业形象，可谓一举多得。

（3）利用电视媒体招聘，企业可以获得大量的人才信息，企业可选的余地较大。

（4）电视媒体招聘能够吸引一些综合素质较高的人才前来应聘。

2. 电视媒体招聘的局限

（1）在电视上刊登招聘广告费用较大，成本高。

（2）电视媒体招聘会吸引到很多不合格的应聘者，增加了人力资源部简历筛选的工作量和难度，延长招聘周期。

（3）如今网络越来越发达，电视媒体受到的关注度在逐渐减小，容易被年轻的求职者所忽略。

3.1.4 微信媒体招聘

微信是一种社交工具，兼有 QQ 与短信的功能。微信媒体招聘则是指使用微信平台作为招聘渠道，应用微信的功能属性完成招聘信息发布、潜在求职者在线管理等招聘工作，同时，还可以利用微信宣传本企业的品牌和形象。

1. 微信媒体招聘常用方法

微信媒体招聘的方法按照发布信息的形式不同，可分为两种：一种是通过微信本身的功能服务项来发布招聘信息；另一种则是企业通过建立微信公众平台，即设立招聘公共账号来发布招聘信息。

（1）利用微信本身的功能服务项

在微信内发布招聘信息是微信的一个隐藏功能，需要发送代码方可找到入口。在任意聊天窗口发送代码就可以实现发布招聘信息了，但是只能在微信中完成，无法通过浏览器打开链接来发布招聘信息。具体操作步骤如下。

➤ 打开微信，在微信界面中切换到"微信"选项卡界面，在聊天记录中打开一个好友的聊天窗口。打开聊天窗口后，展开文本框以输入文字。

➤ 在文本框中输入"faxinxi. la"代码（双引号无需输入），然后单击"发送"按钮即可。发送成功后，单击"faxinxi. la"就会进入"信息助手"界面。

➤ 可能通过此方法进入"信息助手"界面会出错。可以关注公众账号 messagehelper 来进入此界面。在"通讯录"界面右上角单击"＋"按钮，选择"搜号码"选项，输入"messagehelper"并单击"查找"按钮。

➤ 单击"关注"按钮关注该公众账号，关注后单击"查看消息"选项进入消息窗口界面。单击"点击这里一键发起互动"链接进入"发布活动"界面。

➤ 单击界面中的"发布招聘"进入招聘信息发送页面，在第一个文本框中输入招聘主题（企业名称、职位、人数等），在第二个文本框中输入招聘内容（岗位职责、要求、待遇等）。

➤ 最后，输入联系电话、邮箱等联系方式和个人签名，输入完成后单击"发送"按钮，然后单击右上角按钮发送您的招聘信息。可发送给好友，也可以发送到朋友圈。

➤ 选择发送到朋友圈（或其他）后，单击右上角"发送"按钮，发送成功后界面仍停留在编辑界面，需要回到朋友圈查看刚才发送的招聘信息。朋友圈好友看到并单击即可浏览。

（2）设立企业公共账号进行招聘

企业申请微信公共账号开展招聘工作的具体流程说明如下。

➤ 先找到微信公共账号的申请地址，网上搜索微信公共账号申请，一定要认准官方地址，可以直接输入"https：//mp. weixin. qq. com/"。

➤ 打开微信公众平台，先注册一个新账号，单击"立即注册"。这一步需要先填写注册信息，写邮箱地址及密码，然后在"我同意并遵守"前打"√"，然后单击"注册"。

➤ 登录所填写的邮箱去确认邮件，会收到一封激活邮件，单击链接激活即可。

➤ 进行信息登记：先选择"企业认证"，再根据要求填写认证信息，上传表3-4中所罗列的各类企业资料的照片或扫描件。企业微信公众平台申请需要提供两类资料：一是企业资料，二是公众平台运营者资料。信息登记完单击"继续"进入下一步。

表3-4　申请企业公众平台所需的资料

企业资料	公众平台运营者资料
1. 企业名称 2. 企业邮箱 3. 企业地址、邮编 4. 营业执照注册号 5. 企业成立日期 6. 营业期限 7. 经验范围 8. 营业执照副本扫描件。扫描件用手机拍下，然后上传即可，注意一定要能够看清楚里面的文字和数字 9. 注册资本 10. 组织机构代码	1. 运营者身份证名称 2. 运营者身份证号 3. 运营者身份证扫描件。注意要用手持身份证拍摄，同时能够看清身份证上面的文字和头像即可 4. 职务 5. 手机号 6. 运营承诺书。授权运营承诺书可以在申请页面下载，按照要求填好资料，打印出来后，加盖企业公章，然后拍照上传即可

➤ 根据企业情况选择公共账号类型，然后再次单击"确认"。

➤ 填写好公共账号名称和功能介绍，单击"完成"。整个操作流程就完成了，接下来须等待审核，审核时间大概是七个工作日。

➤ 审核通过后，微信公共账号即可正式进行运营。当订阅者超过500人可以申请关联腾讯或新浪认证账号实现公众账号认证。

➤ 招聘工作人员每天可以群发一条招聘信息，群发时可以选择地区或是性别；企业公共账号目前仅支持网页端登录，无法使用手机登录。

➢ 招聘工作人员可以设置自动添加回复，当有求职者发送信息的时候无需人工操作就可以自动回复预先设置好的内容，内容包括文字、音频、视频、图片、图文消息。

2. 微信媒体招聘的实施技巧

上面主要介绍了企业在运用微信媒体招聘时的工作步骤，而微信招聘的具体实施，则还需要掌握一些运营与推广的技巧。

（1）微信号的设定＋公共账号名称的设定，涉及求职者在搜索微信公众平台账号时用心仪企业的关键词，在搜索结果列表中更容易被找到。

（2）账号内容的日常运营，包括推送的内容、推送的时间、注意及时有效的回复。

（3）利用关键词自动回复规则，来引导和输出求职者想要的内容。

（4）可以在推送的内容里设定用户单击应聘邮箱即启动新建邮件功能，方便应聘者及时投递简历。

（5）设置链接直接连接跳转到公司官网，这需要人力资源部事先要确保官方招聘主页界面的友好性，最好是可以切换成手机浏览状态。

（6）招聘公共账号的粉丝数量到达一定的规模后，可再策划一些阶段性的活动，配合其他招聘渠道会更有效。

（7）每个具体发出去的招聘信息中，在页脚可以做一些细致的处理：如留下链接或二维码，并注明期待浏览者将本条信息分享或转发到群聊、朋友圈以及微博等。

3. 微信媒体招聘的优势

作为一种新兴的招聘方式，微信媒体招聘可以为企业的传统招聘注入新的活力。与其他一些招聘方式相比，微信媒体招聘在以下几个方面具有明显优势。

（1）节省时间，避免浪费资源，招聘实施的过程比较高效。

（2）微信招聘可以随时随地进行，不但不受周围环境的限制，还无形中节省了时间成本、人工成本、管理费用等。

（3）可以用台式计算机、液晶屏电脑、平板电脑与智能手机的微信软件对求职者进行简历收取、分析与面试工作。

（4）微信招聘可以保留相关招聘工作与面试工作的文字与视频资料，以供高层决策者选择与参考。

（5）可以是招聘方的多个面试官向同一个应聘者发微信进行面试。

3.2 现场招聘

现场招聘是一种企业和人才通过第三方提供的场地，进行面对面对话，现场完成招聘面试的一种方式。

现场招聘会一般由人才介绍机构发起和组织，大部分招聘会具有特定的主题，如"应届毕业生专场""研究生学历人才专场"或"IT类人才专场"等，通过这种毕业时间、学历层次、知识结构等方面的区分，企业可以很方便地选择合适的专场设置招聘摊位进行招聘。

现场招聘的方式不仅可以节省企业初次筛选简历的时间成本，同时也能提升简历的有效性。但是，现场招聘也存在一定的局限，首先是地域局限性，现场招聘一般只能吸引到所在城市及周边地区的求职者；其次现场招聘也会受到企业组织形式、宣传力度等方面的影响。

现场招聘常见的招聘地点主要有人才市场和大学校园，而按照招聘人才分类则有专人专场现场招聘、海外留学现场招聘等特殊人才的专场招聘。

3.2.1　人才市场现场招聘

我国人才市场包括各级人才市场、劳动力市场和职业介绍中心等。人才市场招聘会就是由这些机构作为主办单位开展的市场招聘活动。人才市场现场招聘能使企业在短时间内集中掌握众多求职者的信息，且供需双方直接见面，有利于双方的直接沟通，也有利于企业进行一定的形象宣传，因此这种方法在实际招聘工作中运用较多。

人才市场现场招聘一般有各种行业和类型的企业参加。人才市场现场招聘的注意事项如下。

1. 选择口碑好的人才市场

招聘管理人员要注意选择规模、参加单位、举办地点、声誉都比较理想的人才市场开展招聘活动，要了解清楚主办方的能力及其在潜在求职者群体中的影响力、举办地点的交通情况、招聘会的前期宣传事项以及同业竞争者参与情况等。

2. 参会前做好准备工作

具体的准备工作包括争取到一个有吸引力的展位、准备好会上所用的资料和相关的设备器材、对现场的招聘工作人员事先进行培训、与有关协作方做好沟通工作等。

3. 认真做好招聘善后工作

招聘工作人员须在最短的时间里将所收集到的简历进行整理，并通过电话或电子邮件的方式将企业甄选的结果及时告知现场的应聘者，以体现出对应聘者的尊重。

3.2.2　大学校园现场招聘

大学校园招聘是一种特殊的外部招聘途径，是指企业直接从合作的大学定向招聘企业日常经营所需的应届毕业生求职者。

大学是一个巨大的人才储备库。应届毕业生经过几年的专业学习，具备了系统的专业理论功底，尽管还缺乏丰富的工作经验，但其仍然具有很多就业优势，如富有热情、学习能力强、善于接受新事物、可以全身心地投入到工作中、可塑性极强。

相对于社会招聘来说，大学校园现场招聘具有如下四大鲜明的特点，企业人力资源部及招聘管理工作人员应充分地利用好这些特点。

1. 校园招聘时间集中，企业须长期规划

大学校园现场招聘的时间一般9月中旬就开始启动，主要集中在每年的9～11月和次年的3～4月。9月初毕业生的最后一个学年开始后，出于招揽优质人才的考虑，企业可以尽早地进入校园，通过校园宣讲会的形式提前介入到校园招聘活动中。10月份则是校园招聘旺季，高潮会一直持续到11月底。春节前后则是大学校园现场招聘的淡季，节后3～4月会再现一次小高潮，主要争夺公务员考试和研究生考试失利的一批毕业生。

正是因为上述特点，企业必须拟定一个中长期的人力资源规划，避免出现"临渴掘井"而丧失招聘良机，或"临终突变"而无法安排事先已经招到的毕业生。

例如，某家跨国企业的深圳子公司新录用的30多名应届毕业生，就遭遇了在报到当天接到"解约通知书"被企业当场炒掉的尴尬局面。当时该公司给出的理由就是"因近期战略性业务调整，原有的部分储备职位现已不复存在"。尽管事后经过多方协调，雇用双方已经和解，但企业形象已经受到极大的损害，被业内称作"伪招聘"。

2. 校园招聘范围广，企业须有的放矢

随着高校扩招、毕业生源越来越多，大学毕业生的就业压力越来越大。为了找到理想的工作，毕业生们一般都采取"全面撒网、重点培养"的策略。每逢金秋时节，学生们便开始奔波于各大企业宣讲会之间，行色匆匆，有些甚至不远千里跨省参加招聘会。

对此，企业要想取得校园招聘的成功，应对本企业所在的行业、地区、自身的综合实力有个充分的定位，有的放矢地在全国范围内选择、锁定若干所学校和专业，使校园招聘工作更有针对性，进而保证应聘者的基本素质，避免资源浪费。

3. 针对应届毕业生各方面的不足，企业须选用合适的招聘策略和面试测评方法

相对于社会上有经验的求职者，应届毕业生在工作经验、职业定位、职业规划等方面均有着不同程度的不足。

（1）应届毕业生一般都缺乏正式的工作经验，而招聘管理工作人员不能仅凭其专业方向和专业成绩就确定其是否具备胜任某岗位的基本素质。

（2）应届毕业生很难有明确的职位定位和职业生涯规划。据调查，50%的大学生对于自己毕业后的发展前途感到迷茫，"象牙塔"里的单调生活很难激发学生对自己的性格特征、职业倾向、人际交往模式等方面进行全面地了解，这就导致很多求职者自己也不清楚

自己适合从事哪些类型的工作，更谈不上对今后职业发展的长期规划。

（3）有些应届毕业生往往存在着责任心不强、承压能力弱、团队意识较差等诸多问题。

针对以上应届毕业生身上存在的这些特性，企业招聘管理人员必须有针对性地制定专门的大学校园现场招聘策略，选择最合适的笔试、面试与测评方法，以提升校园招聘的效度。

4. 应届毕业生求职时注重企业品牌，招聘管理工作人员应做好品牌宣传工作

大学校园现场招聘的受众是该校全部学生。一次成功的大学校园现场招聘活动，不仅意味着可以招募到优秀的人才，还可以在众多低年级学子心目中树立起良好的企业形象，从而在未来的人才争夺中打下基础。

作为展示企业形象的一种方式，大学校园现场招聘活动相当于企业的一张名片，通过规范的招聘流程设计、招聘过程中对求职者的人性化关怀、企业高层的个人魅力、招聘管理工作人员的责任心与现场活力等，能够让在校学生感受到企业文化、人才理念、管理水平等深层次的内容，从而树立起良好的雇主品牌形象。

3.2.3 专人专场现场招聘

专人专场现场招聘其实就是传统现场招聘的一个延伸，也属于现场招聘的范畴，是由各地的人才机构和人才交流中心或第三方招聘机构联合本地及周边企事业单位针对行业和专业来开展的招聘活动。

1. 专人专场现场招聘的分类

专人专场现场招聘主要分为医药生物专场招聘、汽车专场招聘、物流运输专场招聘、电子机电专场招聘、计算机应用专场招聘和教育文化设计专场招聘。这六大行业基本涵盖了目前社会的各个行业。企业可根据所属行业、拟招聘的专业任职人员等自身各方面的需要进行选择。

2. 专人专场现场招聘的优势

不同行业不同专业的专场招聘一般会在固定的时间段轮番登场，招聘岗位是多以专业性岗位为主，可以给企业招聘工作人员带来省时省力的好处，具体优势如图 3-2 所示。

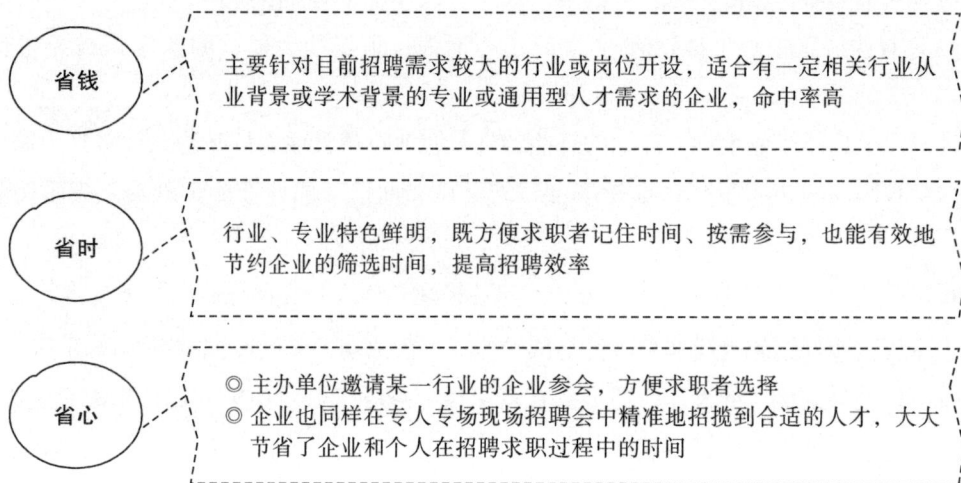

省钱 —— 主要针对目前招聘需求较大的行业或岗位开设,适合有一定相关行业从业背景或学术背景的专业或通用型人才需求的企业,命中率高

省时 —— 行业、专业特色鲜明,既方便求职者记住时间、按需参与,也能有效地节约企业的筛选时间,提高招聘效率

省心 —— ◎ 主办单位邀请某一行业的企业参会,方便求职者选择
◎ 企业也同样在专人专场现场招聘会中精准地招揽到合适的人才,大大节省了企业和个人在招聘求职过程中的时间

图 3-2　专人专场现场招聘的优势

3.3　第三方招聘

第三方招聘是指企业委托专业的人才机构开展招聘的工作方式。专业的人才机构主要是指那些人力资源服务公司、人才中介服务公司、猎头公司等组织。

鉴于不少第三方人才专业机构都有自己独特的人才测评工具及其人才测评体系,其从业人员有着丰富的招聘经验,再加上对行业人才市场比较熟悉,故能为企业提供一些比较权威、独特的面试测评技术或方法,帮助企业选拔人才,极大地节省了企业人才甄选时间,提升了企业人才甄选效率。

企业在具体实施第三方招聘时,常用的形式主要包括招聘外包和猎头招聘这两种。

3.3.1　招聘外包

招聘外包是企业将全部人才或部分人才的招聘、甄选工作委托给第三方专业的人力资源公司,后者利用自己在人才资源、素质测评工具和人才招聘与甄选流程管理方面的优势来完成人才招聘工作。相对于企业自行开展招聘,招聘外包具有许多优势,具体说明如图 3-3 所示。

确保优质人才按时到岗	招聘外包服务能够充分满足企业对人才快速访寻的需求，提高企业核心竞争力
降低招聘成本	招聘外包可以通过改善招聘流程，充分利用最佳实践经验，用固定的价格体系取代可变的成本体系，可有效地降低企业的招聘成本
节约时间与精力	将非核心的招聘事务外包给第三方来执行与操作，企业内部的人力资源部门将工作重点放在企业核心招聘事务中去
降低运营风险	通过整合各项资源，包括求职者数据库、招聘渠道、访寻方法、拓展区域招聘渠道等应对不断变化的市场需求，将企业招聘的运营风险降到最低
获取系统与技术	招聘外包可以为企业提供完善的招聘系统解决方案和专业知识，帮助企业提高招聘工作质量与整体效率

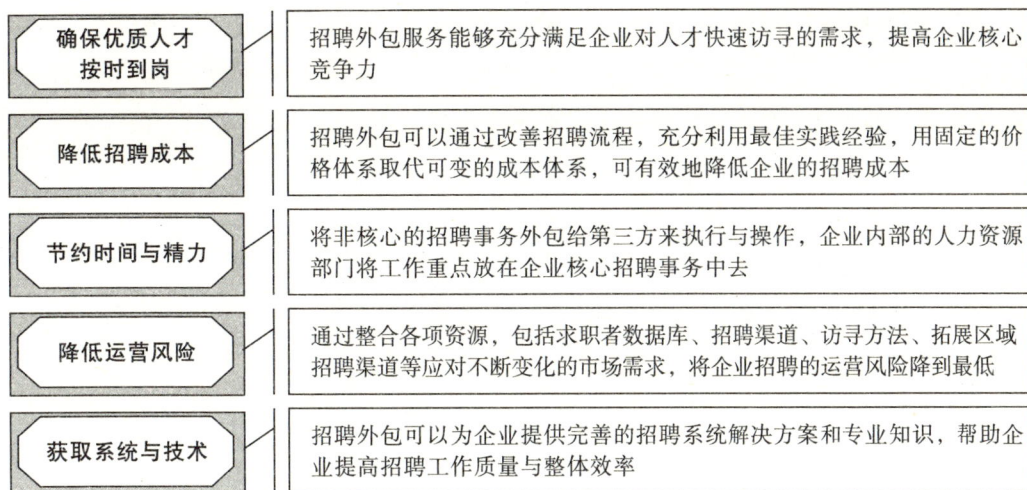

图3-3　招聘外包优势说明

1. 适用范围

招聘外包这一渠道主要适用于有下列情形的企业：

（1）固定周期内有较大量的职位需求；

（2）新建项目团队，招聘压力大；

（3）招聘主管对候选人的预期与实际情况不一致，导致招聘工作很难展开；

（4）需要到另一个城市开设新工厂或者运营中心，但是自身的人才储备或招聘渠道有限，内部招聘压力过大；

（5）需要在二三线城市开展招聘，但二三线城市候选人员各方面能力不均衡，选拔困难。

此外，招聘外包这一渠道还适用于规模不大、暂无计划设立内部招聘部门的企业。

2. 服务类别

常见的招聘外包服务可大体分为以下四大类。

（1）代理招聘。一般来说，新组建企业的人员招聘，或人员需求量较大、招聘工作比较繁重的企业，可将部分中低端岗位交由第三方的专业人力资源公司代理招聘，省去企业刊登招聘广告、发布信息、面试等成本和时间，且能大大提升招聘效率。代理招聘这一渠道或方式主要适用于技术类、人事类、行政类、财务类岗位，以及部分主管级岗位的人员招聘工作。

（2）长期招聘职能外包。它是指企业将全部或大部分招聘、面试与人才甄选工作委托给第三方的专业人力资源公司，后者利用自己在人才资源、评价工具和流程管理方面的优势为企业提供招聘服务的一种方式。

（3）项目团队招聘外包。它是针对企业经常会遇到临时性的项目，需要在短时间内招聘大量人才，而人力资源部往往因为人手少、渠道有限、储备不足而不能按时完成招聘任务时采用的一种方式。第三方的专业人力资源公司可以其海量的人才储备、庞大的招聘渠道、优秀的寻访能力、专业的甄选方法和经验，为企业解决限时招聘难题。

（4）应届毕业生校园招聘外包。对企业人力资源招聘工作人员而言，应届毕业生校园招聘工作的时间紧张、前期准备工作也较烦琐。此时，企业可将前期准备工作如信息发布、招聘信息宣传推广、校园宣讲、简历接收和筛选、第一轮面试和笔试以及食宿和行程安排等工作外包给第三方的专业人力资源公司，企业人力资源可专注于少量候选学生的专业和素质考查以及最终面试录用，以此缓解人力资源部的时间压力，提升企业招聘工作效率。

3.3.2　猎头招聘

猎头公司则是指专业从事高级人才的寻访、审查、推荐、测评等一系列服务的机构。

猎头招聘有两点鲜明特色——工作效率高、服务费用高。其优势主要体现在以下两个方面：一是猎头招聘可以根据企业所需人才的职业特点和职位特点，为企业推荐不同的人才，并能对推荐的人才进行初步的资质审查和技术技能测评；二是猎头公司的资源丰富，具有广泛的人才搜集渠道，从这些渠道招聘的人才，一般从业素质较高、职业道德有保障。

猎头招聘采取隐蔽猎取、快速出击的主动竞争方式，为需要高级人才的企业寻找人才市场得不到的高端人才。企业人力资源部在做出是否运用猎头公司这一招聘渠道的决策时，应根据下列要求开展调查分析工作。

1. 分析自身的人才需求，确定是否需要猎头招聘

一般来说，猎头招聘主要适用于招聘总裁、副总裁、总经理、副总经理、人事总监、人事经理、财务经理、市场总监、市场经理、营销经理、产品经理、技术总监、技术经理、高级项目经理、高级工程师、其他高级顾问及其他经理级以上人才等。

这些岗位要求任职人员的专业能力很强、工作经历比较丰富、综合素质水平较高。这些人才一般不会在人才市场上公开化求职，所以企业很难找到这些稀有且抢手的人才。当然，要想找到他们，最好的方法就是选择猎头公司来合作。

当企业出现以下几类情况时，人力资源总监（或人力资源部经理）应该选择猎头招聘这一渠道实施人才招聘工作。猎头招聘适用情况说明如图 3-4 所示。

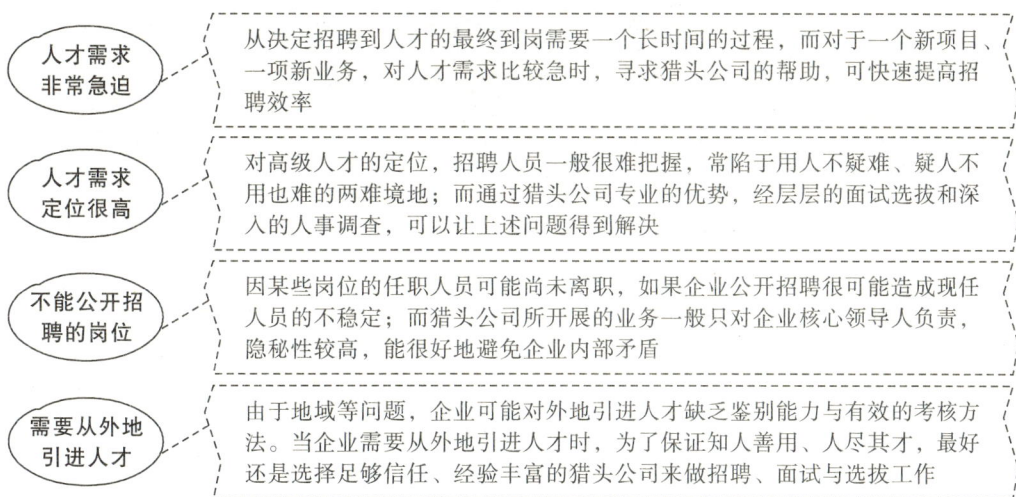

图3-4　猎头招聘适用情况说明

2. 选择猎头公司需要考虑的四大因素

在选择猎头招聘时，企业人力资源部需要着重考虑的问题主要集中在两个方面：一是企业如何做才能规避同猎头公司合作带来的风险，二是如何才能达到企业人才招聘的目的。在此过程中，人力资源总监（或人力资源部经理）在选择猎头公司时需要考虑以下四大因素。

（1）诚信可靠。企业判断一家猎头公司是否诚信可靠主要依据两个方面。一方面，猎头公司是否具有良好的职业道德。一般情况下，为了能有针对性地搜寻相关人才，猎头公司需要了解委托企业的各方面信息，如猎头不能做好保密工作，可能会给企业带来损失。另一方面，该猎头公司必须遵守行业内规定以及与企业之间的协议，能善始善终完成招聘。

（2）经验丰富。企业在挑选合适的猎头公司时，应注意该猎头公司是否具有以下能力：娴熟掌握有关人事政策，如特殊人才引进办法、高新技术企业专利法等；有丰富的市场运作经验和专业操作经验，能准确判断所需人才、应付薪酬水平等，能比其他竞争者先行一步；有良好的人际关系和广泛的社会网络。

（3）了解猎头公司的收费标准。企业在与猎头公司实际询价的过程中，要坚持客观、公正的原则，对不同猎头公司的收费标准和交付规则进行统计与比较，根据企业自身的实际情况，选择既有效又能节约成本的方案。猎头公司的收费标准一般为所招聘职位年薪的25%～35%。

（4）了解业务直接负责人情况。猎头公司为了吸引客户，往往会派出公司最为出色的、有良好业绩记录的猎头来推销自己，但实际上，企业最应重视的是进行实际搜寻人才工作的业务直接负责人，如果此负责人没有能力去开拓性地寻找合适的人才并将其推荐给企业，则有可能导致这次猎头招聘失败。在具体考查业务负责人时，人力资源部经理需要多方面对其进行了解，如其职业素养、工作经历、成功猎头案例等。

3.4 内部选聘

内部选聘是指企业出现职位空缺后，人力资源部从企业内部选择合适的人才来填补空缺职位的招聘形式。通过内部选聘，一方面可以鼓舞员工士气，调动员工的工作积极性；另一方面也有利于提高招聘工作的正确性和有效性，降低企业的招聘风险，并节约招聘成本。

常见的内部选聘形式包括内部选拔、内部推荐、内部晋升以及员工介绍等。

3.4.1 内部选拔

内部选拔是指企业人力资源部对内部员工按其具备的胜任力进行合理的岗位配置，并通过选拔进行内部选聘的一种招聘形式。

内部选拔一般在大规模企业比较常见，主要优势是招聘成本低；可以给员工提供发展空间和职业晋升机会，有利于增强企业凝聚力，激励员工奋发向上，留住人才；并且应聘者对本企业有一定的熟悉程度，能很快进入工作状态等。

但是要注意，只有经过选拔评价符合任职资格的人员才能予以录取，以保证内部选聘的质量。另外，参加内部选拔的员工须征得原主管的同意，且一旦应聘成功，新部门应给予该员工一定的时间进行工作交接。

1. 适用范围

一般而言，当企业出现下列情况时，人力资源部可考虑采用内部选拔的方式，甄选合适的人才。

（1）企业的管理层希望传统的人力资源体系发生突破性的改变以打破传统的僵化状态。

（2）企业员工表现自我的意愿非常强烈。

（3）招聘的职位比较重要或敏感，外部招聘得不到广大员工的认可。

（4）企业管理层想要激发员工的工作热情或积极性，同时增强其危机感。

（5）现有的人选不能满足空缺职位的要求。

2. 内部选拔应遵循的原则

（1）公平。选拔过程中，任何人不能向人力资源部进行暗示、推荐某一竞聘者，对待所有竞聘者须完全按照其实际表现确定其成绩。

（2）公正。竞聘职位面向所有符合条件的人员，招聘信息发布公开透明，选拔规则和评审办法的实施必须具有统一性。

（3）公开。人力资源部对公开选拔的职位、选拔流程、评审办法、评审结果等须向全体员工公开，并让所有竞聘者了解所有相关信息。

（4）权威。人力资源部须确保选拔评审小组成员来源多元化，小组成员要包括高层管理者、直接上级、人力资源部招聘负责人，以及其他外部专家等。

3.4.2　内部推荐

内部推荐多指由企业内部管理层人员推荐自己部门或下属的优秀员工应聘企业内部某一空缺职位的招聘方法。内部推荐一般对推荐者的职位、资格等要求比较严格。

内部推荐的直接成本低、效率高，企业和员工之间的信息是对称的，用人风险比较小，成功率较高；管理人员对于内部员工工作态度、素质能力以及发展潜能等方面有比较准确的认识和把握；内部推荐能够给员工提供更多的成长空间，使员工与企业共同成长，有效避免了有潜力员工被埋没。

1. 适用范围

内部推荐多适用于内部管理制度趋于完善、人员配置基本稳定、已经进入成熟期的企业。当企业处于如下几种情况时，内部推荐更能发挥其优势。

（1）企业空缺职位需要招聘高级管理人才，而高级管理人才的选拔普遍要遵循内部优先的原则。

（2）当外部环境急剧变化时，为了确保内部环境的稳定，企业应结合内部推荐的方式进行招聘。

（3）如果企业想要维持现有的强势企业文化，应当采用内部推荐的招聘方法，以保证员工的忠诚度以及对企业文化的认同感。

2. 实施流程

为了尽可能地使内部推荐的过程规范化，人力资源部需要规范内部推荐流程，并要求推荐人按照流程申请，同时对被推荐人进行相应的能力考核。简要流程如图 3-5 所示。

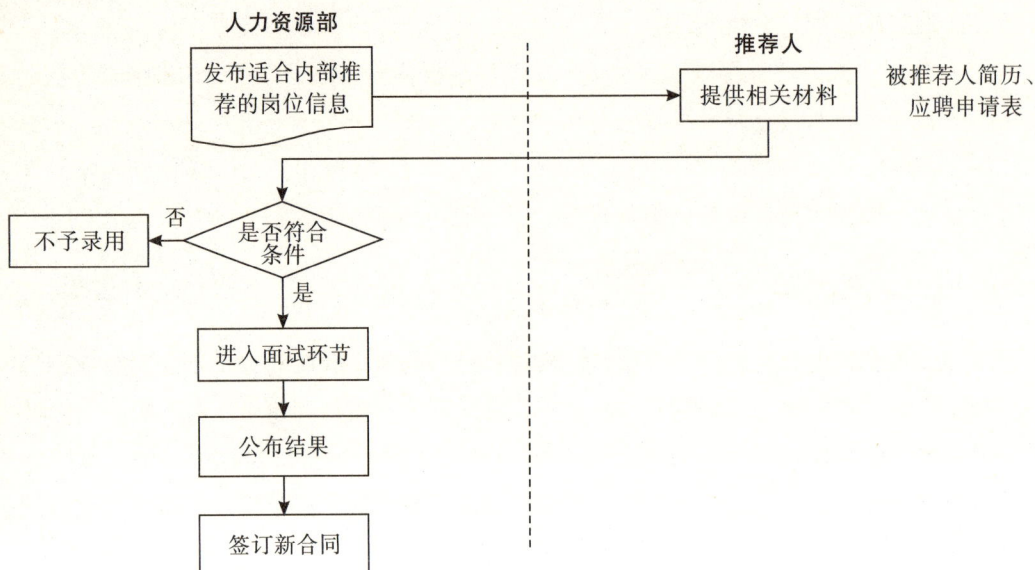

图 3-5　内部推荐流程

3. 需要注意的问题

由于内部推荐的非正式性，在选拔合适人才的过程中，人力资源部的相关工作人员一定要注意以下两个问题。

（1）由于空缺职位是有限的，内部推荐有可能会影响员工之间或员工与管理者之间的关系，甚至导致人才的流失，所以内部推荐过程一定要公开化。

（2）人力资源部在考查候选人的过程中，要避免助长企业内部的"近亲繁殖""团体思维""长官意志"等现象。

3.4.3　内部晋升

内部晋升是建立在有序的员工晋升体系基础上的岗位空缺应对办法，既是企业激励员工的有效途径之一，也是企业留人、用人的好方法。相比于其他招聘形式，内部晋升具有可缩短磨合期、激励基层员工等优势。

1. 内部晋升流程

运用内部晋升的招聘方法，人力资源部首先要参考企业已有的岗位晋升体系，明确不同岗位的关键职责、胜任素质、岗位级别等在晋升中的依据；其次，需要对照员工的职业生涯管理体系，汇总、评估、分析员工的绩效状况、工作能力等基本资料；最后，根据员工的发展愿望和发展可能性进行晋升，使有潜力的员工得到相应的提升。

人力资源部在完成以上工作的前提下，可参照以下流程开展内部晋升的实施工作，如图 3-6、图 3-7 所示。

员工晋升申请	审核调整	选择晋升对象	批准通知
主要活动： 员工晋升申请	主要活动： 员工晋升申请的调整 调整后员工晋升申请的上报 申请上报后的批复	主要活动： 考查人选 确定人选 上报审批	主要活动： 通知晋升人员晋升结果 发布晋升人员晋升文件
主要产出： 员工晋升申请书	主要产出： 员工晋升申请书的批复件	主要产出： 晋升人员评定表 晋升人员评定表批复	主要产出： 人事变更通知书

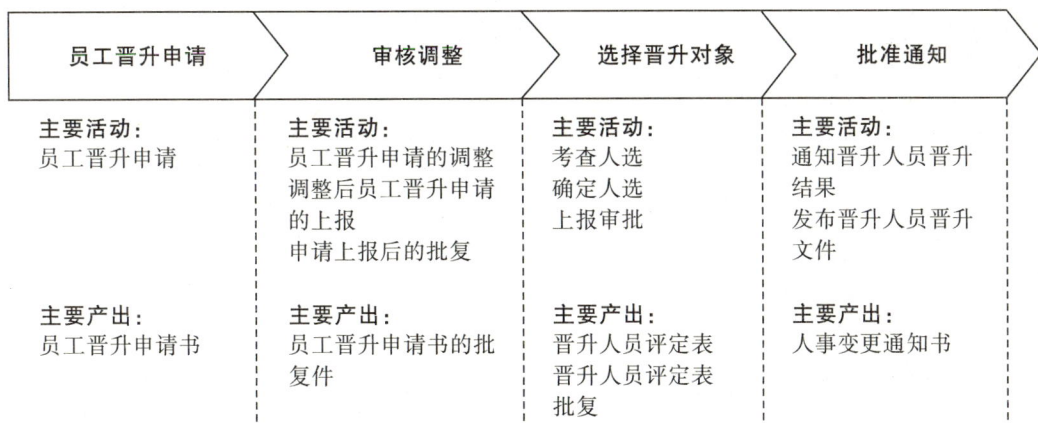

图 3-6　员工内部晋升实施流程

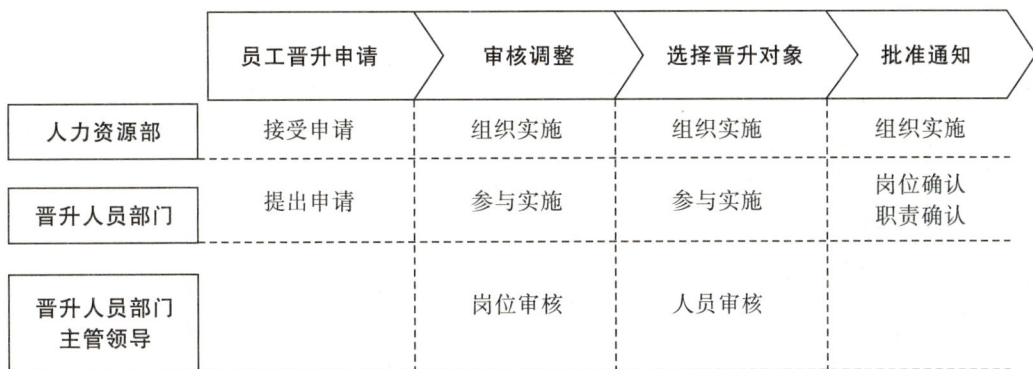

	员工晋升申请	审核调整	选择晋升对象	批准通知
人力资源部	接受申请	组织实施	组织实施	组织实施
晋升人员部门	提出申请	参与实施	参与实施	岗位确认 职责确认
晋升人员部门主管领导		岗位审核	人员审核	

图 3-7　员工内部晋升工作分工

2. 需要注意的问题

内部晋升可以有效防止优秀员工流失，实现企业人力资源的合理配置。当企业决定采用内部晋升的方式进行招聘时，需要注意以下几点问题。

（1）减少主观的影响。从企业内部选拔人才晋升，招聘人员绝对不能只关注自己相对熟悉的员工，而是要在全企业、各层次和大范围内，科学地考查和鉴别人才。

（2）不要求全责备。人力资源部不能认为员工已经非常了解本企业或相关岗位，就对他们求全责备，事实上用其所长，注重晋升的员工能够做到什么及其关键优势和特长才是成功晋升的关键。

（3）不要将人才固定化。招聘人员不能用一个固定不变的模式来套用人才，要唯才是举、难才是用，只要能够为企业的发展和实际工作出谋划策、积极贡献力量者，都应在被晋升之列。

（4）全方位地发现人才。招聘人员可从员工的工作实践、部门推荐、员工档案、绩效考评结果等多种途径全方位地发现人才。通过多种路径考查、了解候选人的方方面面，最终选定适合之人。

（5）晋升后的协调工作。职位越高的内部晋升越要慎重，如何达到能力与职位对应和尽快进入角色，人力资源部应建立一套健全的操作指引和考核程序，保障企业内部或原部门不至于因为人员调动而对工作产生影响。

3.4.4　员工介绍

员工介绍是指鼓励现有员工将自己的亲戚、朋友介绍到本企业应聘空缺职位的一种招聘方法，且被推荐人为非企业内部员工。

大多数情况下，员工介绍对招聘专业人才比较有效，主要优势是招聘成本小、可靠性高。为了鼓励员工积极推荐，企业可以设立一些奖金，用来奖励那些成功为企业推荐优秀人才的员工。员工介绍的具体流程一般可以归纳为如下步骤：

（1）员工在推荐候选人前，应先让被推荐人知晓公司招聘岗位的基本要求；

（2）如候选人满足本岗位人员的招聘需求，需由介绍人将其简历发送至人力资源部邮箱，并在邮件中标明介绍人、介绍岗位并附上候选人的电子版简历；

（3）人力资源部在收到推荐简历后，将候选人纳入正常招聘流程，即简历筛选、预约、面试、定薪等环节；

（4）在被推荐人通过公司面试、正式入职且试用期考核结束并顺利转正后，则视为介绍成功，介绍人可向人力资源部招聘组申请"员工介绍奖金"；

（5）企业在介绍人介绍成功并审核通过奖励申请后，应给予介绍人一定的奖金或相关物品作为奖励，具体奖励制度示例如表3-5所示。

表3-5　奖励制度示例

岗位类型	类型说明	奖金金额/元	奖金发放比例	
			转正后1个月	入职满6个月
基层岗位	主管级别以下	150	50%	50%
中级岗位	主管级别	300	60%	40%
高级岗位	经理级别以上	500	70%	30%

第4章　校园招聘实训

4.1　校园招聘计划与准备

4.1.1　年度校园招聘计划

在进行校园招聘之前，企业人力资源部应制订详细的年度校园招聘计划，主要工作包括统计企业各部门年度校园招聘需求、成立校园招聘小组、做好校园招聘前期准备，以及安排校园招聘笔试、面试等工作的流程。年度校园招聘计划可以从总体上对校园招聘的进程进行把控，使校园招聘工作得以顺利开展。

人力资源部通过合理、高效的校园招聘计划，可以提高招聘的效率与质量，引进一批具有专业知识技能的应届大学毕业生，充实企业各部门及相应岗位的人才队伍，提高企业人员的综合素质，构建企业人才梯队，为企业的发展补充新鲜血液、储备人力资源。

1. 统计招聘需求

各部门发出针对本年度的招聘需求，具体由部门负责人提出，报用人部门分管领导审批。招聘需求一般包括部门、岗位、招聘原因、人数、专业、到岗时间、特殊招聘要求等，人力资源部在汇总企业各部门的招聘需求后，将根据实际需求实施统一招聘。

2. 招聘总体时间安排

按照相关规定，"用人单位到高等学校招聘毕业生的活动应安排在每年11月20日以后的休息日和节假日进行"。由于次年1月份之后，很多学生就要面临研究生入学考试，而5、6月份又是毕业生的论文杀青与答辩时间，因此企业进入校园开展招聘活动的时间，一般都集中在11月底至12月以及春节过后的3、4月份这两个时间段进行。

表4-1是某公司拟订的校园招聘时间表，仅供参考。

表4-1　校园招聘总体时间安排表

时间段	工作
2014.09.15—2014.09.30	各部门招聘需求统计
2014.10.08—2014.10.15	应届毕业生招聘计划实施方案的确定

（续表）

时间段	工作
2014. 10. 15—2014. 11. 20	招聘各项前期准备工作
2014. 10. 20—2014. 11. 15	招聘工作的实施
2014. 11. 16—2014. 11. 30	招聘工作总结与反馈

3. 组建招聘团队

人力资源部、用人部门派出人员组成招聘小组，对招聘前后的事宜及过程实行责任制，推进各项工作的开展。招聘结束，由招聘小组负责自评、总结工作。参见 4.2 节的内容。

4. 招聘前期准备

校园招聘的前期准备工作主要包括企业宣传、招聘院校选择以及物品准备等。详细参见 4.1.2 节的内容。

5. 招聘实施

招聘实施工作主要包括组织开展宣讲会、实施面试工作（初试、笔试、复试）、确定录用并签订就业协议等。校园招聘实施流程如图 4-1 所示。

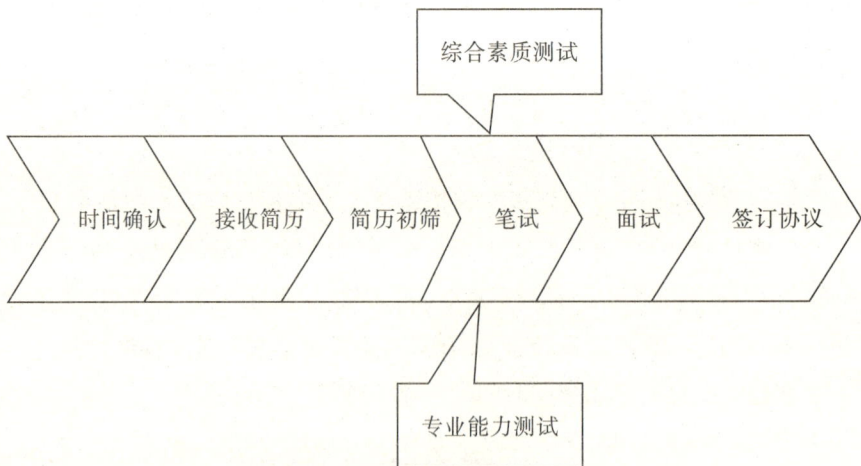

图 4-1　校园招聘实施流程

（1）人力资源部提前一周与招聘院校就业指导中心取得联系，并委托校方在校园就业网站发布招聘信息，以增加招聘活动的辐射面。

（2）招聘小组成员参加宣讲会，接收并初步筛选简历，公布初次筛选结果。

（3）学生复试填写"应聘人员登记表"，提交"实习生推荐表"，根据统一标准（外语水平、计算机水平、专业、综合素质等）进行二次筛选。

（4）公布第一轮筛选的名单后，招聘小组组织开展笔试工作，进行基础知识和专业知识测试，评估确定第二轮面试人选。

（5）公布第二轮面试名单，招聘小组按照应聘职位的分类对实习生进行面试，确定最终录用人员并签订就业协议。

6. 关于校园招聘的其他计划事宜

在年度校园招聘计划中，还应该明确下列相关事宜。

（1）确定实习生应聘要求、所需提交的材料，并确定其薪酬水平。

（2）对校园招聘工作的总结与反馈做出相关规定，包括录用人员基本信息的录入要求、校园招聘工作的分析等。

（3）在招聘结束后与面试合格的实习生进行沟通，以确认是否有异常变化，是否能来企业报到，以便企业统一安排培训和上岗。

（4）对校园招聘的费用花销进行预算，参照企业出差费用标准和校园招聘实际情况综合制定。预算项目包括宣传海报、宣传彩页、应聘登记表的印刷费用，以及招聘工作组的食宿费、场地费用等。

4.1.2 校园招聘准备工作

因校园招聘属于出行招聘，招聘工作组团队出行在外，少了很多的便利性。这就要求人力资源部在招聘工作组出行前做好准备，并制定应急预案，以便及时解决校园招聘过程中出现的各类问题。具体准备工作包括但不限于下列五大事项。

1. 选择并确定目标院校

目标院校的确定需要根据过去校园招聘的经验、大量的调研工作得出，人力资源部主要从企业过去校园招聘的经验、需求专业、目标院校所在地薪酬水平等三个方面来甄选并确定目标院校，进而明确目标院系、目标专业。选择目标院校的决定性因素及重要性分析如表4-2所示。

表4-2 选择目标院校的决定性因素及重要性分析

项目	重要性（1~7）	项目	重要性（1~7）
在专业技能领域的声望	6.5	潜在招聘对象的数量	4.5
学校的总体声望	5.8	过去的经验	4.5

（续表）

项目	重要性（1~7）	项目	重要性（1~7）
原来从该校聘用员工的 工作情况	5.7	去目标院校实施招聘的成本	3.9
学校的地理位置	5.1	对学校教职工的熟悉程度	3.8
先前的录取比例及就职比例	4.6	是否是高层管理人员的母校	3.0
满足公平就业相关法律 规定的可能性	4.3		

注：7 表示重要性高，1 表示重要性低。

在确定目标院校、院系后，企业人力资源部须第一时间与各目标院校就业处、院系取得联系，详细了解如下情况：目标院系本届毕业生的情况、比较合适的校园宣讲时间、其他单位的校园招聘时间安排等。

2. 确定招聘行程并及时通报目标院校

人力资源部根据目标院校的区域方位、适合宣讲的时间、招聘人员的配备情况确定校园招聘的行程安排、负责人、参与人以及目标院校计划招聘的岗位、专业、人数等。校园招聘行程安排表的编制示范如表 4-3 所示。

表 4-3　校园招聘行程安排表的编制示范

日期	院校	地点	负责人	项目内容
2014 年 9 月__日				专场宣讲及面试
2014 年 9 月__日				专场宣讲及面试
2014 年 10 月__日				专场宣讲及面试
2014 年 10 月__日				专场宣讲及面试

注：以上表格日期要与各院校商定。

在确定以上事项后，人力资源部须第一时间与目标院校取得联系，提前告知院校企业招聘的时间、需求岗位及专业信息，通报行程安排，并与校方协调安排好宣讲会所需要的教室、投影仪、麦克风、会议室等相关准备工作。

3. 正式宣讲前的宣传

好的宣传是校园招聘成功的第一步。宣讲时间和地点确定后，比较常规的宣传手段包括在校园区（包括附近其他学校）张贴海报、与学校就业办联系在学校网站上发布招聘信息、在学校论坛上发帖子并安排人每天顶帖子、在专业网站上发布信息、在宣讲课室的附近和现场悬挂横幅及大型喷绘背景等。同时，企业还可以开通招聘专用微博、微信，制作校园招聘网页，设置独立邮箱收取简历等。

在宣传过程中，校园招聘工作组的人员需要特别注意下列三个细节事项的处理。

（1）人力资源部最好在学校招募1~2名校园大使协助完成上述工作，他们能让张贴海报、顶帖子等工作内容落到实处，尤其是部分学校的论坛还只对本校学生开放。

（2）宣传要有一定的提前量，同时考虑到海报可能被覆盖、撕毁等情况，要做好第二轮、第三轮重复张贴的准备。

（3）如果宣讲不止去一个城市，那么最好能在每个城市安排一名接口人。接口人的任务包括提前考察宣讲场地、面试场地，与学校确认是否能挂横幅和喷绘背景，是否有电教化设备，以及是否需要为工作组借车、打印资料等资源协调的事宜。

4. 课件和物品准备

（1）精心制作宣讲用的PPT。该PPT的内容应包括企业想要传递的主要信息点，如企业的基本情况、本次招聘的需求、招聘的流程等，主要以"企业简介""招生简章""校园招聘执行手册""答疑（标准版）"等形式展现。宣讲人员的临场发挥是很重要的，但应该在一个框架下进行，这样才能避免遗漏重要的信息点和语音传递造成的信息扭曲，尤其是要在多个地点进行宣讲的情况下，这点更为关键。

（2）精彩的企业宣传片。有条件的企业最好能为校园招聘制作一段宣传片，可以考虑在宣讲会正式开始前向到场的同学们播放，也可以设计为宣讲正式开始的第一个环节，其内容与PPT互为补充，重要信息则可用不同表现手法重复出现，以便加深观者的印象。

（3）现场布置和前期宣传所需要的物品，如海报（室外张贴）、折页（现场发放）、易拉宝（现场摆放）、横幅（室外宣传）、背景喷绘（会场布置）、工作证（工作人员佩戴）等，人力资源部可向市场部门（或企划部门）提出需求，由后者负责制作。至于宣传片和物品该如何制作，建议交给专业公司。人力资源部和市场部门（或企划部门）应加强信息沟通，以确保招聘意图和企业现有素材的选择相吻合。

（4）面试和笔试的试题，包括《简历删选标准》《结构化面试题库》《结构化面试评分细则》《笔测题（主观部分）评分原则》《无领导小组讨论（群面）题库》《无领导小组讨论评分细则》等。其中，选才标准主要在《简历删选标准》和《结构化面试评分细则》中体现。

综上所述，人力资源部在校园招聘工作组出行前，应事先准备好所需的物品，具体如表4-4所示。

表4-4　校园招聘工作组出行前需准备的物品清单

序号	项目	名称	用途	数量	负责部门
1	宣传用品	企业宣传片	会前播放	1	人力资源部
2		激励成功学或设计讲座PPT	会前播放	1	
3		音乐	会前播放	3~4	
4		宣讲PPT	现场宣讲	2~3	
5		海报	会场张贴，会前宣传	5	
6		宣传单	发放到学生座位	200	
7		宣传横幅	现场悬挂、操场、教学楼等	3	
8		X展架	会场布置	4	
9		工服	工作人员穿	7	
10		肩带	工作人员和校方学生会人员佩戴	20	
11	音响设备	摄像机（专业摄像机为佳）	录像	1	
12		数码相机	拍照	1	
13		笔记本	播放PPT、主讲人课件	1	
14		音频设备（话筒）	现场使用	2~3	校方提供
15	办公用品	席卡	现场使用	3~4	
16		文件袋	分装学生资料	5	
17		订书机、订书钉	装订简历	1	
18		透明胶带、双面胶	粘贴海报	各2	
19		荧光笔	有意向观众重点标示	1	
20	礼品	优惠券	向回答问题者发放	30	人力资源部
21		小礼品	向回答问题者发放	20	
22		背包	一等奖	2	
23		水杯	二等奖	5	
24		U盘	三等奖	10	
25	资料	会议议程	报批和执行	10	
26		报名登记表	报名学生填写	10	
27		收据（二联）	预交押金	2本	
28		宣讲会布置图	会场布置使用	1	

注：以上物品数量由人力资源部根据预计需求确定，PPT等电子材料须准备双份。

　　由于每个企业招生方向和招聘模式的区别，其宣传方法、宣讲环节、测试环节的设计也必然千差万别，主要强调两个"一致性"，即招聘需求与招聘环节设计的一致性、工作人员宣传口径和判断标准的一致性。

5. 招聘现场安排

为了减少校园招聘现场工作中的纰漏，要严格按照事先安排好的时间进度执行。对于招聘现场的时间安排，可采用时间轴的形式进行制图，并张贴于招聘现场显眼处，一来可向应聘者说明现场工作流程，二来方便工作人员看图办事。现场招聘时间安排示意图如图4-2所示。

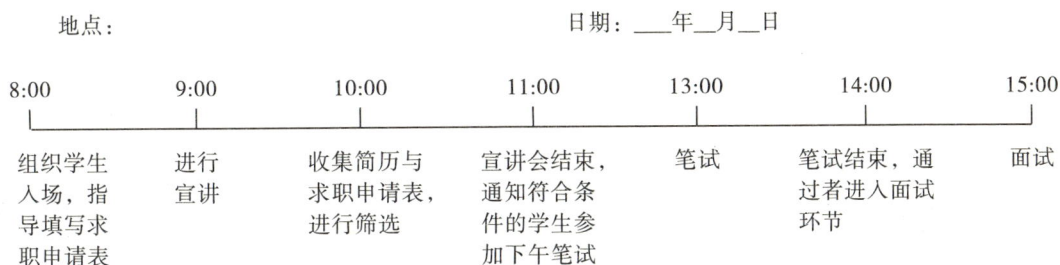

地点：   日期：___年__月__日

8:00	9:00	10:00	11:00	13:00	14:00	15:00
组织学生入场，指导填写求职申请表	进行宣讲	收集简历与求职申请表，进行筛选	宣讲会结束，通知符合条件的学生参加下午笔试	笔试	笔试结束，通过者进入面试环节	面试

图4-2　现场招聘时间安排示意图

对于招聘现场工作人员的分工与安排，也需要给出明确的说明，以免现场有事没人做，或让应聘者不知道找谁来解决相关的问题。

4.2　校园招聘团队组建

4.2.1　应考虑的因素

校园招聘工作的有效实施必定依赖于一个高效而专业的招聘团队，而在招聘团队的组建过程中，则需要考虑到团队成员的基本素质以及一些常见的误区。

1. 组建原则

一个能力全面的校园招聘团队一定要考虑到团队成员之间的互补性，包括能力互补、知识互补、年龄互补及性别互补等。团队中不同的成员分别负责考查应聘者的不同能力水平。

同时，应加强校园招聘团队成员之间的信任度和沟通能力，通过互相讨论与交流，消除对应聘者的认识偏差，诸如光环效应、刻板效应、第一印象等错误认知，从而得出较科学的结论。这一点在招聘过程中尤为重要。

此外，高效的校园招聘团队需要有一个系统的支持环境作为它运行的基础，即为团队提供完成招聘工作所需的各种资源，包括专业的前期培训、绩效评估体系与奖励规则，以及一个经验丰富的团队领导者，在以上支持系统的基础上完成校园招聘任务。

2. 团队成员的素质水平

（1）团队成员应具有良好的综合素质。对于校园招聘中的应届生求职者来说，招聘人员的形象、行为代表着该企业及企业文化，从他们身上能反映出企业的特质，因此，企业对于招聘团队中招聘人员的综合素质应该有更高的要求。

◆ 热情、诚恳。招聘人员热情、诚恳的态度，可以让应聘者感受到企业的亲和力与可信赖性，在无形中对应聘者形成带动或示范作用。

◆ 公正、公平。招聘人员在招聘过程中，必须本着公正、公平的原则，一切从企业利益出发，以招聘优秀实用的人才为首要目的，避免任人唯亲、拉帮结伙的情况发生。

◆ 有责任心。招聘人员要有强烈的责任心与使命感，能够尽心尽责、踏踏实实地做好校园招聘工作中的每一环节，这样才能保证招聘过程的有效性。

（2）团队成员在技能技术方面的要求。校园招聘工作可谓千头万绪，事项繁杂且每一事项均很关键，需要招聘人员本身具备一定的能力水平，并掌握相应的招聘面试技术。

在能力方面，校园招聘团队成员需具备的能力要求如表 4-5 所示。

表 4-5　校园招聘团队成员的能力要求

能力	要求
表达能力	包括口头表达能力和书面表达能力。招聘人员需要与学校以及众多学生接触，会面对各种情况，需要招聘人员能够通过谈话、文件等形式清晰地表达企业的需求
观察能力	招聘人员需要积累丰富的经验，并具有较强的观察能力，要能在短时间内了解应聘者的性格、才能等方面的信息
协调与沟通能力	在与校方合作以及与应聘者沟通的过程中，要求招聘人员具备良好的协调与沟通能力
自我认知能力	对于招聘人员而言，一定要克服主观臆断，对自我有一个健全、完整的认识，才能公正、客观地评判应聘者
不断完善自我的能力	由于校园招聘过程中的应聘者都是大学毕业生，招聘人员要及时适应年轻人的知识体系与文化观念，并有效地运用到招聘工作中

从招聘面试技术方面，校园招聘团队成员应掌握的技术及要求如表 4-6 所示。

表4-6　校园招聘团队成员应掌握的技术及要求

技术	要求
人员测评技术	通过掌握人员测评的方法和手段，招聘人员可以提升招聘技巧，常用的测评技术主要有创造力测验、能力倾向测验、笔记测验、人格测验、兴趣测验、评价中心等
面谈技术	面谈不光指面试，还包括与应聘者进行的所有谈话。招聘人员只有掌握策略性的谈话技巧，才能突破应聘者的心理防线，从而为获取应聘者的真实信息奠定基础
观察技术	有经验的招聘人员往往善于通过观察应聘者的不同体态姿势、习惯性的动作等，来进一步了解应聘者的真实情况
测试题设计技术	由于校园招聘的特殊性，为准确地判断与选择应聘者，就要求招聘团队具有较强的对测试题的选择与设计技术，使其具有针对性

4.2.2　组建任务分工

校园招聘团队是由为了实施企业人力资源战略规划、完成企业招聘任务而临时组合在一起、积极协同配合、共同高效完成招聘工作的一群人组成的。

校园招聘的成功实施，需要企业用人部门和人力资源部的密切配合，尤其是在招聘专业性较强的任职人员时，单单依靠人力资源部很难招聘到合适人选。因此，一般情况下，校园招聘团队的成员应包括人力资源部招聘人员、用人部门校招负责人以及企业中高层管理人员等。

1. 明确招聘团队成员的职责

校园招聘工作的关键环节主要是招聘前准备环节与招聘实施环节，人力资源部在组建好校园招聘团队后，必须明确团队成员在这两个环节的职责分工，并确定相应的责任人。招聘团队成员及其招聘职责说明如表4-7所示。

表4-7　招聘团队成员及其招聘职责说明

招聘团队成员	招聘职责	
	招聘前准备环节	招聘实施环节
招聘专员	◆ 发布校园招聘信息 ◆ 组织现场宣讲会 ◆ 筛选应聘简历 ◆ 通知候选人参加面试	◆ 组织笔试 ◆ 记录面试过程 ◆ 通知应聘者面试结果 ◆ 应聘资料整理及归档

（续表）

招聘团队成员	招聘职责	
	招聘前准备环节	招聘实施环节
招聘主管	◆ 统计各部门招聘需求 ◆ 确认招聘岗位及任职要求 ◆ 编制校园招聘预算 ◆ 拟订校园招聘计划	◆ 负责校园招聘初试 ◆ 对应聘者表现进行评估
招聘经理	◆ 制订年度校园招聘计划 ◆ 组织实施校园招聘活动 ◆ 对招聘团队成员进行培训	◆ 负责校园招聘复试 ◆ 为用人部门提供录用建议 ◆ 确定各部门录用结果
用人部门负责人	◆ 提出本部门招聘需求 ◆ 编写本部门专业笔试题	◆ 负责本部门应聘者的笔试、面试 ◆ 确定本部门人员录用结果
企业高管人员	—	◆ 审核校园招聘计划 ◆ 负责校园招聘的最终面试 ◆ 确定最终录取人选

2. 明确招聘中人力资源部与用人部门的分工

校园招聘团队的主要成员分别来自人力资源部与用人部门，在校园招聘实施的整体过程中，这两个部门的人员各自分工且又协调合作，分工说明如表4-8所示。

表4-8　人力资源部与用人部门的招聘分工说明

人力资源部招聘人员	用人部门负责人
分析校园招聘的外部环境因素，帮助用人部门分析校园招聘的必要性与可行性	确定本部门业务发展计划、人力规划与人力需求，负责校园招聘计划申请和报批工作
制订校园招聘计划，设计招聘中选拔、测试、评价的方法和工具，以及测试内容	编写校园招聘职位的工作说明书
策划制作校园招聘宣传或宣传海报，并联系各个合作院校，安排宣讲会进程	对应聘者的专业技术水平进行评判、甄选
负责简历等求职资料的登记、甄选和背景调查工作	负责编写专业笔试题
负责实施宣讲、通知面试、主持面试等工作	参与测试内容的设计工作并执行
为用人部门的录用决策提供咨询	做出初步录用决策
负责试用期员工个人资料的核查，并确定其薪酬	参与新员工培训，并负责其基本技能的辅导与训练

人力资源部招聘人员	用人部门负责人
寄发录用通知，帮助新员工办理体检、档案转移、签订三方协议等手续，并组织新员工岗前培训	负责被录用员工的绩效评估并参与招聘评估
负责招聘效果评估以及校园招聘计划的修订工作	参与校园招聘计划的修订

4.3 校园招聘实施

4.3.1 现场布置

校园招聘工作进入实施环节后，首项工作就是现场布置。整洁、有条理的现场布置可以为企业的形象加分，增加企业对大学生的吸引力。校园招聘中对外的现场主要包括宣讲会现场和面试现场。

1. 宣讲会现场布置

宣讲会现场的布置要点及要求如下所述。

（1）清点物品：到达会场后，相关负责人根据物品清单清点物料，如有差缺应及时补齐。

（2）熟悉场地：招聘工作人员了解场地情况，做好相关的准备工作。

（3）设备调试：灯光、音响、相机、麦克风、投影调试、光盘及备用光盘试播。

（4）会场布置：人力资源部应事先确定现场布置方案，布置要求如图4-3所示。

场外	在宣讲会场外墙上入口位置张贴海报
横幅	根据需要，可在场内悬挂一条横幅
设备	设备调试人员负责调试灯光、话筒、投影仪、音响等相关设备
讲台	设备调试人员接好笔记本电脑等相关设备
话筒	讲台麦克两个、手持无线麦克两个（根据学校情况）
海报	场外入口张贴两张海报
座位	第一排中间位置预留为企业管理人员与校方代表的坐席，学生入场后由前到后、由中间至两边就座，确保现场整体协调

图4-3 宣讲会现场的布置要求

（5）入场口：两侧可摆放展架、易拉宝，并由专人负责简要介绍与引导。

2. 面试现场布置

面试前的最后一个工作是面试场所的选取和环境控制，现场布置人员需要重点注意以下几个方面，确保面试场所的独立性、合适性与宽松性。面试现场布置要求如图4-4所示。

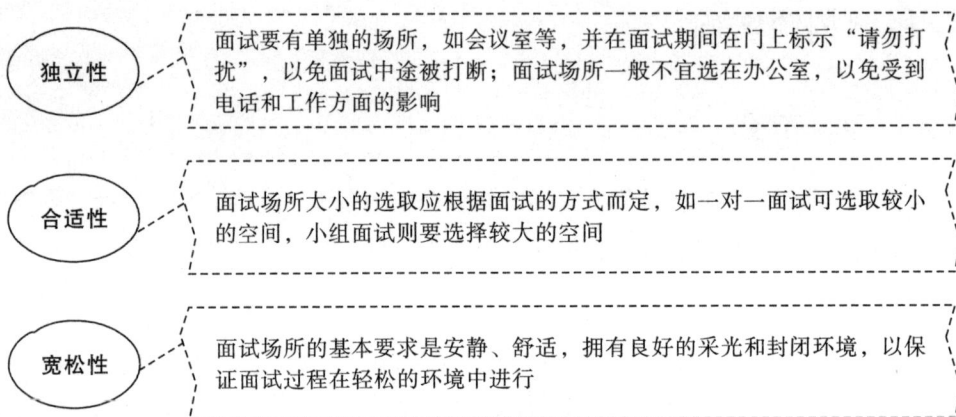

独立性	面试要有单独的场所，如会议室等，并在面试期间在门上标示"请勿打扰"，以免面试中途被打断；面试场所一般不宜选在办公室，以免受到电话和工作方面的影响
合适性	面试场所大小的选取应根据面试的方式而定，如一对一面试可选取较小的空间，小组面试则要选择较大的空间
宽松性	面试场所的基本要求是安静、舒适，拥有良好的采光和封闭环境，以保证面试过程在轻松的环境中进行

图4-4　面试现场布置要求

校园招聘中涉及到的面试类型一般有一对一面试和无领导小组讨论，根据面试形式的不同，面试现场座位布置也须根据面试要求进行相应的改变。

（1）一对一面试现场应遵循的原则

▲ 应聘者与面试官座位不宜过远，避免在沟通中听不清彼此的谈话，或导致面试官看不清应聘者的动作和表情。

▲ 应聘者与面试官的座位不宜太近，以免造成目光直视，从而使应聘者感觉有压力，影响其表现。

▲ 应聘者和面试官的座位不宜平行，这样容易造成沟通过程中姿势别扭，影响观察和交流。

（2）无领导小组讨论面试的现场布置要求

▲ 测评对象席位应呈扇形摆放，一方面便于测评对象之间相互交流，另一方面也能保证每一位评委能够观察到每一位测评对象的表现。

▲ 避免将测评对象席摆成"V"字形，"V"字形无形中会出现领导者位置。

▲ 在测评对象席上摆放标有编号及姓名的席卡、一两张白纸，席卡应为双面编号，摆放角度应保证评委能够看清楚，同时还要保证测评对象能看清彼此的编号。

▲ 评委席与测评对象席间距4米左右。

▲ 评委席摆放标有评委姓名的席卡。

▲ 记录员席和非评委观摩席设于评委席后。

4.3.2 企业宣讲

宣讲会一般是企业在社会公开场合、校园等场所开设的宣传招聘相关的主题讲座，主要向招聘对象传达相关组织、团体或企业的概况、文化价值观、人力资源政策、校园招聘的程序和招聘岗位的介绍等信息。

企业宣讲会不仅是吸引大量人才的平台，更是企业在未来主力消费群体中打造品牌影响力的舞台，校园宣讲会的质量直接影响大学生对企业的印象和认知。所以，企业一定要开足马力做好准备。

1. 人员安排

在企业宣讲会上，相关工作人员（可任用兼职人员及在校实习生）的分工安排如下所述。

（1）宣讲会主持人：原则上邀请企业管理人员或应届毕业生员工代表担任。

（2）宣传人员：现场发放宣传单页、企业报纸、杂志。

（3）引导人员：引导学生入场就坐，宣讲会开始后控制入场的学生数量，保证通道畅通。

（4）设备调试人员：笔记本电脑连接、灯光、音响、相机、麦克风、投影调试、光盘及备用光盘试播。

（5）资料收集人员：宣讲会结束时，负责收集应聘简历的工作人员。

（6）现场工作人员：拍照、传递话筒、现场情况记录等。

2. 宣讲会议程

校园招聘宣讲会的议程会因企业经营规模、经济实力、招聘需求及目标院校的要求等因素的不同而略有不同。一般来说，宣讲会议程安排可参照表4-9进行。

表4-9 宣讲会议程安排（示例）

序号	阶段	工作项目	负责人	所需物品
1	入场	学生入场，在每个座位上放上宣传单页及调查问卷和铅笔	现场工作人员	宣传单页、企业宣传片、音乐、调查问卷、铅笔
2		播放企业宣传片		

（续表）

序号	阶段	工作项目	负责人	所需物品
3	宣讲沟通	对参会者表示欢迎、现场温馨提醒	主持人	话筒三个、PPT 文件、摄像机、照相机、音频设备
4		企业简介		
5		宣讲目的、介绍宣讲议程		
6		主持人身份介绍		
7		主持人进行宣讲		
8		主持人与大学生互动问答		
9	尾声	主持人抽奖、对宣讲会进行总结、宣布结束	现场工作人员	调查问卷、准备奖品、档案袋、订书机
10		收集调查问卷		
11		播放音乐散会		
12	收场	清理现场和整理材料		档案袋、文件夹

宣讲会的议程安排过程中一般有以下几点注意事项。

（1）宣讲时间要根据实际情况调整，原则上不与相关院系授课、考试、就餐等时间冲突。

（2）宣讲过程中，主持人声音要洪亮，表达清晰，宣讲要突出强调重点，展现公司特色。

（3）宣讲速度把握好，避免仓促收尾。

（4）主持人注意多通过眼神、肢体语言与学生进行互动交流，吸引学生的注意力。

（5）最好让本校工作优秀的校友参与宣讲，鲜活的例子会更有说服力。

（6）宣讲快结束时，要预留时间给学生提问，主持人事先约定提问细则，确保提问有序进行，让学生获取更多有价值的信息，减少重复提问。

3. 现场资料收集

在校园招聘会的现场，招聘工作组成员应按要求向应聘的学生收齐下列材料，并做好相应的工作安排。

（1）收集应聘学生的简历及应聘资料（推荐表、成绩单、身份证、英语四六级证书及各类荣誉证书的复印件）。

（2）提醒学生若简历不全，应在下一轮笔试或面试时带齐。

（3）在时间允许的情况下，可在现场安排应聘学生填写职位申请表，并组织笔试。

4. 宣讲会现场控制

宣讲会现场最大的风险点就是"门庭冷落"。所以，企业应当提前几天整理好在线投递的简历，并通知部分符合企业需求的同学来参加宣讲会。如果收到的简历不多，则建议略过筛选简历，通知所有已投递简历的同学。同时，在宣讲会开始前一个小时，安排人员到人流集中的教学楼、食堂等地发放宣传单页，以增加现场人气。

在与学校确定宣讲场地的时候，一定要考虑企业的影响力、招聘时间段、学校未就业人数等因素，不可盲目追求教室的气派。宁愿选个可容纳 100 人的教室挤满 150 人，也不能选个可容纳 300 人的教室而只来了 200 人。气场，对后期的面试签约环节影响很大。

当预定的宣讲教室发生临时变更或调整时，校园招聘的总负责人需要变通地处理。首先，工作人员应及时引导现场的同学，避免现场混乱，造成不必要的损失；其次，根据到场面试人数做出适当调整，确保上下午人数均衡；最后，事先安排安保人员（可由学生担任）提前布置场地，并安排工作人员完成善后工作。

5. 后续工作

宣讲会结束后，按照企业校园招聘活动规定，校园招聘工作组的工作人员须对应聘人员的简历进行编号、筛重、剔除、挑选等后续处理工作。

4.3.3 简历筛选

针对校园招聘宣讲会后的简历筛选工作，人力资源部除了要遵循筛选简历的一般性原则外，还要结合应届大学毕业生可塑性强的特点，侧重考查其具备的"学习能力"与"创新能力"等潜在的能力。

1. 查看简历的内容框架及排版质量

（1）审查简历内容是否清晰简洁、排版大方，据此可评价应聘者的个性、创意性等。

（2）审查简历的层次性、逻辑性、流畅性。在这方面，招聘人员主要通过审查简历的结构来审查内容描述是否有条理、是否有逻辑、是否有矛盾的地方。

（3）审查简历制作是否用心。招聘人员主要查看简历书写格式是否规范、整洁、美观，有无病句，有无错别字，以及通过阅读简历留下的印象，即是否用心制作简历。

（4）应聘者自我评价是否真实中肯，不说虚话、套话。

2. 查看素质能力方面的硬件指标

在招聘对硬性指标（性别、年龄、实习经历）要求较严格的岗位人员时，如其中一项不符合要求则快速淘汰掉简历；相反，则可结合招聘职位要求，参照应聘者的职业规划进行筛选。

（1）应聘者姓名、年龄、学历和联系方式等基本信息应完整。

（2）应聘者求职目标明确，且符合目标岗位的职业生涯规划。

（3）注重应聘者的相关社会实践经历与学校中的活动，考查其实践经验与学习能力。

（4）关注应聘者在校所学专业的专业课成绩，及所掌握的专业技能与目标岗位的条件是否相符。

3. 判断应届毕业生与岗位的契合度

判断应聘者的专业资格和实习经历是否符合目标岗位的要求，如不符合，可直接淘汰掉其简历。同时，需要分析应聘者应聘的职位与发展方向是否明确、二者之间是否一致。

4. 查看应聘者的薪资期望值

应届毕业生没有工作经验，一般对薪资的期望值比较模糊，这就需要企业招聘工作人员引导其对岗位的价值、对自身的综合能力进行评估，同时考查应聘者对学习机会与薪资哪项更为重视。

4.3.4　面试通知

校园招聘工作人员负责确定进入面试的人员名单，确保按时发放面试通知。

1. 确定面试人员

校园招聘总负责人按照事先确立的简历与通知面试的人数比例，根据应聘者笔试成绩从高到低确定进入面试人员的名单，并由校园招聘专员负责通知面试事宜。

2. 确定面试时间

校园招聘专员根据招聘计划确定面试时间，提前做好面试相关准备，如面试官的确定、面试提纲及试题的准备、面试场地的布置等。

3. 选择面试通知方式

校园招聘主管根据应届毕业生的特点和岗位性质，选择合适的面试通知方式，避免漏发、错发等现象的发生。校园招聘的面试通知一般采取电子邮件和校园指定宣传栏等方式发放。

4. 面试通知时间安排

一般情况下，校园招聘专员应在笔试结束后三日内，将面试通知发放至符合条件的应聘者邮箱，还可根据校方的要求将参加面试的人员名单张贴在指定的宣传栏上。

5. 面试通知的书写

校园招聘专员根据面试的具体要求编写面试通知邮件，邮件中须明确说明面试时间、地点、特殊要求以及注意事项等。可参考的电子邮件模板、校园张贴榜模板分别如下所示。

××公司校园招聘面试通知

××同学：

你好！

首先感谢你应聘本公司××岗位，经过初步的简历筛选，你的基本条件符合我公司应聘要求，为了进一步彼此了解，请于__月__日__时来本公司参加面试。

1. 面试须携带下列个人资料：

（1）身份证；

（2）成绩单、资格证书、荣誉证书等原件及复印件；

（3）一寸免冠彩色照片两张。

2. 参加面试的人员请着正装。

3. 如不能按时参加面试，请于接到本通知后__日内告知本部，否则视为自动放弃。

4. 公司地址：_____

5. 乘车路线：_____

6. 联系人：_____ 联系电话：_____

预祝面试成功！

××公司人力资源部

____年__月__日

××公司校园招聘面试通知张贴榜

××大学的各位同学：

我公司于__月__日__时举办的宣讲会已圆满结束，感谢同学们的支持与参与。通过筛选宣讲会上收集的简历、网申及对应聘者进行笔试，特邀请以下几位同学来我公司参加面试。

姓名	性别	专业	班级	学号
陈××				
张××				
王××				
李××				

面试地址与相关要求会以邮件的方式告知，望准时参加。

未进入面试的同学也不要气馁，我们挑选人才的原则为"最合适"，而非"最优秀"，希望你们可以继续努力，找到适合自己的工作！

联系人：_____ 联系电话：_____

预祝同学们面试成功！

××公司人力资源部

____年__月__日

6. 面试通知发放记录

校园招聘专员做好面试通知发放记录，并根据通知对象的回复情况确定能来参加面试的人数。

4.3.5 重点面谈

重点面谈是面试官对拟录用者进行的二次面试，旨在通过面谈对拟录用者的能力、个性、素质等进行更深入地了解，以考查拟录用者是否真正符合岗位要求，一般采用一对一的形式。

重点面谈的目的在于让面试官能深入了解拟录用者，挑选与企业岗位胜任素质相匹配的人才，同时塑造企业的专业形象，使被录取的人员认同企业文化，满怀期待地加入，并将最大的热情投入到工作中。

1. 面谈前的准备

面试官在进行面试前，须清楚岗位对任职人员的学历、专业、特长、个性与态度等方面的要求。人力资源部事先须制定出校园招聘重点面谈提纲及评价表（由人力资源部提供），以方便面试官记录拟录用者的回答结果。

而校园招聘现场工作人员需要为面试官和拟录用者准备一间安静、大小合适、现场布置适用的面谈间。

2. 在面谈过程中观察拟录用者

通过面谈，面试官应重点观察拟录用者的仪表、神态、动作，考查其学习能力、口头表达能力、沟通能力、创新能力等各方面的综合表现。具体到细节，可观察拟录用者在等候区的表现、进入座位前的动作、面谈时的表现，以及面谈结束后离开时的动作等均可作为反映其素质的评估要素。

3. 面谈如何进行

面试官首先需缓和气氛，简单做自我介绍，表明面谈是双向的，尽量表现得坦诚，缓解拟录取者的压力。其次，面试官向拟录用者介绍其应聘岗位的工作内容、薪资福利等，并强调企业会为应届生新员工提供难得的培训机会。

在重点面谈过程中，所提问题不能只让拟录用者回答"是"或"不是"，应具备申论性让其自由发挥，可让拟录用者说出自己的看法；在面谈过程中，提问的目的并不是得到正确或标准的答案，而是面试官可以借此告知拟录用者正确的做法或获知对方的真实想法。

4. 面谈如何结束

在面谈结束前，首先，面试官应询问拟录用者对于企业与其应聘的岗位工作是否还有其他问题，并耐心回答；其次，告知拟录用者面试结果公布的时间；再次，重申很高兴能有此次面谈，感谢应聘者对企业的关注；最后，起立致意，目送拟录用者离开面谈间。

5. 重点面谈的其他注意事项

面试官要注意掌握面谈节奏，不可过快或过慢；不要在某一问题上耗费过多时间；不要让等待或思考的空白时间延迟过久，造成冷场；另外，面试官要集中注意力，不可做仰卧座椅、托腮、无意识翻阅资料等显得不专心的动作，视线要始终注视拟录用者。

4.3.6 录用通知书和辞谢通知书

对于应聘学生而言，要么会收到录用通知书，要么会收到辞谢通知书。二者一般是通过电子邮件、信函等方式告知应聘、参与面试的学生。

1. 录用通知书

校园招聘结束后，企业确定了录用人选，人力资源部应及时向被录取人员发放"录用通知书"。在通知书中，应说明报到时间和地点等内容，并写明新员工入职所需携带的资料物品等信息。下面是某公司的录取通知书范例，供读者参考。

××公司校园招聘录用通知书

××同学：

你好！

通过我公司的招聘选拔程序，你已被确定符合_____岗位条件并得到录用。首先，欢迎你的加入；其次，请仔细阅读以下内容，按要求备齐相关资料，在指定时间内到我公司人力资源部办理入职报到手续。

一、个人需准备及提交的资料

1. 本人近照8张（红底小一寸）。

2. 本人户口簿、身份证、毕业证、学历证、学位证（如有）、三方协议原件及复印件、职称证或职业资格证（如有）等有效证件的原件、复印件（人力资源部验证后归还原件并留取复印件）。

3. 近期（三个月内有效）体检合格证明（须由我公司指定医院——××××医院出具）。

二、入职办理

1. 办理时间：____年__月__日__时。

2. 办理地点：_____公司人力资源部。

3. 提示说明：个人提供的资料不齐全或虚假者不予办理入职手续。

4. 薪资（以下描述包含绩效薪资在内，为税前薪资）：试用期薪资_____转正薪资_____（该薪资由若干薪资结构组成）。

5. 公司提供免费食宿（个人需承担宿舍的水电费），个人用品自理。

（续）

6. 联系人：_____ 联系电话：_____。

　　入职前，你须先到公司人力资源部报到并办理相关手续，未在公司人力资源部办理入职手续者不得直接前往用人部门上岗，违反者公司将不予录用且不承担任何责任。

××有限公司人力资源部

____年__月__日

2. 辞谢通知书

　　对于未被录取的应聘者，为了不使其错过其他校园招聘，企业人力资源部的负责人应及时发放"辞谢通知书"，将结果告知学生，以体现良好的企业形象。

　　在通知未被录用者时，负责人应注意以下四个问题：

　　（1）采用的通知方式应与被录用者相同，确保学生能收到；

　　（2）在辞谢通知书中，要做到措辞妥当、语气委婉；

　　（3）所有辞谢通知书应采用统一的表达方式；

　　（4）通知书最好加盖公章，以表示对未被录用者的尊重。

　　下面是某公司人力资源部拟定的辞谢通知书范本，供读者参考。

××公司校园招聘辞谢通知书

××同学：

　　你好！

　　十分感谢你对我公司_____岗位感兴趣，以及对我公司的支持。

　　你在申请与应聘该岗位时的良好表现令我们印象深刻，可惜，我们本次招聘是本着找到最合适而不是最优秀的原则，所以这次暂时不能录用你。我们已经将你的有关资料存档，并会保留半年，如果有了新的空缺，我们会优先考虑，如果你需要取回自己的相关资料复印件，请再次与我们联系。

　　联系人：_____ 联系电话：_____

　　感谢你理解我们的决定，祝你早日找到理想的工作。

××有限公司人力资源部

____年__月__日

4.4 校园招聘评估

校园招聘评估主要指对校园招聘的结果、成本和方法等方面进行评估。一般，在校园招聘工作结束之后，人力资源部需要对整个招聘过程做一个总结和评价，目的在于改善下次校园招聘工作的综合成效。校园招聘评估的作用主要体现在以下四个方面。

1. 有利于企业节省开支

通过招聘评估中的成本与效益核算，就能够使人力资源部工作人员清楚地了解费用支出情况，对于其中非应支项目，在今后的校园招聘中予以去除，有利于节约日后的招聘支出。

2. 检验校园招聘工作的有效性

通过校园招聘评估中录用员工数量评估，可以分析招聘数量是否满足原定的招聘需求，及时总结经验（满足时）并找出原因（不满足时），从而有利于改进今后的校园招聘工作，同时为人力资源招聘工作计划的修订提供依据。

3. 检验校园招聘工作的成果

通过对录用员工质量评估，可以从员工工作绩效、日常行为、实际能力、工作潜能等与招聘岗位要求之符合程度这一方面进行评估，从而为改进校园招聘方法、实施员工培训和为绩效改进提供必要的、有用的信息。

4. 有利于提高校园招聘工作的质量

通过对校园招聘结果信度和效度的评估，可以了解校园招聘过程中所使用的方法的正确性与有效性，从而不断积累校园招聘工作的经验并修正不足，提高校园招聘工作质量。

4.4.1 企业宣传效果评估

在校园招聘实施的整个过程中，企业宣传效果是否达到了预期的目标，主要体现在宣讲会到场人数、简历投递数量、最终到岗人数这三个方面，同时须兼顾"校园招聘宣传成本"这一指标并予以综合评估。

1. 前期准备成本评估

校园招聘宣传的前期准备成本主要包括物料成本（海报、宣传册、设备等）、人力成本以及时间成本。

（1）海报、宣传册等宣传用品是否物尽其用，没有浪费。

（2）招聘人员的食宿费用是否控制在预算以内。

（3）参与校园招聘的人员是否在宣讲会开始前完成了全部准备工作，没有延长预定时间。

（4）宣传预算与实际费用如何，它们与宣传效益的关系如何，是否随宣传投资增加而效益也成正比例地增加等。

2. 前期宣传效果评估

对于校园招聘前期宣传效果的评估，最直接的指标就是宣传后企业举办宣讲会时学生到场的情况，即有多少人感兴趣并记住了企业的前期宣传内容。

（1）宣传计划在实施过程中是否有超出计划的作用。

（2）宣传活动的实施是否最大效益地使用了资源（指人力、物力、财力和时间）。

（3）接触宣传信息的大学生的数量（即宣传内容到达率），注意和理解了宣传信息的受众数量。

（4）记住了宣传内容（企业名称、宣讲时间、宣讲地点）的大学生的数量。

（5）宣传是否吸引了足够多的大学生来参加企业宣讲会。

（6）根据宣传来参加企业宣讲会的学生数量和投简历的学生数量。

3. 校园宣讲的效果评估

值得注意的是，校园宣讲活动的直接目的是吸引更多的优秀大学生加入企业，而间接目的则是适当提高企业的知名度，树立良好的企业形象。一个校园招聘宣讲活动成功与否，很大程度上取决于它的宣讲会宣传的覆盖面。

（1）宣讲是否提高了企业知名度。

（2）宣讲主题是否正确，企业文化的宣传是否明确，是否得到学生的认同。

（3）宣讲是否提高了应届毕业生的简历投递率。

（4）宣讲是否突出了企业的特点，并优化了企业在大学生心目中的形象。

（5）校园招聘结束后，最终到本企业报到的人数是否达到招聘目标。

4.4.2 校园招聘效果评估

1. 校园招聘效果评估内容

校园招聘效果一般从招聘周期、招聘成功率、招聘达成率、用人部门满意度、招聘成本五个方面来进行评估。

（1）校园招聘周期，即从提出校园招聘需求到校招人员实际到岗的时间。通过校园招聘周期是否控制在预期范围内来评估校园招聘工作实施的成效。

（2）用人部门满意度，主要从校园招聘结果的有效性、信息反馈的及时性、提供人员的适岗程度等方面进行综合评估。

（3）校园招聘成本评估，主要从招聘实施成本、选拔成本、录用成本、安置成本这四个直接性支出进行初步的评估工作。评估内容如表4-10所示。

表 4-10　校园招聘成本评估的内容

支出类型	定义	构成
招聘实施成本	为吸引和确定企业所需要的人才而支出的费用 单位招聘实施成本 = 总成本 ÷ 录用人数	宣传费、宣讲费、劳务费、材料费、行政管理费等
选拔成本	由对校招应聘人员进行人员测评与选拔，以做出决定录用与否时所支付的费用	材料费、测评系统支持费用等
录用成本	经过对校招应聘人员进行各种测评考核后，将符合要求的合格人选录用到企业时所发生的费用	入职手续费、安家费、各种补贴等
安置成本	企业录用的员工到其上任岗位时所需的费用	为安排校招新员工所发生的行政管理费用、办公设备费用等

（4）基于校园招聘方法的评估，包括引发申请的数量、引发的合格申请者的数量、平均每个申请的成本、从接到申请到方法实施的时间、平均每个被录用员工的招聘成本和工作质量（业绩、出勤率等）。

（5）录用人员数量评价，主要从录用比率、招聘人数完成比率、应聘比率等指标来进行评估。

录用比率 = 录用人数 ÷ 应聘人数 × 100%

招聘人数完成比率 = 录用人数 ÷ 计划招聘人数 × 100%

应聘比率 = 应聘人数 ÷ 计划招聘 ÷ 人数 × 100%

另外，人力资源部也可以视情况将试用期离职率、人才库建立、新员工满意度等内容纳入招聘效果的评估范畴。

2. 撰写校园招聘效果评估报告

招聘工作结束后，人力资源部负责校园招聘工作的主要负责人应负责撰写本次校园招聘效果评估报告，真实地反映校园招聘的实施过程，为下一次校园招聘工作提供建议与经验总结。一般而言，校园招聘效果评估报告主要包括但不限于以下七项内容：

（1）校园招聘简介：包括招聘目标、招聘规模、组织者与相关责任人员等；

（2）年度校园招聘计划及实施方案，并列出一系列花销的预算金额；

（3）招聘效果评估方法，针对招聘目标和实施过程影响因素等选择合适的评估方法；

（4）各类数据统计分析结果，即根据评估方法统计需要的数据，并分析统计的结果；

（5）招聘成本分析，包括对实际的成本支出统计、预算控制情况等方面进行分析；

（6）招聘效果分析；

（7）存在的问题及改进意见。

第5章 内部选聘实训

5.1 确定选聘标准

5.1.1 选聘标准依据

选聘标准是指企业内部选聘的筛选标准，在制定选聘标准的过程中，人力资源部应从企业发展的战略需求和岗位需求这两个角度进行考量。

除工作经验要求、岗位胜任素质要求外，基层人员和技术人员的选聘标准依据主要为工作技能，中高层管理人员的选聘标准依据主要为工作能力。常见的内部选聘标准制定依据如表5-1所示。

表5-1 常见的内部选聘标准制定依据

制定依据	说明
工作经验	☆ 原工作业绩 ☆ 原岗位工作时间 ☆ 原工作胜任程度
工作能力	☆ 通用能力 ☆ 管理能力
工作技能	☆ 财务簇专业技能 ☆ 人力资源簇专业技能 ☆ 研发簇专业技能
职业素养	☆ 责任心 ☆ 奉献精神 ☆ 诚信意识 ☆ 风险防范意识 ☆ 纪律性 ☆ 自信心

5.1.2 选聘标准说明

企业在内部选聘的过程中，应针对不同岗位，选择不同的组合作为评价维度，并按照不同维度对选聘标准进行详细说明，因选聘维度较多，表5-2仅对常见的选聘标准进行说明，供读者参考。

表5-2　内部选聘标准说明

选聘维度			选聘标准	权重
工作经验	原工作业绩	1级	原工作业绩显著超出岗位要求，在岗位职责要求的各个方面均取得了突出的成绩	5%
		2级	原工作业绩达到预期计划，满足岗位职责的要求	
		3级	原工作业绩无法达到预期要求，未能履行岗位职责的要求	
	原岗位工作时间	1级	在原岗位工作3～5年，熟练掌握工作流程	5%
		2级	在原岗位工作1～2年，能够独立进行工作	
		3级	在原岗位工作时间较短，无法独立展开工作	
	原工作胜任程度	1级	自身素质水平超出岗位需求水平，胜任原岗位工作	10%
		2级	与原岗位胜任素质相匹配，满足岗位需求和企业需求	
		3级	自身素质无法胜任原岗位工作，无法满足岗位需求和企业需求	
工作能力	沟通能力	1级	具有较强的沟通技巧，善于说服他人，能够有效化解矛盾	10%
		2级	初步了解沟通技巧，但无法针对沟通对象选取不同的沟通技巧说服他人	
		3级	不了解沟通技巧，无法化解员工间和部门间的矛盾	
	分析能力	1级	能够对某项工作、岗位、企业的优势和劣势进行准确分析，经分析后产生的工作思路能够有效应用与企业实际工作中	10%
		2级	仅能够对某项工作的优势和劣势进行初步分析，经分析后产生的工作思路无法适应实际工作的需要	
		3级	无法对某项工作的优劣势进行分析，或分析后无法形成完善的工作思路	
	团队领导能力	1级	积极倡导、营造团队协作的工作氛围，在实际工作中以身作则，具有强烈的团队领导意识，注重内部管理，主动提升员工工作技能	10%
		2级	具有一定团队领导意识，在工作中以身作则，但不重视内部管理，不主动提升员工工作技能	
		3级	缺乏团队领导意识，在实际工作中无法以身作则、上行下效，团队士气低落	
	应变能力	1级	能够预见客观环境变化给企业带来的机遇和挑战，并能够准确分析变化背后的根本原因，降低变化为企业带来的负面影响	10%
		2级	能够预见部分变化给企业带来的机遇，但无法对变化背后的原因进行准确分析	
		3级	无法预见客观环境的变化，无法分析变化背后的原因	

（续表）

选聘维度			选聘标准	权重
工作技能	技术创新能力	1级	能够在了解企业现有技术规范和标准的基础上，对产品的技术性能进行改善，并能够根据企业总体战略目标制定技术创新工作的长期规划，及时调整技术创新工作	10%
		2级	在学习新技术后，无法对产品技术性能进行改善，仅能够制定技术创新工作的短期规划	
		3级	不了解企业现行技术规范和技术标准，无法结合企业战略目标对技术创新工作进行调整	
	产品设计能力	1级	能够根据相关人员的反馈，制定、修改产品设计流程，能够把握国际市场前沿产品设计思路，并能够将思路应用于产品实际设计过程中	10%
		2级	能够对产品设计流程进行部分修改，虽了解前沿产品设计思路，但无法在实际设计过程中应用	
		3级	无法根据反馈信息对产品设计进行修改，不了解国际市场的前沿设计思路，产品设计思路陈旧	
职业素养	责任心	1级	能够从企业利益出发，自觉承担责任、履行义务，并指导同事完成工作	10%
		2级	能够承担工作中的部分责任，同事出现有损企业利益的行为时，不会主动制止	
		3级	只重视个人利益，害怕承担工作中的责任	
	自信心	1级	对自身的能力充满信心，愿意不断寻求新的工作方法，接受具有挑战性的工作，以积极的心态面对工作中的困难	5%
		2级	相信自身的能力，但不愿意主动寻求新的工作方法，不愿意面对工作中的困难	
		3级	不信任自己，工作态度消极，常以悲观的心态面对工作中的困难	
	风险防范意识	1级	对企业可能存在的经营风险、突发事件风险、社会责任风险具有较强敏感性，能够全面、细致地预见各类因素可能带来的风险和后果	5%
		2级	具有一定的风险防范意识，无法深入分析各类因素给企业、社会带来的潜在风险	
		3级	缺乏风险防范意识，无法分析各类因素可能导致的风险	

5.1.3 选聘标准公告

人力资源部在确定内部选聘标准后，向各部门发放公告，选聘标准公告的对象为企业全体员工，公告发放的方式包括邮件通知、书面文件通知、口头通知、内部网络通知、公告栏通知等。

1. 选聘标准公告的内容

选聘标准公告的内容如图 5-1 所示。

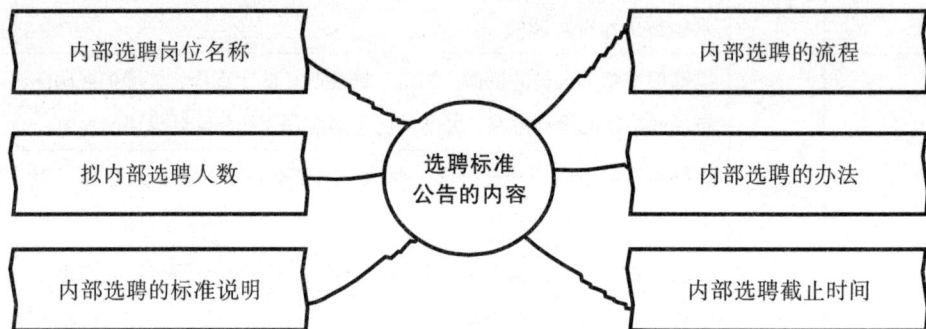

图 5-1　选聘标准公告的内容

在人力资源部发布选聘标准通知后，符合条件且有意愿参与内部选聘的员工应填写"内部选聘申请表"，填写好后上交人力资源部，正式报名参加内部选聘。

2. 选聘标准公告范例

以下是某公司为招聘市场运营部主管发布的内部选聘公告，在该公告中明确了内部选聘的具体标准，供读者参考。

××公司内部选聘告示

为促进公司人力资源的合理配置，调动员工工作积极性，扩展员工的职业发展机会，现根据本公司管理需要，拟招聘市场运营部主管 1 名。具体选聘标准公告如下所述。

选聘岗位：市场运营部主管

选聘人数：1 人

选聘条件：

（1）本科及以上学历。

（2）在本企业工作三年以上，了解市场运营部的基本工作流程。

（3）具有较强的沟通能力、归纳分析能力、表达能力及责任意识。

选聘流程：本次选聘分为笔试和答辩两部分，每部分成绩各占 50%，笔试成绩前三名进入答辩，

（续）

最终招聘部依据笔试和答辩的总成绩择优录取。

　　报名时间：2014 年 12 月 1 日至 2014 年 12 月 21 日。

　　报名地点：选聘人员持选聘申请表至人力资源部报名。

　　笔试时间：2015 年 1 月 2 日，由招聘部实施笔试，笔试时间为 90 分钟，满分为 100 分。

　　答辩时间：答辩时间由招聘部另行通知。

　　联系人：＿＿＿＿＿＿＿

　　咨询电话：＿＿＿＿＿＿

人力资源部

2014 年＿＿月＿＿日

5.2　候选人筛选

5.2.1　评定委员会

　　一般来说，人力资源部会组建一个临时性的内部选聘评定委员会，全面负责对内部应聘人员提交的资料进行审核，并为审核通过的人员进行面试，考查其综合素质，最终做出录用决定。

　　1. 评定委员会成员构成

　　评定委员会成员可以依据招聘岗位的不同进行灵活组合，一般包括招聘经理、招聘主管、招聘专员、用人部门经理等。此外，还应该重视以下三方面问题。

　　（1）如招聘岗位属于"双线"管理类岗位，即该岗位隶属于两个不同部门管理，则需要双线主管参加，如仓库管理岗位，则需仓库管理部经理、财务部经理共同参加。

　　（2）如招聘技术人员，则需相关领域的专家参与评定工作。

　　（3）如招聘中层管理人员，则需企业高层管理人员参与评定工作。

　　2. 评定委员会组建原则

　　评定委员会组建应考虑以下四方面原则，以保证招聘人员的质量满足岗位需求和企业需求，避免招聘成本高、效果差等现象的产生。

　　（1）能力互补原则。评定委员会应包括具有不同能力的人员，如擅长管理的人员、擅长技术的人员、擅长行政工作的人员，以便应对不同招聘岗位的需求。

　　（2）知识互补原则。评定委员会成员应具有不同的知识结构，包括具有企业知识、产品知识、法律知识等通用知识的人员，以及具有营销知识、客服知识、生产管理知识、仓储管理知识、质量管理知识等专业知识的人员。这些人不仅能够提高评定委员会成员的整体知识水平，还可以从多角度对应聘人员进行测评。

（3）年龄互补原则。评定委员会应包括具有不同年龄结构的人员。年龄偏大的人员在接受新事物等方面存在不足，年龄偏小的人员在招聘经验方面存在不足，将二者有机结合，可以进一步提升招聘质量。

（4）性别互补原则。男性易于从宏观上对应聘人员进行考量，女性易于从细微处对应聘人员进行考量，采用性别互补可以更准确地对应聘人员进行评价，提高应聘者和应聘岗位间的匹配度。

5.2.2　确定打分标准

打分标准是指评定委员会对应聘人员进行评估的标准，打分标准的确定主要依据应聘人员工作经验和岗位任职资格等；按照招聘岗位的不同，打分项目及其对应的权重也有所区别，具体如表5-3所示。

表5-3　依据岗位划分的打分标准

岗位	打分项目及权重
市场类岗位	<ul><li>工作经验：原岗位工作时间（5%）、原岗位工作业绩（5%）</li><li>工作能力：市场信息分析能力（10%）、市场导向能力（10%）、沟通能力（10%）、创新能力（10%）</li><li>工作知识：营销知识（10%）、公共关系知识（10%）、产品知识（10%）</li><li>职业素养：客户意识（5%）、全局意识（5%）、主动性（10%）</li></ul>
生产类岗位	<ul><li>工作经验：原岗位工作时间（5%）、原岗位工作业绩（5%）</li><li>工作能力：生产调度能力（10%）、仓储管理能力（10%）、设备管理能力（10%）</li><li>工作知识：质量管理知识（10%）、生产管理知识（10%）、产品知识（10%）</li><li>职业素养：诚信意识（10%）、风险防范意识（10%）、敬业精神（10%）</li></ul>
技术类岗位	<ul><li>工作经验：原岗位工作时间（5%）、原岗位工作业绩（5%）</li><li>工作能力：技术需求转化能力（10%）、项目管理能力（10%）、技术创新能力（10%）</li><li>工作知识：项目管理知识（10%）、客户知识（10%）、专业技术知识（10%）</li><li>职业素养：成就导向（10%）、全局观念（10%）、坚韧性（10%）</li></ul>
采购类岗位	<ul><li>工作经验：原岗位工作时间（5%）、原岗位工作业绩（5%）</li><li>工作能力：询价能力（15%）、合同管理能力（15%）、沟通能力（15%）</li><li>工作知识：供应商管理知识（15%）、采购知识（10%）</li><li>职业素养：诚信性（10%）、全局观念（10%）</li></ul>

（续表）

岗位	打分项目及权重
财务类岗位	• 工作经验：原岗位工作时间（10%）、原岗位工作业绩（10%） • 工作能力：财务管理能力（10%）、投资分析能力（10%）、关注细节能力（10%） • 工作知识：财务管理知识（15%）、法律知识（15%） • 职业素养：成本意识（10%）、责任心（10%）
人力资源类岗位	• 工作经验：原岗位工作时间（10%）、原岗位工作业绩（10%） • 工作能力：企业文化建设能力（10%）、识人用人能力（10%）、员工关系管理能力（10%） • 工作知识：人力资源知识知识（10%）、法律知识（10%） • 职业素养：自信心（10%）、忠诚度（10%）、成就导向（10%）

5.2.3 制定评价标准

人力资源部根据各类岗位的打分标准制定评价标准，企业各类人员的评价标准存在交叉，如市场类岗位和采购类岗位均需要考查应聘者的沟通能力。

1. 市场类岗位评价标准

表5-4为市场类岗位评价标准，对应聘该类岗位的人员进行考核。

表5-4　市场类岗位评价标准

评价项目			评价标准
工作经验	原岗位 工作时间	1级	应聘员工在原岗位工作2年以上，了解企业发展战略及各项规章制度
		2级	应聘员工在原岗位工作1~2年，了解企业规章制度，不了解企业长期发展规划
		3级	应聘员工在原岗位工作1年以下，不熟悉企业发展规划和各项制度
	原岗位 工作业绩	1级	各项工作表现均超过原工作岗位的要求
		2级	基本满足原工作岗位的职责要求
		3级	在原岗位的各项工作表现较差，无法满足岗位需求

（续表）

评价项目			评价标准
工作能力	市场信息分析能力	1级	了解搜集市场信息的方法和技巧，并据对信息的分析，预测未来市场竞争趋势
		2级	了解部分搜集市场信息的方法，但无法准确、深入地对市场信息进行分析
		3级	不了解市场信息搜集的方法和技巧，无法对相关信息进行分析
	市场导向能力	1级	具有较强的市场意识，密切关注市场动向，在进行工作决策时会考虑市场因素
		2级	具有一定的市场意识，无法在工作决策的过程中考虑市场因素
		3级	缺乏市场意识，不关注市场动向，工作决策与市场因素脱钩
	沟通能力	1级	能够针对不同客户，选择适当的表达方式，善于利用沟通技巧化解矛盾
		2级	沟通技巧和表达方式较为单一，无法针对沟通对象选择适宜的沟通技巧
		3级	不了解沟通技巧，无法选用适宜的沟通方式，与人沟通时会产生矛盾、冲突
	创新能力	1级	能够灵活地完成工作任务，善于使用新思维、新技巧解决工作中遇到的难题
		2级	具有一定的创新意识，能够灵活地完成各项工作任务，但解决工作难题的方式呆板
		3级	创新意识较低，机械地完成各项工作任务，无法解决工作中出现的新问题
工作知识	营销知识	1级	熟练掌握营销知识的操作运用原理，能够在实践中创造品牌效应、创造价值
		2级	了解部分营销知识的运用原理，能够利用其展开营销工作，但无法创造品牌价值
		3级	对营销知识缺乏了解，无法运用营销知识为企业创造价值
	公共关系知识	1级	能够将公共关系知识与企业实际情况相结合，做好公关调研、公关宣传等工作
		2级	对公共关系知识的运用较为呆板，公关宣传和公关调研的效果一般
		3级	不了解公共关系知识，无法进行有效的公共宣传
	产品知识	1级	精通企业所有产品的详细资料，并能对未来产品的规划与设计提出合理化建议
		2级	了解企业部分产品，但无法准确对未来产品进行规划
		3级	对企业产品的相关信息缺乏了解

（续表）

评价项目			评价标准
职业素养	客户意识	1级	能主动了解客户的期望和要求，与客户寻求合作的战略规划，使双方达到共赢
		2级	虽了解客户的需求，但制定的战略规划缺乏长远目标
		3级	不了解客户的需求，无法制定双方共赢的战略规划
	全局意识	1级	能从全局出发，不计较个人得失，服从指挥，彻底贯彻命令
		2级	具有一定的全局意识，在企业利益和个人利益产生冲突时，执行命令比较勉强
		3级	缺乏全局意识，过于计较个人得失，甚至产生损害企业利益的行为
	主动性	1级	自觉完成各项工作任务，并不断主动学习，获取新经验和新技能
		2级	在上级的督促下能够完成工作任务，但缺乏学习的主动性
		3级	无法完成工作任务，不愿意学习新知识和新技能

2. 生产类岗位评价标准

在应聘生产类岗位过程中，多使用生产类岗位评价表，对应聘人员的综合素质进行考量，如表5-5所示。

表5-5　生产类岗位评价标准

评价项目			评价标准
工作经验	原岗位工作时间	1级	在原岗位工作5年以上，了解企业长期发展规划，个人发展融入企业发展之中
		2级	在原岗位工作3～5年，了解企业短期发展规划
		3级	在原岗位工作3年以下，对企业的发展规划缺乏了解
	原岗位工作业绩	1级	在原岗位工作业绩突出，获得"企业年度优秀工作者"奖励1～2次
		2级	在原岗位工作业绩一般，基本满足岗位需求
		3级	在原岗位工作业绩无法满足岗位需求

（续表）

评价项目			评价标准
工作能力	生产调度能力	1级	能够通过资源的合理配置，最大限度地提升计划执行效率，保证作业顺利进行
		2级	能够对资源进行配置，配置效率较低，计划执行效果较差
		3级	无法对资源进行优化配置，无法保证作业顺利进行
	仓储管理能力	1级	能够对仓库内的物资按7S要求进行正确分类和安全有序管理，制定仓库管理的合理性方案，判断原辅料领用的合理性，以达到节约资源、控制生产成本的目的
		2级	能够对仓库内物资进行管理，制订原辅料的领用方案，但方案的合理性较差
		3级	不了解对物资进行安全、有序管理的方法和流程，无法实现对生产成本和生产原料的控制
	设备管理能力	1级	熟悉各种设备的属性、特征和使用价值，能指导设备操作人员正确使用机器设备，对设备的运行记录进行分析，发现潜在的故障隐患，可大致判断出造成故障的责任方，并能协调设备维修工作
		2级	基本了解各种设备的使用价值和使用方案，但无法分析出设备存在的潜在故障，对设备事故的责任方不能清晰判断
		3级	不了解各种设备的特征，无法分析设备存在的故障隐患，未掌握维修设备的方法
工作知识	质量管理知识	1级	精通质量管理知识，能够将相关知识及自己的心得体会应用于质量管理的实践中
		2级	了解部分质量管理知识，但无法灵活应用上述知识
		3级	不了解质量管理知识
	生产管理知识	1级	熟练掌握生产战略管理、生产流程管理、生产计划与调度、生产定额与工艺流程管理、生产现场管理、生产成本控制、工艺设备管理、生产安全管理、采购与供应管理共九项知识，并将相关知识熟练应用于生产管理工作之中
		2级	熟练掌握上述九项知识中的5~8项，但不能灵活运用
		3级	掌握上述九项知识中的0~4项，但不知道如何应用

（续表）

评价项目			评价标准
职业素养	诚信意识	1级	能以诚实、善良的心态行使权利、履行义务，信守承诺，从不出现欺瞒或未信守承诺的情况
		2级	具有一定的诚信意识，一旦发生违背自身利益的情况，偶尔会产生欺骗行为
		3级	缺乏诚信意识，经常出现不履行义务，违背承诺的现象
	风险防范意识	1级	对企业可能存在的经营风险、突发事件风险、社会责任风险等具有非常高的敏感性，能提出有效预防风险的措施和应对方案
		2级	具有一定的风险防范意识，对企业潜在风险有一定敏感性，但无法提出有效的解决方案
		3级	风险防范意识较差，不了解企业的潜在风险
	敬业精神	1级	有强烈的事业心及无私的奉献精神，热爱本职工作，有旺盛的进取意识，利用各种资源使工作成果最大化
		2级	有一定的进取意识和奉献精神，能够通过对多种资源的合理使用实现工作目标
		3级	缺乏敬业意识、进取意识和风险意识，工作成果较低

3. 采购类岗位评价标准

采购类岗位评价标准如表5-6所示。

表5-6　采购类岗位评价标准

评价项目			评价标准
工作经验	原岗位工作时间	1级	在原岗位工作1～2年，了解采购业务的基本流程，明确企业发展战略，热爱企业文化
		2级	在原岗位工作半年至1年，了解企业文化
		3级	住原岗位工作半年以下，不熟悉企业文化，不了解企业未来发展趋势
	原岗位工作业绩	1级	在原岗位的工作业绩超出岗位要求的20%
		2级	基本满足原岗位业绩要求
		3级	低于原岗位的工作业绩要求

（续表）

评价项目			评价标准
工作能力	询价能力	1级	在执行采购活动时，能够主动寻找供应商，获得多方的价格信息，进行对比议价，取得的价格具有很大竞争力
		2级	在执行采购活动时，有询价和议价意识，但局限于目前已有的供应商，没有采取主动寻找供应商的行动，没有更多的议价空间，取得的价格竞争力一般
		3级	在制定采购活动时，缺乏询价和议价的意识，取得的价格缺乏竞争力
	合同管理能力	1级	能够准确理解合同条款及其承担的责任与义务，提前安排合同条款的执行，并同时做好应急处理预案
		2级	对采购合同的条款有一定了解，但无法在合同条款执行之前做好应急处理预案
		3级	不了解采购合同条款，无法有效执行各项条款
工作知识	供应商管理知识	1级	熟练掌握供应商的开发、管理及供应商信息管理等方面知识，对采购中与供应商合同执行中的各种问题有清楚而全面的了解，能有预见性地提出各种解决方案
		2级	对采购合同执行过程中可能产生的问题有初步了解，但无法提出有预见性的解决方案
		3级	供应商管理知识较为缺乏，不了解采购合同中可能遇到的问题
	采购知识	1级	熟练掌握各种采购知识的操作运用原理，精通各种采购、供应商管理以及各类货物运输技巧
		2级	了解部分采购知识的操作原理
		3级	不了解采购知识的操作原理，对货物运输技巧认识较少
职业素养			（略）

4. 财务类岗位评价标准

人力资源部根据财务类岗位的打分标准制定评价标准，具体如表5-7所示。

表 5-7　财务类岗位评价标准

评价项目			评价标准
工作经验	原岗位工作时间	1级	在原岗位工作 2～3 年，将个人发展与企业发展相结合
		2级	在原岗位工作 1～2 年，缺乏清晰的个人发展规划
		3级	在原岗位工作 1 年以下，不了解企业发展规划
	原岗位工作业绩	1级	原岗位的工作业绩较为突出，部门直属领导及同事对员工的评价较高
		2级	基本完成原岗位的业绩要求，部门直属领导对员工的评价一般
		3级	无法完成原岗位的业绩要求，部门领导和同事对员工的评价较差
工作能力	财务管理能力	1级	精通资本运作与金融证券相关知识，能够采取有效措施促进企业资产的保值、增值，对现阶段企业的财务状况有清醒地认识，并就可能出现的财务风险提出应对策略
		2级	能够进行一般型会计核算和财务处理等工作，但无法实现企业资产的保值和增值
		3级	无法胜任企业各项财务工作
	投资分析能力	1级	具有完善的投资分析能力，能够通过对投资项目的研究，准确判断出目标投资项目可能遇到的投资风险，并提出相应的应对措施
		2级	具有一定的投资分析能力，对投资风险的分析缺乏准确性和深入性
		3级	缺乏投资分析能力，无法对投资风险进行分析
	关注细节能力	1级	关注工作任务过程中的细节问题，对工作过程中的各个环节进行多角度、全方位的考虑，确保各项计划的严密性
		2级	工作作风较为务实，但缺乏对工作过程中各个环节的深入思考
		3级	缺乏严谨、认真的工作作风，无法关注工作过程中的细节
工作知识	财务管理知识	1级	熟练掌握各类财务管理知识，能够对企业财务工作进行全面掌控，建立健全企业的财务系统，实现内部控制，规避财务风险，并对企业的重要经营活动、投资等提供决策支持
		2级	对财务管理知识基本了解，但无法全面掌握企业财务管理工作，无法建立健全财务体系，无法为企业经营活动提供有效决策
		3级	不了解财务管理的知识，无法掌控财务管理工作
	法律知识	1级	精通与企业运营、人力资源、财务等工作相关的全部法律知识，并能够灵活运用，在不违反法律、法规的情况下，进行税务筹划、投融资等，控制经营成本，提高资金运营效率，保证企业经营战略的实现
		2级	基本了解国家颁布的与本企业及行业有关的各项法律法规，但无法在实际工作中应用
		3级	不了解相关法律知识

（续表）

评价项目			评价标准
职业素养	成本意识	1级	在工作中将成本控制在预算范围内，积极寻找降低成本的方法，对成本控制及流程优化提出有效建议
		2级	具有一定的成本意识，降低成本的方式单一，对成本控制提出的建议有效性较低
		3级	缺乏成本意识，不了解如何进行成本控制及如何优化成本控制流程
	责任心	1级	能够主动承担工作中出现的问题，不推卸责任，能够将企业和团队的利益放在首位
		2级	能够承担工作中出现的部分责任，当个人利益受到损害时，偶尔会产生推卸责任的行为
		3级	不能承担工作中出现的责任，将个人利益置于首位，经常推卸责任

5.3　公开竞聘

5.3.1　公开竞聘制度

公开竞聘是企业选拔人才的重要方式之一，有助于提高企业的凝聚力，深化企业文化的宣传。现以某企业公开竞聘制度为例，详述公开竞聘的原则、目的、实施等方面的内容，供读者参考。

制度名称	××企业公开竞聘制度		制度编号	
			受控状态	
执行部门		监督部门	生效日期	

第 1 章　总则

第 1 条　目的

企业公开竞聘制度的实施，主要有以下四方面目的：

（1）为本企业员工提供广阔的发展空间，提高员工参与企业管理的积极性；

（2）通过内部竞聘促使员工不断提高自身修养，提升工作能力；

（3）充分发掘有潜力的员工，为本企业建立一支优秀的人才队伍；

（4）营造良好的用人氛围，提高员工对本企业的忠诚度。

第 2 条　公开竞聘原则

人力资源部应秉持公平、公正、公开、择优的原则组织公开竞聘活动。

（续）

第3条　公开竞聘形式

本企业公开竞聘主要包括按需组织和按季度组织等两种形式。

第2章　内部竞聘实施管理

第4条　成立公开竞聘管理小组

　　人力资源部组建公开竞聘管理小组，负责整个内部竞聘活动的策划、资源落实、组织实施、信息汇总、信息公告等一系列事项。公开竞聘管理小组由人力资源部经理、招聘经理、招聘主管、招聘专员、用人部门经理、外聘专家等人员构成，并在上述人员中推选出组长、副组长，公开竞聘管理小组各成员的职责如下所述。

　　（1）组长职责：负责签署竞聘活动的公告、报告等，落实活动所需资源。

　　（2）副组长职责：负责宣传内部竞聘活动的精神，主持内部竞聘相关会议工作，并落实该活动的各项具体工作，包括资格审查、组织评审、组织面试、汇总竞聘结果、编制竞聘报告、协调应聘人员工作安排等。

　　（3）组员职责：搜集竞聘活动所需资料，参加面试评估工作，执行组长和副组长的其他工作安排。

第5条　发布内部竞聘信息

　　（1）公开竞聘管理小组根据本企业用人需求发布内部竞聘信息，竞聘信息应包括招聘岗位的工作职责、任职标准等。

　　① 竞聘基本条件：为人正直，有较强的事业心和责任感，具备拟任职岗位所需的专业要求和技术要求。

　　② 竞聘具体条件：竞聘年龄、工作经验、薪资待遇和工作内容等以具体竞聘公告为准。

　　（2）符合条件并愿意参加竞聘的员工，按相关规定填写"内部岗位竞聘申请表"，将表格和其他所需材料在规定时间内上交人力资源部。

第6条　初步筛选与审核

　　（1）公开竞聘管理小组对应聘人员提交的相关资料进行初步审核，审核的目的在于考查应聘人员能否满足任职要求，所提供的资料是否真实、准确，申请表或推荐表填写得是否符合规范。

　　（2）一经发现应聘人员有虚假申报的现象，取消竞聘资格。

第7条　竞聘基本规则

　　（1）经公开竞聘管理小组审核通过后，则开始对应聘人员进行笔试考核。

　　（2）笔试考核主要包括工作经验、工作能力、工作技能、职业素养等维度。

　　（3）笔试结束后进入面试环节，面试的时间为20～30分钟，应聘人员在面试之前应先介绍个人基本情况，演讲稿应包括应聘的优势和应聘上岗后的工作思路和工作目标，以及对现任岗位存在问题的分析和建议。

　　（4）公开竞聘管理小组针对面试内容进行提问，提问时间控制在20分钟以内。

　　（5）由公开竞聘管理小组填写"竞聘评估表"，并将得分作为应聘人员录用的最终标准。

（续）

第8条　确定录用人员

（1）公开竞聘管理小组根据考核成绩确定招聘岗位的初步人选。

（2）如遇到同一岗位多名应聘人员得分相同的情况，则需按照应聘人员学历、原岗位工作经验、是否获得企业突出贡献奖励等因素进行排序，最终确定录用人员名单。

第9条　公开竞聘后续工作

（1）公开竞聘管理小组为录用人员办理调动手续。

（2）公开竞聘管理小组做好未被录用人员的信息反馈工作，并对应聘人员敢于挑战自我、积极进取的精神予以鼓励，避免未被录用人员产生消极情绪。

（3）公开竞聘管理小组协助被录用人员做好交接工作，在规定的时间内到新岗位就职。

（4）被录用人员需接受 1~3 个月的试用期，在试用期结束后对其进行考核，如考核成绩为不合格，则取消其任职资格，返回原岗位任职；考核通过者，在试用期满后正式任命。

（5）内部公开竞聘活动中涉及的资料由招聘部统一存档，分类保管。

第3章　附则

第10条　本制度自公布之日起生效，并根据企业实际情况每年修改一次。

第11条　本制度由企业人力资源部制定。

编制日期		审核日期		批准日期	
修改标记		修改处数		修改日期	

5.3.2　公开竞聘流程

制定完善的公开竞聘流程有助于充分挖掘企业内部人力资源潜力，建立良性的用人机制和竞争机制，使员工能够结合自身意愿选择职位，实现人员的优化配置。企业公开竞聘流程如图 5-2 所示。

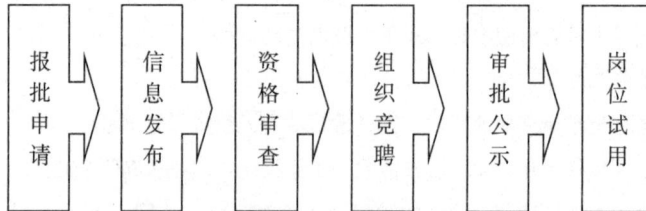

图 5-2　公开竞聘流程

1. 报批申请

人力资源部依据企业发展战略和生产经营目标，统计各部门人力资源需求状况，并在考虑员工发展的基础上，提出竞聘岗位和方案，报人力资源经理审批。

2. 信息发布

人力资源部根据招聘岗位职务说明书，拟定内部招聘公告，经审批通过后公开向企业内部发布。

3. 资格审查

人力资源部对应聘人员进行初步资格审查并剔除不合格报名者。

4. 组织竞聘

人力资源部组织成立公开竞聘管理小组，并通过笔试、面试等形式对应聘人员进行综合考核，拟定录取人员名单，并交由人力资源部经理审批。

5. 审批公示

经总经理审批后，录取人员名单在企业内部进行公示，公示期间若无异议，由人力资源部向录用人员发放录用通知。

6. 岗位试用

录用人员在接到录取通知一周内做好工作交接，并到人力资源部办理异动手续，到新任职部门报到。

5.3.3 公开竞聘组织

公开竞聘管理小组负责公开竞聘活动的策划和组织实施，保证竞聘活动高效、有序地进行。在公开竞聘组织的过程中，小组成员应遵循定向原则、逐级原则和适合原则。

1. 组织笔试

公开竞聘管理小组组织笔试的目的为考查应聘人员的专业知识、专业技能、管理思路、管理能力等，笔试环节的成绩占最终竞聘成绩的30%。

（1）搜集资料

公开竞聘管理小组根据选聘标准和招聘岗位任职资格搜集笔试资料，形成笔试试卷后上报人力资源部经理审核，最终确定试卷内容，并在笔试前对试卷内容严格保密。

（2）笔试内容

笔试的时间为1~1.5小时，笔试内容主要包括三个部分：基本知识和专业技能占总分的40%，案例分析占总分的30%，有关工作思路的分析和阐述占总分的30%。

（3）笔试实施流程

笔试实施流程主要包括以下六个步骤，具体如图5-3所示。

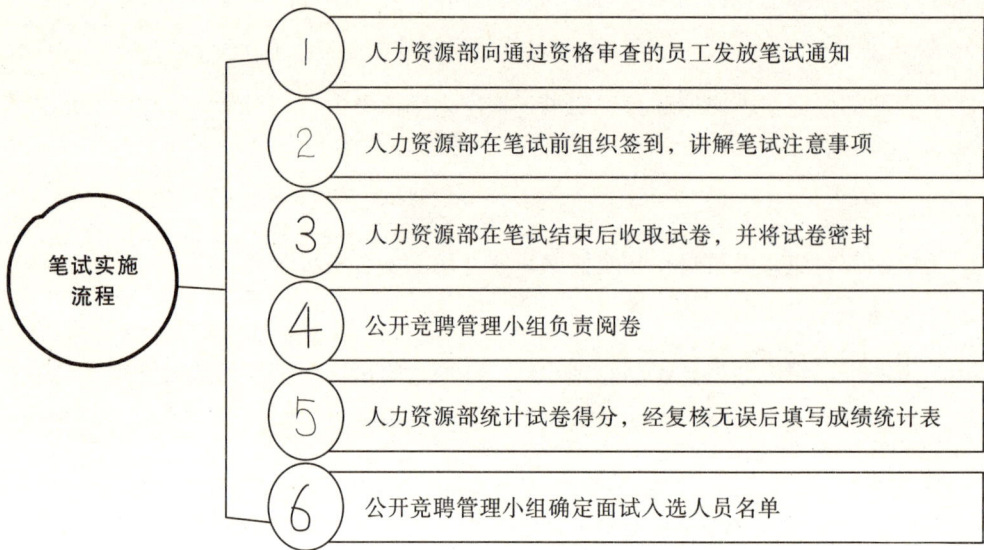

笔试实施流程

1. 人力资源部向通过资格审查的员工发放笔试通知
2. 人力资源部在笔试前组织签到，讲解笔试注意事项
3. 人力资源部在笔试结束后收取试卷，并将试卷密封
4. 公开竞聘管理小组负责阅卷
5. 人力资源部统计试卷得分，经复核无误后填写成绩统计表
6. 公开竞聘管理小组确定面试入选人员名单

图5-3　笔试实施流程

2. 组织面试

公开竞聘管理小组组织应聘人员进行面试，面试内容主要包括个人基本信息、对应聘岗位的工作思路、对原工作岗位的建议等，面试环节占最终成绩的70%。

（1）面试形式及时间

应聘人员面试的形式较为灵活，可以包括情景模拟、演讲、无领导小组讨论等，面试的时间多为40～60分钟，其中，公开竞聘管理小组的提问环节为10～30分钟。

（2）面试实施关键步骤

公开竞聘常见的面试形式为公开演讲竞聘和答辩竞聘，现以上述两种形式为例，详述面试实施的关键步骤。

公开演讲竞聘实施环节主要包括以下三个关键步骤，具体如表5-8所示。

表5-8　公开演讲竞聘实施环节的关键步骤

流程	说明
确定演讲竞聘主题	★ 人力资源部根据岗位任职资格、岗位职责拟定演讲主题 ★ 演讲竞聘主题包括即兴演讲试题、专业演讲试题 ★ 演讲主题应有新意、有警醒作用，演讲主题应避免歧义，不得使用敏感话题作为主题

（续表）

流程		说明
演讲评估标准	总体印象	★ 个人基本情况介绍是否简明、完整、深入（5分） ★ 竞聘者的仪表和言谈举止是否恰当（5分） ★ 演讲是否生动、形象（5分） ★ 演讲时间掌控是否准确（5分）
	认知性	★ 竞聘动机是否明确，是否符合企业文化（10分） ★ 对岗位职责和岗位重要性的认识是否明确到位（10分） ★ 自我分析是否客观、真实（10分） ★ 是否与岗位胜任素质相匹配（10分） ★ 是否具有稳定性（10分）
	原岗位业绩评价	★ 与应聘岗位相关的业绩水平（10分） ★ 原岗位工作表现（10分） ★ 是否具有创新性（10分）
演讲评估报告		公开竞聘管理小组对演讲评估结果进行汇总，撰写评估报告

答辩竞聘实施的关键步骤为设计答辩竞聘主题、答辩现场管理、答辩评估等环节，如表5-9所示。

表5-9　答辩竞聘实施的关键步骤

流程	说明
设计答辩竞聘主题	答辩竞聘主题分为专业题和非专业题，每位答辩竞聘人员抽取四道答辩试题，每类答辩试题各两道 ★ 专业题根据专业技能和专业知识拟定 ★ 非专业试题根据通用能力、管理能力、职业素养、通用知识拟定
答辩现场管理	★ 答辩竞聘工作管理人员在应聘人员抽题结束后，就答辩过程中存在的疑问进行讲解，答辩一旦开始，不再回答应聘人员的问题 ★ 应聘人员回答每道问题的时间为5分钟，在仅剩1分钟时，竞聘工作管理人员举牌提醒应聘者，避免超时

（续表）

流程	说明
答辩评估	★ 答辩问题回答是否清晰、准确（10分） ★ 答辩问题回答的集中程度，是否出现答非所问的现象（10分） ★ 答辩问题回答是否灵活（10分） ★ 答辩问题回答所反映的对通用能力、管理能力、职业素养、通用知识的掌握程度（40分） ★ 答辩问题回答所反映的对专业技能和专业知识的掌握程度（30分）

3. 竞聘成绩统计

公开竞聘管理小组在应聘人员笔试、面试结束后统计竞聘成绩（竞聘成绩 = 30% × 笔试成绩 + 70% × 面试成绩），并将应聘人员的竞聘成绩按从高至低的顺序进行汇总，根据竞聘成绩排名拟定录用人员名单。

5.3.4 竞聘结果公布

竞聘结果公布是指人力资源部向被录用人员和未被录用人员传达竞聘结果，确保企业招聘计划高效、按时完成。

内部竞聘结果公布主要有电话通知、电子邮件通知、公告栏通知、手机短信通知、信函通知等方式，上述方式的对比分析如表5-10所示。

表5-10　竞聘结果公布方式对比分析

公布方式	优势	劣势
电话通知	★ 较为常用，实现了与应聘人员的双向沟通，信息反馈较为及时 ★ 进一步加深对应聘人员的了解	占用竞聘结果发布人员较多时间
电子邮件通知	可以在较短时间内通知数量众多的应聘人员	★ 单项沟通，不能及时收到应聘人员的反馈信息 ★ 结果公布的准确率和成功率较低
公告栏通知	★ 快速、省时、省力 ★ 可以实现宣传企业的目的	★ 招聘人员有可能无法看到反馈信息 ★ 易打击未被录取人员工作的积极性
手机短信通知	★ 反馈信息发布速度较快 ★ 反馈信息只有应聘人员能看到，具有较强隐蔽性	应聘人员可能会将短信通知与垃圾信息、诈骗信息混淆，影响企业形象
信函通知	信函格式较为正式、内容较为严谨	信息传递速度较慢，花费时间较长

1. 电话通知

竞聘结果公布人员在采用电话通知时，应注意电话通知的礼仪规范，具体如下所述：

（1）语速适中、吐字清晰、态度温和、不随意打断他人说话；

（2）电话通知选择适宜的时间，避开应聘人员忙碌、休息时间；

（3）通知用语简明、扼要，通知内容有较强逻辑性；

（4）通话结束要有礼貌，等对方先挂机。

2. 电子邮件通知

采用电子邮件通知时，应保证邮件的行文礼貌、有序、正式，在电子邮件通知中，应明确以下三点内容：

（1）邮件内容应包括公开竞聘结果、是否被录取等信息；

（2）邮件结尾应要求应聘人员在两个工作日内回复邮件；

（3）回复邮件的内容应包括是否已了解邮件内容、是否能够在规定时间内入职等。

3. 公告栏通知

采用公告栏通知的方式，应事先告知应聘人员通知发放的具体时间和地点，确保应聘人员能够及时了解通知内容，保证招聘计划的顺利完成。

4. 手机短信通知

手机通知适用于应聘人员较多的情况，节约竞聘公告发布的成本。但是，此种通知方式不能确定是否能够被求职者收到，进而影响招聘工作的开展。短信的内容应该准确、详细、文明有礼，后缀注明企业竞聘信息发布人的姓名和电话，保证求职者可以与其及时取得联系。

5. 信函通知

对高层管理岗位的应聘者可采用信函通知的方式，并保证信函格式及内容严谨、准确。

第6章 劳务派遣实训

6.1 劳务派遣相关法律法规

6.1.1 《劳动合同法》相关规定

《中华人民共和国劳动合同法》（以下简称《劳动合同法》）是为了完善劳动合同制度，明确劳动合同双方当事人的权利和义务，保护劳动者的合法权益，构建和发展和谐稳定的劳动关系而制定的法律制度。

《劳动合同法》中关于劳动派遣的相关条文包括第五十七条至第六十七条、第九十二条，内容涉及劳务派遣业务的经营条件、劳务派遣单位（用人单位）的义务、被派遣劳动者与用工单位应订立劳务派遣协议、用工单位的义务、被派遣劳动者享有的权利和义务、跨地区派遣劳动者的操作、被派遣劳动者的退回、劳务派遣用工的适用情形和用工数量控制、违规违法派遣的处罚等。

6.1.2 《劳动合同法实施条例》相关规定

《中华人民共和国劳动合同法实施条例》（以下简称《劳动合同法实施条例》）的制定是为了保证《劳动合同法》能够有效实施，《劳动合同法实施条例》中关于劳动派遣的相关条文包括第二十八条至第三十二条，对劳务派遣单位的设立、用工单位的义务、劳务派遣单位不得以非全日制用工形式招用被派遣劳动者、劳务派遣用工依法解除或终止劳动合同时的经济补偿等问题给出了具体的规定。

6.1.3 《劳务派遣暂行规定》相关规定

《劳务派遣暂行规定》于 2014 年 1 月 27 日正式获得通过，并在 2014 年 3 月 1 日开始施行。新的《劳务派遣暂行规定》回应了长期广受关注的劳务派遣用工范围与用工比例界定、劳务派遣用工数量限定、劳动合同与劳务派遣协议的订立和履行、劳动合同的解除和终止、劳务派遣工的同工同酬待遇、跨地区劳务派遣的社会保险、劳务派遣法律责任等问题，给出了更详细、更具操作性的明确规定。

6.1.4 《劳务派遣行政许可实施办法》相关规定

为进一步规范劳务派遣的操作，根据《劳动合同法》《全国人大常委会关于修改＜中华人民共和国劳动合同法 > 的决定》《中华人民共和国行政许可法》和《劳动合同法实施条例》等法律、行政法规，国家人力资源和社会保障部制定了《劳务派遣行政许可实施办法》（以下简称《办法》）。

该《办法》对劳务派遣的经营许可、经营条件、申请材料、受理审查、许可证书颁发、禁止转让许可证、许可变更和延续、分支机构及许可备案、经营年度报告、撤销许可、欺骗行为的处理、申请注销、非法经营的法律责任、吊销许可、劳务派遣单位违法责任等给出了严格、周密的规定。

6.2　劳务派遣合作方选择

6.2.1　劳务派遣机构选择程序

劳务派遣作为新型的用工形式，是一种雇用和使用分离的就业制度。用工企业人力资源部面对数量众多的劳务派遣机构，应制定健全的机构选择程序，实现双方共赢。

1. 初步筛选

企业人力资源部根据国家相关法律法规、外部市场环境、企业战略导向和企业各项人力资源制度等，在众多劳务派遣机构中选定 5 ~ 6 家劳务派遣机构，以提高工作效率，节省工作时间，缩小目标范围。

2. 组织调研

企业人力资源部展开调研工作，根据指导方针、企业所属行业、用人岗位等因素设计调研内容，撰写调研报告。劳务派遣机构调研的具体内容如表 6-1 所示。

表 6-1　劳务派遣机构调研的具体内容

调研内容	说明
指导方针	是否符合国家法律法规的要求，如《劳动合同法》《劳动合同法实施条例》《劳动争议调解仲裁》等法律法规对劳务派遣机构的规定及要求
市场行情	国家对被派遣劳动者的新政策、劳务派遣规模、劳务派遣员工供求情况、劳动力市场价位等
企业所属行业	企业所属行业内的劳务派遣情况、目前劳务派遣员工的岗位分布的人数比例等信息
用人岗位	企业战略导向、人力资源中长期规划、人才价值观、岗位胜任素质

3. 机构评审

人力资源部建立完善的评审体系，对筛选对象进行评审，并得出评审结果。评审指标的选择应充分体现企业战略方针，符合企业长期发展战略，保证企业战略目标的顺利实现。常见的企业对劳务派遣机构的评审指标及评审方法如表6-2所示。

表6-2　企业对劳务派遣机构的评审方法及评审指标

评审指标	评审方法	权重
劳务派遣机构的资质	现场评审	否决项
劳务派遣机构的经营情况	现场评审	否决项
劳务派遣机构的资本实力	会议评审	20%
劳务派遣机构的配合实力	会议评审	65%
劳务派遣机构的管理能力	现场评审	15%

4. 谈判与审定

人力资源部得出劳务派遣机构的评估结果后，选择前三名的机构进行2～3次洽谈和磋商，并将谈判结果上呈总经理审核，最终选择合作对象。

人力资源部与劳务派遣机构谈判与磋商的内容包括劳务派遣费用、劳务派遣机构对被派遣劳动者的管理制度、对被派遣劳动者的培训情况及其他企业与劳务派遣机构在"劳务派遣协议"中需签署的内容。

6.2.2　劳务派遣机构资质评估

人力资源部应制定劳务派遣机构资质评估指标和衡量标准，量化劳动派遣机构评估工作，一般评估指标的选择应满足国家法律法规的相关规定，并保证企业各项人力资源目标的实现。劳动派遣机构资质评估的内容如表6-3所示。

表6-3　劳务派遣机构资质评估的内容

评估维度		评估标准	权重
资质	证照	劳务派遣机构具有经营劳务派遣的行政许可、营业执照等证照	否决项
	劳动合同	按被派遣劳动者花名册随意抽取10人，查看劳动合同	否决项
	纳税证明	审查近6个月的纳税证明	否决项
	保险缴纳证明	审查近6个月的社会保险缴纳证明	否决项
经营情况	证照年审情况	查看社保登记证、税务登记证、组织机构代码证	否决项
	劳务派遣协议	抽查五份劳务派遣协议，检查劳务派遣协议的内容是否完善	否决项
	信誉	对以往的劳务派遣的案例处理是否较为圆满，劳务派遣机构的信誉度水平	否决项

（续表）

评估维度		评估标准	权重
资本实力	注册资本	劳务派遣机构的注册资本不得少于200万元人民币	否决项
	被派遣劳动者数量	查看被派遣劳动者台账100人以上	10%
	客户数量	以往服务过的客户数量较多、客户口碑较好	5%
	管理人员	具备职业介绍资格证书的管理人员数量占总人数的60%以上	5%
配合实力	被派遣劳动者来源	检查被派遣劳动者资源数量、来源合作协议等	5%
	素质水平	• 审查被派遣劳动者的技能状况、学历状况、年龄结构等 • 审查用工企业对被派遣劳动者能力素质评价	10%
	培训措施	培训设施、师资及其使用情况，与其他企业机构签订的协议等	20%
	争议处理能力	劳务派遣机构解决工伤事故、劳动争议、违纪被派遣劳动者的能力	20%
	日常管理水平	检查是否有专人负责与用工单位联系，及时处理相关事宜	10%
管理能力	管理制度	• 检查是否制定有员工管理制度（包括违反用工单位人事、安全、质量制度处理办法）、劳动合同、薪酬分配等劳务派遣管理制度 • 检查是否制定有被派遣劳动者人事、安全、质量等内部岗前教育制度 • 检查是否制定有被派遣劳动者出现违反用工单位人事、安全、质量、工作纪律、出现工伤事故等情况的应急预案	5%
	法律意识	• 检查向用工单位提供被派遣劳动者薪酬发放明细和缴纳各项社会保险与福利待遇的缴费凭证 • 按被派遣劳动者花名册随意抽取10人，查看劳动合同是否已鉴证	5%
	员工培训情况	• 调查是否有对员工进行内部管理的培训（包括违反用工单位人事、安全、质量制度处理办法、劳动合同、薪酬分配、安全生产、劳务派遣管理等制度） • 调查是否对被派遣劳动者进行用工企业基本情况、用工岗位基本情况的培训	5%

6.3　劳务派遣实施与运行

6.3.1　劳务派遣三方法律责任

从法律分析和逻辑关系的角度出发，劳务派遣涉及三方面主体，包括被派遣劳动者、劳务派遣机构、用工企业。劳务派遣三方的法律关系如图6-1所示。

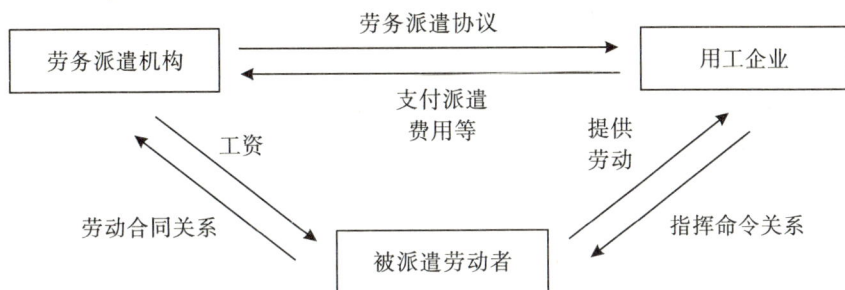

图6-1　劳务派遣三方的法律关系

1. 劳务派遣三方的法律责任

劳务派遣的法律责任是指根据《劳动合同法》和相关法律法规的规定，劳务派遣机构、用工企业和被派遣劳动者因违反劳动派遣相关规定，所应当承担的法律后果。劳务派遣三方的法律责任如表6-4所示。

表6-4　劳务派遣三方的法律责任

责任主体	法律责任
劳务派遣机构	1. 作为用人单位本身产生的法律责任 ★ 未经许可，擅自经营劳务派遣业务的责任 ★ 涂改、倒卖、出租、出借劳务派遣经营许可证等承担的责任 ★ 制定的规章制度违反法律法规规定的法律责任 ★ 订立劳动合同违反法律违反规定的法律责任 ★ 侵犯员工工资报酬合法权益的法律责任 ★ 违法解除、终止劳动合同的法律责任 ★ 强迫劳动和违反卫生规范的法律责任 2. 基于劳动派遣关系而产生的法律责任 ★ 劳务派遣机构应当履行用人单位对劳动者的义务 ★ 劳务派遣机构不得克扣用工企业按照劳务派遣协议支付给被派遣劳动者的报酬

（续表）

责任主体	法律责任
用工企业	用工企业基于派遣关系而连带承担劳务派遣机构应承担的法律责任，包括： ★ 劳务派遣机构在劳务派遣的过程中如有违反法律法规的行为需承担连带法律责任 ★ 劳务派遣机构作为用人单位因违反法律法规规定应承担的法律责任
被派遣劳动者	★ 基于与劳务派遣机构建立劳动关系而产生的民事责任 ★ 基于到用工企业提供劳务而产生的民事责任

2. 劳务派遣案例分析

某电子产品研发制造企业共有员工300人，一名一线派遣劳动者在工作时突发疾病，肝功能衰弱，该企业与劳务派遣机构签订的合同规定，派遣劳动者三个月试用期后转正再交社保，因该员工尚处于试用期内，未缴纳社保，无法报销医疗费，该员工家属认为员工的疾病是企业工作环境导致的，当属职业病，按照工伤处理。

针对案例发生的背景，具体分析如下。

案例分析	
违规事项分析	(1) 派遣协议中存在的违法事项：协议应载明社会保险的数额及支付方式，该企业的劳务派遣协议内容完整，但在支付方式上双方约定试用期满转正后缴纳社保为违法事项，需由劳务派遣机构和企业共同承担责任 (2) 劳务派遣机构违法事项：劳务派遣机构应该为被派遣劳动者缴纳社会保险，该劳务派遣机构将缴纳社会保险的责任部分转嫁到用工企业，存在违法行为
处理方法	综上分析，应采取以下三种处理方式，解决上述问题 (1) 依据劳务派遣协议约定的患病期待遇和工伤待遇，由劳务派遣机构发放被派遣劳动者患病期间的生活费 (2) 因用工企业和劳务派遣机构在协议中拟定转正办理社会保险的非法条款，因此，双方均应该承担部分医药费，具体承担数额应考虑被派遣劳动者的实际实况，先由一方先行全部承担，后续协议双方互相追偿 (3) 鉴于该员工家属提出患者患病与工作环境相关的问题，应由被派遣劳动者提出职业病诊断鉴定申请，由用工企业处理相关事宜，并根据《职业病诊断与鉴定管理办法》的相关规定进行处理
关键法规引用	《劳务派遣暂行规定》第三条、第四条，第七条、第八条、第十条的规定

6.3.2　劳务派遣合同事务处理

根据《劳动合同法》的规定，劳务派遣机构、用工企业和被派遣劳动者之间的权利与义务，既通过法律直接规定确定，也通过双方订立劳动合同予以确定，因此在劳务派遣关系中，主要涉及三个合同：劳务派遣协议、劳务用工协议和劳务派遣中的劳动合同。

1. 劳务派遣协议

劳务派遣机构与用工企业订立劳务派遣协议，在派遣协议中，应约定派遣岗位、工作内容、派遣劳动者数量、派遣期限、劳动报酬的数额和支付方式、劳动保护、劳动条件、工作时间、休息时间、社会保险费的数额及支付方式、违反协议的责任等内容。

2. 劳务用工协议

劳务用工协议是指在用工企业和被派遣劳动者之间订立的一种基于用工管理和使用的劳务协议。劳务用工协议主要包括以下 10 个方面的内容，如表6-5 所示。

表6-5　劳务用工协议的内容

内容	说明
协议成立的前提	◆ 劳务派遣机构、用工企业和被派遣劳动者之间形成劳务派遣三方关系
用工协议的期限	◆ 派遣用工比较稳定时，按照劳务派遣机构与被派遣劳动者之间订立的劳动合同的约定执行 ◆ 当用工合同期满时，企业可以与被派遣劳动者约定新的期限，或要求劳务派遣机构另行派遣劳动者
工作岗位与职责	◆ 明确用工企业根据工作需要及被派遣劳动者的工作表现，通过劳务派遣机构适当调整被派遣劳动者的工作岗位和工作内容 ◆ 被派遣劳动者要听从用工企业的工作安排，服从分配，按用工企业确定的岗位职责按时、按质、按量完成工作
工作时间	◆ 被派遣劳动者在用工企业工作期间，执行每周 40 小时工作制；需加班的，用工企业将按《中华人民共和国劳动法》（以下简称《劳动法》）的规定予以支付相应报酬 ◆ 被派遣劳动者要自觉遵守用工企业的各项规章制度，要遵章守纪，保证出勤
劳动保护与劳动条件	◆ 用工企业应当根据生产岗位需要，按照国家相关规定为被派遣劳动者配备安全防护措施，发放劳动保护用品 ◆ 用工企业应根据国家法律法规，根据岗位的实际情况，提供符合法律、法规和生产岗位要求的生产工具与劳动条件

（续表）

内容	说明
劳动报酬	◆ 用工企业应按政府的相关规定承担被派遣员工的劳动报酬、加班费、奖金、补贴及与工作岗位相关的福利待遇 ◆ 被派遣劳动者的劳动报酬可由用工企业直接支付，或由劳务派遣机构向被派遣劳动者支付
保险福利	◆ 用工企业应督促劳务派遣机构于被派遣劳动者签订劳动合同起30日内，按照相关规定为其办理社会保险手续 ◆ 用工企业应承担被派遣员工的社会保险费用
劳动纪律及规章制度	◆ 被派遣劳动者应按照用工企业的规章制度，遵守工作程序，服从用工企业指令，积极参加用工企业举办的培训，不断提高职业技能
用工协议终止	◆ 劳务派遣机构解除被派遣劳动者的劳动合同后，用工协议自动终止 ◆ 用工企业依据与劳务派遣机构签订的劳务派遣协议，解除或终止劳务派遣关系的，用工协议自动终止
保护商业秘密	◆ 被派遣劳动者对在用工企业工作期间所掌握的所有信息负有保密义务

3. 劳务派遣中的劳动合同

劳动合同订立的双方主体为劳务派遣机构和被派遣劳动者，双方当事人约定被派遣劳动者的主要劳动给付义务，并服从用工企业的指挥监督。

（1）劳务派遣中劳动合同的必备条款

劳务派遣中劳动合同的必备条款主要包括11项内容，具体如图6-2所示。

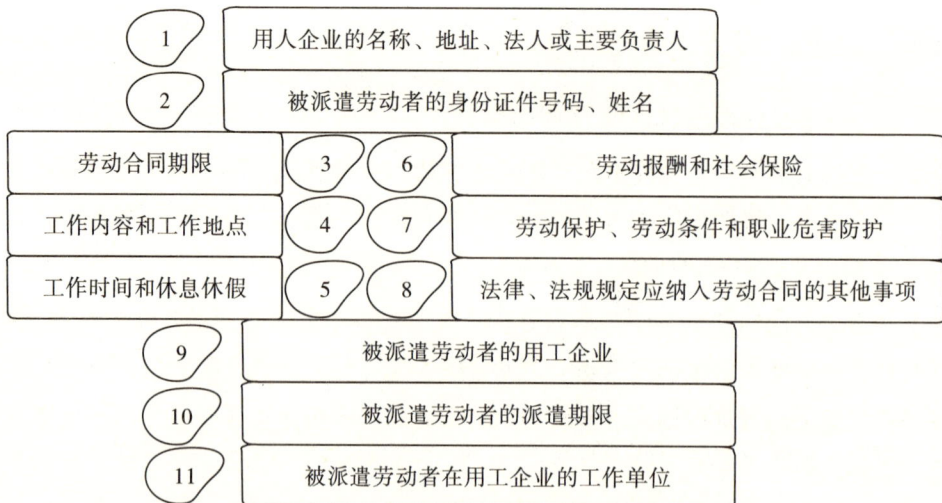

1　用人企业的名称、地址、法人或主要负责人
2　被派遣劳动者的身份证件号码、姓名
3　劳动合同期限
6　劳动报酬和社会保险
4　工作内容和工作地点
7　劳动保护、劳动条件和职业危害防护
5　工作时间和休息休假
8　法律、法规规定应纳入劳动合同的其他事项
9　被派遣劳动者的用工企业
10　被派遣劳动者的派遣期限
11　被派遣劳动者在用工企业的工作单位

图6-2　劳务派遣中劳动合同的必备条款

（2）劳务派遣中劳动合同的期限约束

劳务派遣机构应当与被派遣劳动者订立固定期限劳动合同，即劳务派遣机构不能与被派遣劳动者订立无固定期限劳动合同和以完成一定工作任务为期限的劳动合同。

4. 劳务派遣相关案例分析

某运输企业因新业务需要，准备招聘一批搬运工，相关招聘事项由某劳务派遣机构负责，并由该机构进行劳务派遣。劳务派遣机构招聘完员工后，办理了劳务派遣的相关手续，该运输企业还需要与搬运工签订劳动合同吗？

针对案例发生的背景，具体分析如下。

案例分析	
实务操作指引	劳务派遣机构和被派遣劳动者之间属于劳动关系，劳务派遣机构与用工企业之间属于合同关系，用工企业和被派遣劳动者之间既不是单纯的劳务关系也不是纯粹的劳动关系，而是基于劳务派遣协议产生的劳务用工关系，用工企业具有劳动管理职能和劳动保障义务，但双方不属于劳动关系。但为了有效管理被派遣劳动者，明确双方的权利和义务，用工企业应与被派遣劳动者签订劳务用工协议。 此外，如果用工企业与被派遣劳动者签订劳动合同，则可能导致认定劳务派遣关系不存在。 综上所述，该运输企业不需要与被派遣劳动者签订劳动合同，但应与被派遣劳动者签订劳务用工协议。
关键法规引用	《劳动合同法》第七条、第五十八条、第五十九条

6.3.3　对被派遣劳动者的管理

按照对被派遣劳动者进行管理的主体不同，可以分为劳务派遣机构对被派遣劳动者的管理和用工企业对被派遣劳动者的管理。用工企业除履行自身对被派遣劳动者的管理职能外，还承担劳务派遣机构对被派遣劳动者管理的告知义务。

1. 劳务派遣机构对被派遣劳动者的管理

劳务派遣机构向用工企业派遣劳动者后，被派遣劳动者的劳动关系在劳务派遣机构，并由其对被派遣劳动者实施合同管理、劳动报酬管理等。劳务派遣机构通过劳动合同和规章制度对被派遣劳动者进行约束。该管理内容为劳务派遣相关实务操作提供理论依据和法理基础。具体内容如表6-6所示。

表6-6　劳务派遣机构对被派遣劳动者管理的具体内容

内容	说明
劳动合同关系管理	劳务派遣机构基于用人单位自身的角色定位对被派遣劳动者的劳动合同管理，与一般情形下用工企业对劳动者实施的劳动合同管理并无差别，具体的管理事项如下： ● 劳动合同的订立　● 劳动合同的履行和变更　● 劳动合同的终止 ● 经济补偿金事项　● 违反法律法规的法律责任
劳务派遣协议内容告知	劳务派遣机构应将劳务派遣协议的内容告知被派遣劳动者，告知的内容包括被派遣岗位、派遣期限、劳动报酬、社会保险费的数额与支付方式、违反协议的责任、工作时间、休息时间、工作内容等
劳动报酬管理	● 按月支付工资、足额支付工资、不得克扣工资、不得向被派遣劳动者收取费用、保障最低工资、保障同工同酬
社会保险管理	劳务派遣机构应当为被派遣劳动者缴纳各项保险费用

2. 用工企业对被派遣劳动者的管理

用工企业应当承担的对被派遣劳动者实施的管理及履行的义务主要包括以下五个方面，具体内容如表6-7所示。

表6-7　用工企业对被派遣劳动者管理的具体内容

内容	说明
劳动保护	用工企业应当按照国家规定，为被派遣劳动者提供符合国家劳动标准要求的劳动条件和劳动保护
知情权保护	用工企业应当告知被派遣劳动者，用工企业对其有何要求，用工企业与劳务派遣机构在劳务派遣协议中约定的劳动报酬数额及支付方式
薪资管理	用工企业的薪资管理主要涉及同工同酬原则、加班费待遇和薪资调整机制等三个方面 ● 被派遣劳动者享有和用工企业招聘的劳动者同工同酬的权利 ● 用工企业应按照企业相关岗位标准，向被派遣劳动者支付加班费、绩效奖金和其他福利待遇 ● 用工企业对于连续用工的被派遣劳动者，实行正常的薪资调整机制
岗位培训	用工企业为被派遣劳动者进行工作岗位必备的职业技能培训，提高被派遣劳动者的生产力

（续表）

内容	说明
其他劳动者 权益保护	除了劳动法律法规规定的劳动基准、安全卫生、女职工保护、工伤处理等诸多由用 工企业和劳务派遣机构共同承担的事项外，还包括以下事项： ● 用工企业不得向被派遣劳动者收取费用 ● 用工企业不得将被派遣劳动者再派遣到其他用人单位 ● 用工企业应当保障被派遣劳动者依法参加或组织工会的权利

除上述须告知的内容外，用工企业还应承担对被派遣劳动者进行试用期管理和工时制管理等的告知义务。

（1）被派遣劳动者试用期管理案例分析

某食品厂通过劳务派遣机构招聘若干名员工，由于被派遣岗位具有一定技术含量，所以食品厂需要设置一段时间作为员工试用期。然而，食品厂在未与劳务派遣机构商议的情况下，自行决定为被派遣劳动者设置三个月试用期，用工企业此种做法是否合理？

针对案例发生的背景，具体分析如下。

案例分析	
实务操作指引	从法律效力的一般法和特别法的关系来说，在有关劳务派遣特别规定中没有关于试用期的规定时，试用期的问题可以适用一般法，即根据《劳动合同法》的相关规定，可以为被派遣劳动者设置试用期。 中央层面的法律没有特别规定谁有权限规定被派遣劳动者的试用期，及由哪方进行试用期管理，因此，企业可依据劳动法律的一般规定进行被派遣员工的试用期管理。试用期限属于劳动合同期限的一部分，隶属于劳动关系，在劳务派遣用工中，存在劳动关系的是劳务派遣机构和被派遣劳动者，因此，应该由劳务派遣机构通过签订劳动合同的方式设定试用期。 但是，由于劳务派遣机构很难了解被派遣劳动者的实际工作情况，因此，用工单位可以与劳务派遣机构约定试用期，并由双方制定考核方案。
关键法规引用	《劳动合同法》 第十九条 劳动合同期限三个月以上不满一年的，试用期不得超过一个月；劳动合同期限一年以上不满三年的，试用期不得超过二个月；三年以上固定期限和无固定期限的劳动合同，试用期不得超过六个月。 第三十九条 劳动者有下列情形之一的，用人单位可以解除劳动合同： （一）在试用期间被证明不符合录用条件的； 第六十五条 被派遣劳动者可以依照本法第三十六条、第三十八条的规定与劳务派遣单位解除劳动合同。

（2）被派遣劳动者薪酬管理案例分析

2000 年 7 月，朱先生由劳务派遣机构派遣至某企业上班，并由该劳务派遣机构直接支付其工资。但在 2000 年至 2014 年期间，朱先生的工资单显示：他的月平均实发工资约为 600 元，而同期同岗位，该企业正式员工的工资约为 2500 元，朱先生认为工作期间，企业未按同工同酬规定给其合理工资待遇，支付的工资也未达到最低工资标准，该企业的做法严重违反《劳动合同法》的相关规定。朱先生的看法是否正确？

针对案例发生的背景，具体分析如下。

案例分析	
实务操作指引	《劳动合同法》第五十八条第二款及第五十九条规定，管理被派遣劳动者薪酬的首要责任人是劳务派遣机构。在实践中，被派遣劳动者的工资可以由劳务派遣机构直接支付，也可以经由三方协商后，由用工企业直接支付给被派遣劳动者。 　　劳动报酬的标准可参照《劳动合同法》第五十八条第二款及第六十三条的相关规定，即在工作期间，用工单位应按照同工同酬的原则，对被派遣劳动者与本单位同类岗位的劳动者实行相同的劳动报酬分配方法。 　　综上所述，朱先生的看法并不正确。 　　（1）劳务派遣机构应承担朱先生未能享受同工同酬、足额获得劳动报酬权利的第一责任，而该用工企业承担连带责任。 　　（2）应由劳务派遣机构向其补偿工作期间同工同酬的差额工资。 　　补偿工资的数额 =（2500 − 600）× 12 × 15 = 34.2（万元）
关键法规引用	《劳动合同法》第五十八条、第五十九条、第六十二条、第六十三条

（3）被派遣劳动者工时管理案例分析

某劳务派遣机构的后勤部门中，有两名司机，主要负责为劳务派遣机构的领导开车，该劳务派遣机构为司机岗位申报综合计算工时制度，并得到批准。现在，有一个企业要求劳务派遣机构为其派遣一名司机，但该企业未申报过综合计算工时制度。那么，派遣到该企业工作的司机是否能够继续使用综合计算工时制度呢？

针对案例发生的背景，具体分析如下。

案例分析	
实务操作指引	劳动法律规定的工时制度，主要分为三种，包括标准工时制度、综合计算工时制度、不定时工作制，第二种和第三种工时制度，只用于特殊行业、特殊工种和特定岗位。 　　被派遣劳动者在被派遣期间的工时制度，应该根据实际情况，由用工企业针对该岗位向劳动保障行政部门进行特殊工时制度申报，得到批准后，方可适用，同时，在劳务派遣协议中明确说明。
关键法规引用	《劳动法》第三十六条、第三十九条 《关于职工工作时间的规定》第三条、第四条、第五条

6.3.4　劳务派遣关系的解除与终止

劳务派遣关系的终止包括被派遣劳动者与劳务派遣机构劳动合同的终止、用工企业与被派遣劳动者劳务用工协议的终止、用工企业与劳务派遣机构劳务派遣协议的终止，这里主要从用工企业角度出发，对后两种劳务派遣关系终止的相关内容进行详述。

1. 用工企业与被派遣劳动者劳务用工协议的终止

所谓用工企业和被派遣劳动者劳务派遣关系的终止，是指用工企业通过劳务派遣机构对过失性被派遣劳动者或不满意的被派遣劳动者进行解除或调换。劳务用工协议的终止主要包括以下两种情况。

（1）用工企业主动解除劳务派遣关系

《劳动合同法》第六十五条第二款规定："被派遣劳动者有本法第三十九条和第四十条第一项、第二项规定情形的，用工单位可以将劳动者退回劳务派遣单位，劳务派遣单位依照本法有关规定，可以与劳动者解除劳动合同。"即劳动者具有三十九条规定的过失性情形和第四十条第一项、第二项的非过失性情形下，用工企业可以主动与被派遣劳动者解除派遣关系。

其中，被派遣劳动者六种过失性情形和三种非过失性情形如表6-8所示。

表 6-8　被派遣劳动者六种过失性情形和三种非过失性情形

解除派遣关系的情形	说明
过失性情形	• 在试用期间被证明不符合录用条件 • 严重违反用人单位的规章制度 • 严重失职，营私舞弊，给用人单位的利益造成重大损害 • 劳动者同时与其他用人单位建立劳动关系，对完成本单位的工作任务造成严重影响，或者经用人单位提出，拒不改正 • 因《劳动合同法》第二十六条第一项规定的情形致使劳动合同无效 • 被依法追究刑事责任
非过失性情形	• 劳动者患病或者非因工负伤，在规定的医疗期满后不能从事原工作，也不能从事由用人单位另行安排的工作 • 劳动者不能胜任工作，经过培训或者调整工作岗位，仍不能胜任工作的 • 劳务用工协议订立时所依据的客观情况发生重大变化，致使劳务用工协议无法履行，经用人单位与劳动者协商，未能就变更事项达成一致的

除上述情形外，根据《劳务派遣暂行规定》第十六条的规定，用工企业被依法宣告破产、吊销营业执照、责令关闭、撤销、决定提前解散或者经营期限届满不再继续经营的、劳务派遣协议期满终止的，用工企业可主动解除劳务派遣关系。

（2）用工企业被动解除劳务派遣关系

用工企业被动解除劳务派遣关系是指劳务派遣机构对其所派遣劳动者的召回。

例如，劳务派遣机构主动发现了被派遣劳动者可能存在工作素质和能力等方面的问题，或用工企业向劳务派遣机构反映被派遣劳动者存在道德、态度上的问题，而用工企业又无法根据相关法律规定实施非过失性处理退回等。

2. 用工企业与劳务派遣机构劳务派遣协议的解除

用工企业可以与劳务派遣机构约定劳务派遣协议的解除条件，常见的解除方式包括以下两种。

（1）协商解除

在劳务派遣协议履行的过程中，劳务派遣机构与用工企业双方在自愿的基础上协商一致，解除劳务派遣协议。

劳务派遣机构需与用工企业签订《终止劳务派遣协议》，在协议中约定被派遣劳动者与用工企业解除劳务用工协议的期限，并约定社会保险缴纳等相关人事移交工作。

（2）约定解除

劳务派遣机构与用工企业按劳务派遣协议的约定解除派遣关系。如在劳务派遣协议中约定，劳务派遣机构不按照约定派遣适当的劳动者到用工企业的，用工企业可以解除派遣协议。

6.3.5 跨地区劳务派遣实务

由于区域间经济发展不平衡，包括劳动力等在内的市场要素流动性不断增强，劳务派遣也打破了地域间的限制，劳动合同的签约地点和提供劳务的地点分离，跨地区的劳务派遣应运而生，在建筑行业及部分新兴行业中尤为受到企业欢迎。

1. 跨地区劳务派遣常见问题及应对措施

跨地区劳务派遣的劳动合同的签约地点和提供劳务的地点不一致，如果两地的劳动条件存在差异，在工时、工资和福利等方面会存在争议，影响被派遣劳动者工作的积极性和主动性，增加用工企业的法律风险。

表6-9为跨地区劳务派遣的常见问题和应对措施，供使用跨地区派遣劳动者的企业进行参考，以规避法律风险，提高用人效率。

表6-9　跨地区劳务派遣的常见问题和应对措施

常见问题	应对措施
劳动报酬和劳动条件是按照派出地标准执行还是按照接收地标准执行	（1）劳务派遣机构跨地区派遣劳动者，被派遣劳动者享有的劳动报酬和劳动条件，应按照用工企业所在地的标准执行 （2）被派遣劳动者的劳动报酬和劳动条件，不得低于用工企业所在地的最低工资标准等法定最低标准
跨地区劳务派遣劳动者是按照派出地标准缴纳社会保险费还是按接收地标准缴纳社会保险	（1）应当在用工企业所在地为被派遣劳动者参加社会保险，按照用工企业所在地的规定缴纳社会保险费，被派遣劳动者按照国家规定享受社会保险待遇 （2）劳务派遣机构在用工企业所在地设立分支机构的，由分支机构为被派遣劳动者办理参保手续，缴纳社会保险费；劳务派遣机构未在用工企业所在地设立分支机构的，由用工企业代劳务派遣机构为被派遣劳动者办理参保手续，缴纳社会保险费
跨地区被派遣劳动者是履行劳务派遣机构所属地区的劳动法规还是履行用工企业的劳动法规	劳动合同履行地、劳务派遣机构、用工企业所在地的仲裁机构均有权管辖，而当出现管辖争议时，应当由劳动合同履行地仲裁机构处理，即应遵守劳动合同履行地的相关法律法规

2. 跨地区劳务派遣操作案例分析

山西省某劳务派遣机构与北京市某企业订立劳务派遣协议，约定由该劳务派遣机构向企业派遣 16 名劳务人员，从事保安、清洁工作，工资为每人每月 600 元。

2008 年 7 月，劳务派遣机构在山西省招收了包括张某在内的 16 名劳动者，并与之订立劳动合同，将其派遣至北京市某企业从事劳务派遣协议中约定的岗位工作。

2008 年 9 月，张某以工资过低无法保障基本生活为由要求提高工资，该劳务派遣机构和北京市某企业均不予理睬，于是，张某向北京市某区的劳动争议冲裁委员会申请仲裁，将劳务派遣机构与北京市某企业列为共同被申诉人，要求支付其工资与北京市最低工资标准之间的差额。

劳务派遣机构提出管辖权异议，但异议没有得到劳动仲裁委员会的认可；该劳务派遣机构又提出，该机构支付给员工的工资是按照山西省最低工资标准执行的，所以不存在低于最低工资标准支付工资的问题。

北京市某区劳动仲裁委员会最终裁决，支持张某的申诉请求，该劳务派遣机构应按照北京市的最低工资向张某等人支付工资，并补足实发工资与最低工资标准之间的差额，同时，北京市某企业共同承担连带责任。

针对案例发生的背景，具体分析如下。

案例分析	
实务操作指引	本案例作为跨地区劳务派遣方面的典型案例，涉及跨地区劳务派遣的三个常见问题，包括如何确定用工主体、仲裁管辖问题和适用法律问题。 　　（1）如何确定用工主体。根据《中华人民共和国劳动争议调节仲裁法》（以下简称《劳动争议调节仲裁法》）第二十二条明确规定，劳务派遣机构和用工企业均为该劳动争议仲裁案件的当事人，因此，张某将两家企业列为共同被申诉人是合理的。 　　（2）如何确定仲裁管辖。根据《劳动争议调节仲裁法》第二十一条明确规定，当劳务派遣机构与被派遣劳动者就管辖问题发生争议时，应由劳动合同履行地，即北京市某区的劳动争议仲裁委员会管辖。 　　（3）适用法律问题。《劳动合同法》第六十一条规定，劳务派遣机构跨地区派遣劳动者的，被派遣劳动者应享有用工企业所在地的劳动报酬和劳动条件。张某为北京市某企业提供劳务，所以应该按照北京市的相关规定制定劳动报酬标准。 　　同时，用工企业应注意地区法规的差异，避免连带责任，注意平衡使用派遣劳动者所增成本与减少法律风险之间的关系。

（续）

案例分析	
关键法规引用	《劳动争议调解仲裁法》第二十一条、第二十二条 第二十一条　劳动争议仲裁委员会负责管辖本区域内发生的劳动争议。 劳动争议由劳动合同履行地或者用人单位所在地的劳动争议仲裁委员会管辖。双方当事人分别向劳动合同履行地和用人单位所在地的劳动争议仲裁委员会申请仲裁的，由劳动合同履行地的劳动争议仲裁委员会管辖。 第二十二条　发生劳动争议的劳动者和用人单位为劳动争议仲裁案件的双方当事人。 劳务派遣单位或者用工单位与劳动者发生劳动争议的，劳务派遣单位和用工单位为共同当事人。 《劳动合同法实施条例》第十四条 第十四条　劳动合同履行地与用人单位注册地不一致的，有关劳动者的最低工资标准、劳动保护、劳动条件、职业危害防护和本地区上年度职工月平均工资标准等事项，按照劳动合同履行地的有关规定执行；用人单位注册地的有关标准高于劳动合同履行地的有关标准，且用人单位与劳动者约定按照用人单位注册地的有关规定执行的，从其约定。

6.4　劳务派遣成本核算

6.4.1　劳务派遣成本逐一示意

随着企业用工形态的进一步发展，劳务派遣岗位分布广泛，用工企业需要向劳务派遣机构支付管理服务费用，单纯从显性成本考虑，劳务派遣的成本要高于企业直接聘用的成本，但是，在劳务派遣关系的实际运作中，劳务派遣对用工企业的意义在于大幅度降低了企业在人力资源管理上的隐性成本。

企业采用劳务派遣的用工形式，花费的成本包括支付给劳务派遣机构的服务费及被派遣劳动者的薪酬、福利费用等。表6-10为劳务派遣成本分类说明，可详细计算企业劳务派遣各项成本。

表6-10　劳务派遣成本分类说明

成本分类	说明
劳务派遣机构的服务费	• 按每人每月____元计算 • 按被派遣人员工资百分比收取
被派遣劳动者的薪酬福利费用	• 基本工资、奖金、津贴和补贴 • 卫生保健、生活、住房、交通等各项补贴和非货币性福利 • 社会保险费、住房公积金

用工企业支付给劳务派遣机构的服务费用与劳务派遣机构提供的服务质量、品牌效应、运作成本等多种因素有关，服务费从每人每月几十元至几百元不等。在实践中，存在下列两种不同的服务费计算和支付方式。

（1）用工企业每月应支付的劳务派遣服务费＝用工企业当月实际使用的劳务派遣劳动者总数×派遣服务费用标准____元/（人·月）

（2）每位被派遣劳动者整个派遣期间的费用＝每个被派遣劳动者的期限×每月使用的劳务派遣费用

在实际操作的过程中，因为被派遣劳动者会因为多种因素提前离开用工企业，采用公式（2）的支付方式不利于计算。

6.4.2　派遣成本与自招成本比较

企业委托劳务派遣机构，针对企业空缺岗位和人员进行招聘，招聘到的员工与劳务派遣机构签订劳动合同，由劳务派遣机构将员工派遣到用工企业，用工企业只需要支付劳务派遣机构管理费用，节约用工企业的招聘成本，并提高招聘效率。

1. 自招成本

自招成本主要由招募成本、甄选成本、录用成本、安置成本、适应性培训成本、劳动关系管理成本、人事运作成本七个部分构成，即：

自招成本＝招募成本＋甄选成本＋录用成本＋安置成本＋适应性培训成本＋劳动关系管理成本＋人事运作成本 ①

2. 派遣成本

企业采用劳务派遣用工的形式，可以将相关岗位的任职要求详细告知劳务派遣机构，由具有一定规模优势和用工渠道的劳务派遣机构负责员工的招聘，节约了企业的招募成本和甄选成本。

此外，劳务派遣机构拥有一定数量的针对某些特定岗位而保留的专用型劳动力资源，如技术工人等，同时，新招聘员工的岗前培训也有劳务派遣机构的参与，减少了企业在适应性培训方面投入的成本，即：

派遣成本 = 管理费用 + 录用成本 + 安置成本   ②

由公式①、公式②可以直观看出：派遣成本与自招成本相比，企业节约了招募成本、甄选成本、适应性培训成本、劳动关系管理成本、人事运作成本等可变的费用支出，增加了支付给劳务派遣机构的管理费用。

6.4.3　劳务派遣成本优势分析

劳务派遣作为一种非传统的用工制度，不仅可以通过对企业非专用性人力资源的专用性转换，降低企业的用工成本，还可以通过汇总经济的功能实现规模收益。劳务派遣的成本优势主要体现在四个方面，如表6-11所示。

表6-11　劳务派遣的成本优势

成本优势	优势细化
降低人员招聘成本	▲ 降低企业招募成本　　　▲ 降低企业甄选成本
降低员工培训成本	▲ 岗前培训：劳务派遣机构参与被派遣劳动者的岗前培训，降低企业培训成本 ▲ 在岗培训：劳务派遣机构具有专业型人才资源储备，降低企业岗位培训成本
降低人员管理成本	▲ 财务核算：劳务派遣专用发票可计入用工企业税前成本开支，综合核算单位支出成本低于正式聘用员工的成本 ▲ 社会保险费用缴纳：劳务派遣机构因派遣劳动力来源的多样性及地方社会保险差异，只需要缴纳相对较低的社会保险费 ▲ 管理岗位设置：企业在非核心岗位上使用劳务派遣劳动者，可以减少一定数量的管理岗位，让企业的管理者将更多精力投入核心岗位员工的管理上 ▲ 社会关系维系：用工企业可以借助劳务派遣机构的专业优势和资源优势，扩展企业自身的运作渠道
降低劳动关系管理成本	将大量非核心、辅助性和临时性岗位的用工需求交给劳务派遣机构，减少因劳动合同纠纷及劳动争议而带来的劳动关系管理成本

6.5　劳务派遣用工风险评估

6.5.1　劳务派遣的用工风险

劳务派遣机构与用工企业建立劳务派遣关系，双方之间就各自违法行为造成被派遣劳动者损失的，共同承担连带责任。企业承担的劳务派遣用工风险包括以下六种，如图6-3所示。

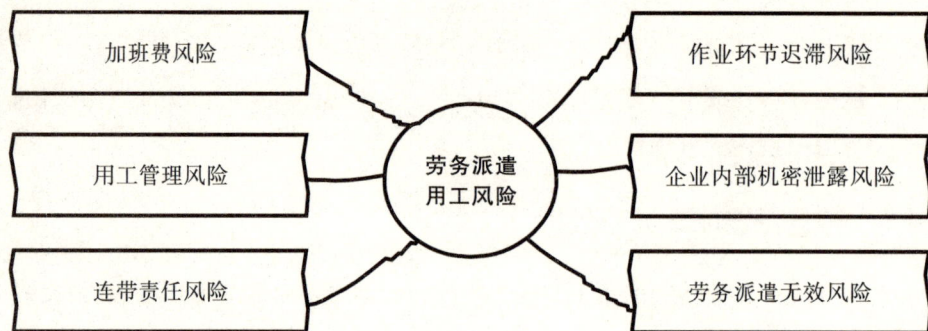

图6-3　劳务派遣用工风险

1. 加班费风险

根据《劳动合同法》第六十二条第一款规定，加班费、绩效奖金和与工作岗位相关的福利待遇项目，由用工企业支付，用工企业承担加班费发放的直接支付责任，而非告知义务。因此，如不按时、公平地发放加班费，被派遣劳动者可以申请赔偿。

2. 用工管理风险

在对被派遣劳动者进行管理的过程中，企业易会产生以下风险。

（1）企业在某些临时性岗位使用派遣劳动者，一般这些岗位不会出现在企业员工晋升通道规划当中，缺乏对被派遣劳动者个人发展计划的构建，影响派遣劳动者工作积极性。

（2）被派遣劳动者与其他正式员工之间很难建立比较顺畅的伙伴关系，同事之间的关系逐渐淡薄，导致企业内部沟通不畅。

（3）被派遣劳动者的招聘由劳务派遣机构负责，无法保证招聘到的员工与用工企业招聘岗位之间的匹配度，很容易造成员工综合素质较差，不愿履行企业的各项规章制度，不愿意主动承担合约之外的责任，无法为客户提供满意的服务。

（4）被派遣劳动者往往是裁员的首选对象，以致这些员工经常没有职业安全感，遇到事情时容易产生过激的情绪或行为，从而给企业造成不利影响。

3. 连带责任风险

《劳动合同法》第九十二条规定，给被派遣劳动者造成损害的，劳务派遣单位与用工单位承担连带赔偿责任，举例如下。

（1）劳务派遣机构未及时为被派遣劳动者办理工伤保险，发生工伤后如无力支付高额的医疗费用，用工企业需承担连带责任，替被派遣劳动者支付部分医疗费用。

（2）劳务派遣机构倒闭或其他法定代表人携被派遣劳动者工资、社会保险费用出逃，用工企业需要承担大部分对被派遣劳动者的义务。

4. 作业环节迟滞风险

由于劳务派遣特有的"双重三方"结构，往往会出现人员补充不及时、被派遣劳动者不服从管理、社会保险手续增减迟延等问题，最终导致作业环节迟滞。

（1）劳务派遣机构一般向几家企业同时提供派遣服务，由于大多数企业用工的峰、谷周期相同，劳务派遣单位很难同时、足额满足所有用工企业的劳务定单，而用工企业又不能自主招用被派遣劳动者，从而经常无法按时完成人员补充计划。

（2）由于被派遣劳动者隶属于劳务派遣单位，对用工企业缺乏归属感，操作不当的情况下容易产生被派遣劳动者工作懈怠、纪律废弛、执行力差等问题。

（3）很多业务都要先后经过用工企业、劳务派遣单位两道手续，中间衔接环节较多，稍有疏忽就有可能造成业务延误。

5. 企业内部机密泄露风险

用工企业在用人期间为开展工作，会将岗位相关机密透露给被派遣劳动者。而被派遣劳动者与用工单位只是短期关系，关系结束后，被派遣劳动者会在不同的企业间流动，不可避免地会将机密泄露给其他企业。

6. 劳务派遣无效风险

当出现以下三种情况时，劳务派遣会被判定无效，企业与被派遣劳动者之间变为劳动关系，企业不仅无法通过劳务派遣降低成本、规避风险，反而需要承受额外处罚。

（1）劳务派遣机构不具备劳务派遣资质。

（2）派遣过程中未履行正规手续。

（3）企业留用与劳务派遣机构劳动合同到期的劳动者。

6.5.2 派遣风险与自招风险评估

随着劳务派遣相关法律法规的不断完善，在未来的发展中，劳务派遣机构发挥的"中介"作用会越来越大，规避风险的能力会越来越低，企业将招聘风险转嫁给劳务派遣机构的思维，不利于企业的发展。

因此，企业在招聘管理中，应分别对派遣风险和自招风险进行综合评估，选择适宜企业的、风险较小的招聘方式。派遣风险与自招风险的表现与危害如表6-12所示。

表 6-12　派遣风险和自招风险的表现与危害

风险	派遣风险表现与危害	自招风险表现与危害
招聘费用的成本风险	• 企业通过劳务派遣机构招聘，只需按招聘人数支付招聘费用，不需要再额外花费广告信息费、食宿费、交通费等支出 • 如不能招募到企业需要的员工，可以拒付劳务派遣机构的服务费	• 企业在自招过程中会产生大量的成本支出，比如交通费、场地费用、广告信息费等 • 如不能招募到企业需要的员工，那么耗费的成本不仅得不到回报，还耗费了大量的时间和精力
招聘方式的选择风险	• 企业选择劳务派遣机构进行招聘，只需要为被派遣劳动者提供岗位培训，不需要为员工提供在岗培训 • 被派遣劳动者的流动性较大，泄露企业商业机密的概率增加	• 企业自招可选择的招聘途径较多，包括刊登媒体广告、招聘会、猎头公司或他人推荐等 • 企业需要为招聘到的员工提供培训，一旦员工跳槽，可能会泄露企业商业机密
人才识别的甄选风险	随着新《劳动合同法》的出台，大量中小劳务派遣机构被淘汰，具有较高资质的劳务派遣机构可以针对企业需求选择适宜的人才测评方式，降低甄选过程中的主观性影响	• 部分企业由于并没有认识到人才测评的重要性，在自招过程中，现代企业人才测评技术运用较少，而主观的面试在人才甄选中占有很大比例 • 易于产生工作疏忽、招聘效果差、招聘效益低等风险
信息不对称风险	• 劳务派遣机构通常会储备一定数量的人才资源，通过以往多次对人才资源的派遣，可以了解应聘者的能力和诚信度 • 招聘企业向劳务派遣机构提供企业相关的详细信息，避免应聘者对企业信息的不确定 • 采用该种招聘方式信息不对称风险较小	• 自招过程中，企业和应聘者之间的信息不对称，主要表现为企业对应聘者信息的不确定性和应聘者对企业信息的不确定性 • 低素质的应聘者通过欺骗、夸大能力来获取企业的信任，从而得到应聘的职位；高素质的应聘者由于对企业信息了解不全面或要求高而难以获得应聘的职位，从而导致出现逆向选择问题

（续表）

风险	派遣风险表现与危害	自招风险表现与危害
招聘回复的速度风险	劳务派遣机构招聘工作管理人员，因工作职责划分更为细致，招聘回复速度较快	企业由于种种原因出现招聘回复速度慢、结果公布周期长、目标不清晰等现象，增加企业招聘优秀员工的风险
人岗匹配风险	由于劳务派遣机构不参与企业的生产运营过程，对招聘岗位的能力需求和素质需求了解较少，派遣劳动者的人岗匹配风险较大	企业了解招聘岗位对应聘者各项胜任素质的要求，招聘的人岗匹配风险较小
劳动争议风险	劳务派遣机构作为专业处理劳动关系的机构，对各项政策法规较为熟悉，劳动争议发生风险较低	企业对劳动保障政策法规缺乏深入了解，在劳动合同签订、工资支付和社会保险等问题上存在疏漏，劳动争议发生风险较高

6.5.3 劳务派遣用工风险防范策略

劳务派遣这一用工方式革新了传统的企业、员工之间的聘用关系，形成用工单位、劳务派遣机构、被派遣劳动者三方主体的三方雇用模式，易于造成法律关系模糊、法律责任难以界定等现象。因此，如何有效控制和防范派遣用工中的风险已成为用工企业的重要任务。

1. 对被派遣劳动者用工管理风险的防范策略

用工企业在不同阶段，对被派遣劳动者进行有针对性的管理。在员工招聘阶段，用工企业负责员工的筛选及最终确定；在员工工作阶段，用工企业负责被派遣劳动者的工作任务、工作时间、绩效评估的管理。企业对被派遣劳动者用工管理的详细内容如表6-13所示。

表6-13　企业对被派遣劳动者用工管理

管理内容	说明
对被派遣劳动者的保密义务管理	• 用工企业应制定专门的保密规则，明确商业机密的范围及相关责任，并与被派遣劳动者订立保密协议 • 用工企业可以结合实际情况，在竞业限制条款约定等方面做出相应约定
对被派遣劳动者实施考评和奖惩	• 用工企业与劳务派遣机构约定对被派遣劳动者实施考评和奖惩的规则，并在劳动合同条款中进行约定 • 用人企业如果有针对被派遣劳动者的用工规则，则可以将上述规则作为用工协议的附件进行处理

（续表）

管理内容	说明
对被派遣劳动者 实施人性化管理	• 用工企业应加强对被派遣劳动的人文关怀，实现平等管理 • 用工企业与被派遣劳动者就企业文化、信息和策略进行有效、合理的沟通， 为被派遣劳动者构建职业发展平台
对被派遣 劳动者的退回	被派遣劳动者有六种过失情形（具体内容见6.3.4节）之一，用工企业可以将 被派遣劳动者退回劳务派遣机构

2. 对连带责任风险的防范策略

被派遣劳动者与劳务派遣机构建立劳动关系，一旦发生仲裁、诉讼，按照关于仲裁、诉讼的主体规定，用工企业成为共同被告，加上《劳动合同法》连带责任的相关规定，使用工企业劳动争议的法律风险增加，因此，用工企业应该从以下四个方面预防可能出现的连带风险，如表6-14所示。

表6-14　连带责任法律风险预防

预防内容	说明
劳务派遣协议 与承担责任	用工企业与劳务派遣机构签订劳务派遣协议时，应注意派遣合同是否权责分 明，降低用工企业在派遣过程中的法律风险
对被派遣劳动者的 劳动合同实施管理	虽然被派遣劳动者与劳务派遣机构签订劳动合同，但用工企业也应该从合同 签订程序和合同内容等两方面进行跟踪管理 • 用工企业应防止劳务派遣机构不签、迟签劳动合同，抽查劳务派遣机构的 劳动合同签订情况，要求劳务派遣机构提供一份劳动合同给用工企业进行 备案 • 用工企业检查劳动合同内容是否符合劳动法的相关规定，不能与劳务派遣 协议相抵触
加强对服务 费用的管理	用工企业需要向劳务派遣机构支付被派遣劳动者工资和社会保险等费用，用 工企业支付费用后，应敦促劳务派遣机构及时为被派遣劳动者支付工资、办 理社会保险
对劳务派遣机构 的质量进行考核 与评估	• 用工企业应制定完善的劳务派遣机构选择标准，避免无效派遣的风险 • 用工企业应建立对劳务派遣机构的质量评估和定期、不定期的考核制度， 将考核结果与用工企业提供的服务费用相关联

3. 对作业环节延迟风险的防范策略

用工企业在劳务派遣协议中，应与劳务派遣机构约定被派遣劳动者的到岗时间，一旦因被派遣劳动者无法按时到岗而导致企业作业环节延迟，企业可以要求劳务派遣机构赔偿部分损失。

4. 对企业内部机密泄露风险的防范策略

用工企业应根据实际情况，制定企业保密管理制度，将企业机密事件的事前保护与事后处理相结合。

企业应当与被派遣劳动者事先约定企业机密保护的相关条款，例如，在劳务用工协议中明确保密条款、订立独立的保密协议和竞业限制协议等。同时，企业还应当对涉密的材料安排专人管理，对计算机储存的资料进行特别加密和实时监控。

第7章　网络招聘实训

7.1　网络平台选择

7.1.1　网络平台的类别

网络招聘也称为电子招聘，是指企业利用互联网实施招聘，包括信息发布、简历的搜集整理、电子面试和在线测评等过程。网络平台是企业招聘工作管理人员实施网络招聘的场所，主要包括两个类别。

1. 第三方招聘网站

第三方招聘网站主要包括综合性人才招聘网站、行业招聘网站、论坛社区招聘等三个类型，企业可以针对自身招聘需求选择第三方招聘网站。

（1）综合性人才招聘网站

综合性人才招聘网站具有传播范围广、招聘信息量大的特点，可以为企业提供专业的人才搜索服务，便于招聘工作的开展。

（2）行业招聘网站

行业招聘网站按照行业分类发布招聘职位信息，具有较强的针对性。

（3）论坛社区招聘

按照论坛社区的不同性质，可以将论坛社区招聘分为四类，如图7-1所示。

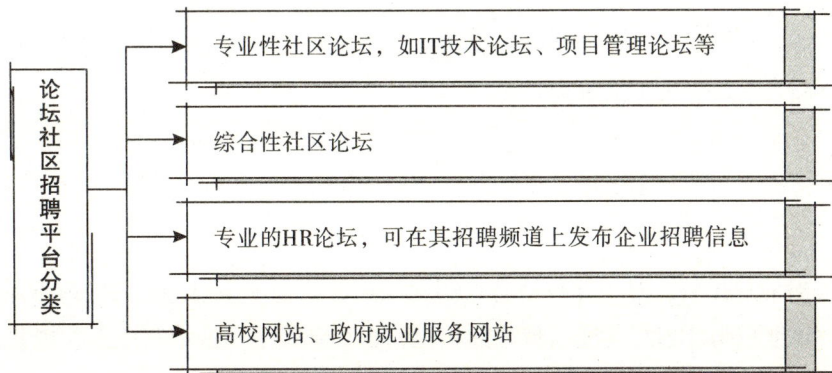

图7-1　论坛社区招聘平台分类

其中，专业性社区论坛是指与各行业相关的社区论坛，例如，招聘IT人才可在IT技术相关的论坛发布招聘信息、招聘项目管理人员可以在项目管理相关论坛上发布招聘信息。

2. 企业自身网站

广义的企业网站招聘除了包括企业在进行网络建设和形象宣传的平台上招聘外，还包括企业在微博、微信公共账号平台上的招聘。与其他网络招聘平台相比，企业网站招聘具有以下优缺点，如表7-1所示。

表7-1　企业网站招聘的优缺点

优缺点	说明
优点	● 节约企业招聘成本 ● 便于企业提供统一的简历模板，节约筛选应聘者简历的时间 ● 应聘者在求职的同时可以详细了解企业信息、熟悉企业生产经营情况
缺点	● 受企业知名度的影响较大，如果企业缺乏知名度，则招聘效果较差 ● 需保证企业网站有能力利用电子系统进行简历筛选

7.1.2　确定网络招聘周期

网络招聘周期是指完成一次招聘，即从用人部门提出招聘需求到员工上岗报到所用的时间，即招聘周期 = 实际到岗日期 − 招聘需求发出日期。

企业招聘工作人员在确定合理的网络招聘周期前，需要详细地分析其影响因素。一般来说，网络招聘周期受网络平台的报价、拟招聘岗位的类别及所属职级、招聘工作的难度等因素的影响，具体分析如下。

1. 网络平台的报价

对于企业来说，网络平台的报价是确定网络招聘周期的重要因素，招聘周期的长短与招聘费用之间一般存在以下两种影响关系。

（1）特殊职位招聘。即企业仅招聘一个职位，职位一旦发布，如果长时间招不到合适的人才，对企业运营会带来直接的影响，招聘周期越长，企业花费在上面的人力物力财力也越多。

（2）一般职位招聘。对于此种招聘，招聘周期越长，单一招聘周期的成本越低，如一般情况下，年度招聘计划与月度招聘计划相比，折合到每个月的招聘成本前者要低很多。

2. 拟招聘岗位的类别及所属职级

招聘岗位的类别及所属职级所面对的求职者网络活跃度越高，完成网络招聘所需要的周期越短。一般来说，高层管理岗位和一线技术岗位因求职者的网络活跃度较低，与其他招聘岗位相比，招聘周期较长。

3. 招聘工作的难度

招聘工作的难度越大，所需要的招聘周期越长，如招聘对象为 18～30 岁的求职者，与招聘对象为 40 岁以上的求职者相比，前者的招聘工作难度小，招聘周期短。

7.1.3 网络平台选择标准

企业人力资源部在实施网络招聘前，应制定完善的网络平台选择标准，根据评估结果确定是否选择该平台，以保证网络平台选择的科学化、标准化、有效化，提高网络招聘效果，降低招聘成本。

由于在企业自身网站、论坛社区招聘成本低廉，可与其他招聘平台同时进行，因此它们不在本网络平台选择标准讨论的范围内，下述网络平台选择标准主要针对第三方网络招聘平台，如表 7-2 所示。

表 7-2　网络平台选择步骤及影响标准细化说明

网络平台选择步骤		影响标准细化说明
企业招聘因素分析	企业性质	企业所属行业为咨询服务行业、培训行业、金融行业等与互联网有一定联系的行业，选择网络平台招聘效果较好
	招聘岗位	企业招聘岗位为除高级人才、一线技术人员外的一般职位，应聘人群在网络平台活跃度较高，网络招聘效果较好
	招聘人数及紧急程度	网络平台能够根据企业招聘需求提供不同的招聘组合，除具备信息处理能力、简历识别和评估能力，满足企业批量招聘、紧急招聘的需求
	招聘预算	网络平台的费用在招聘预算的承受范围内
	企业宣传	网络平台具备丰富的人力资源管理经验、市场推广经验，实现企业宣传的目的
网络平台调查（需选取 3～5 个网络平台）	网络平台特色	包括网络招聘平台的行业特色、简历库人员特色等
	网络平台产品	网络平台能够提供多样化的招聘组合，同时，能够为企业提供对人才市场、薪资水平等方面的分析
	网络平台服务	网络平台的服务水平较高，具有良好的业界口碑
	网络平台价格	网络平台的价格多样化，能够满足企业不同招聘需求和招聘预算的需求

7.2 网络平台的使用

7.2.1 网络招聘职位的发布

人力资源部在选择网络平台后，将企业需招聘的职位按照网站的固定模式进行发布。一般来说，招聘工作人员需要在"新增职位"或"发布新职位"等位置，根据网站提示填写或选择下拉菜单中的内容。

1. 发布职位基本信息

招聘工作人员根据招聘需要准确填写职位详细信息，填写的内容分为必填选项和选填选项，具体如表7-3所示。

表7-3　职位基本信息

必填选项			选填选项			
★ 职位名称	★ 招聘人数	★ 工作地点	★ 职位编号	★ 年龄	★ 语言	★ 专业
★ 职能类别	★ 月薪		★ 工作性质	★ 学历	★ 工作年限	★ 所属部门

2. 进行"职位描述"的填写

职位描述一般包括岗位职责描述和任职资格描述，招聘工作人员在职位关键词中输入最能代表职位特点的关键词后，填写中、英文职位描述。常见的操作网页示范如图7-2所示。

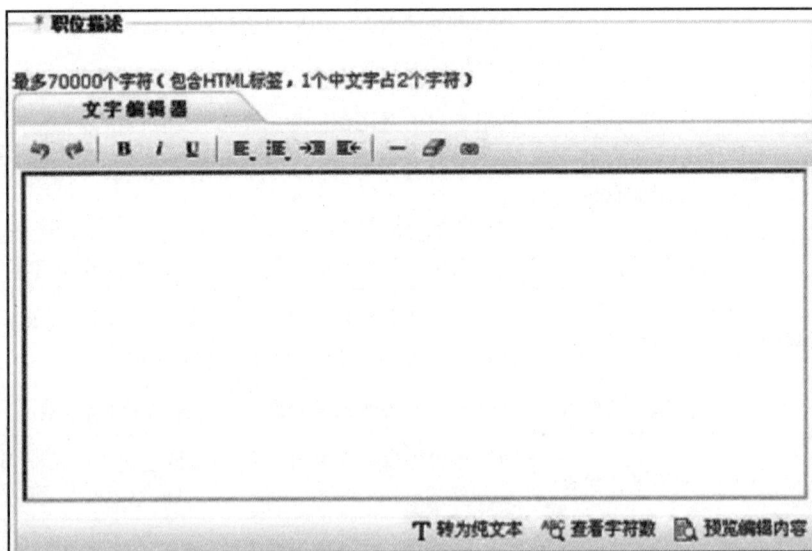

图7-2　"职位描述"的填写示范

3. 简历接收设置

简历接收设置包括接收简历的邮箱设置、接收简历回复信息设置等。选择"自动回复"选项，求职者即可在简历投递成功后收到自动回复，回复的内容一般可设置为"您好，您的求职简历已经收到，我们会尽快进行测评，之后再决定是否与您面谈"。

同时，招聘工作人员还可以根据自己的简历浏览习惯，选择是否将应聘简历转发到邮箱中。

7.2.2 网络招聘广告的发布

招聘广告是用人单位借以宣传自己、吸引人才的媒介，优秀的招聘广告可以树立良好的企业形象，吸引更多的人才应聘，为企业带来人力资源的竞争优势。网络招聘广告是指企业在网络招聘平台发布的，除职位发布和简历下载外的其他形式的广告。

1. 网站招聘广告发布流程

人力资源部在发布网站招聘广告前，应对发布的内容进行审查，保证广告表述清晰、文字内容符合国家相关法律法规，不存在民族歧视、性别歧视、侵犯他人合法权益等情况。网络招聘广告的发布流程如表7-4所示。

表7-4 网络招聘广告的发布流程

发布流程	说明
选择广告发布类别和发布时期	年度招聘套餐中的广告一般分批次发布，人力资源部根据企业实际人才需求、招聘工作开展实际情况等，选择适宜的时间发布某类招聘广告
沟通广告发布相关适宜	人力资源部与网络平台销售人员联系沟通发布广告的相关事宜，包括广告要求和广告制作等内容
广告发布确认	招聘工作管理人员收到网络招聘平台发布广告的确认邮件后，及时到网络平台上查看发布信息，以保证广告发布有效、无误

2. 网络招聘广告合同

网络招聘广告的产品类型、持续时间、职位数、简历数是招聘工作管理人员与招聘网站签订合同的核心内容。网络招聘广告可选择的类型多样，现以北京市某企业与招聘网站签订合同为例，示范网站招聘广告的核心内容，如下所示。

☑**网才类产品**

预计服务开通日2014年06月28日，会员有效期12个月：

☑甲方可使用《网才》系统自动发布北京地区300个职位；

☐甲方可委托乙方使用《网才》系统自动发布____地区____个职位；

☑甲方可使用《网才》系统自动发布短信 <u>400</u> 条；

☑甲方可使用《网才》系统搜索并下载北京地区 <u>100</u> 份简历；

☐甲方可使用乙方《网才——应聘管理》系统____条同步在线用户。

☑**增值服务类产品**

☐Flash：____周____频道，规格_____，发布时间共____周。

☐图文：____周____频道，规格_____，发布时间共____周。

☐Button：____周____频道，规格_____，发布时间共____周。

☐Banner：____周____频道，规格_____，发布时间共____周。

☑文字：__5__周北京频道知名企业 – 标准，发布时间共__5__周。

____周____频道知名企业 – 高级（企业名＋职位名），发布时间共____周。

__5__周北京频道最热招聘，发布时间共__5__周。

____周____频道最热招聘后加 HOT 图标，发布时间共____周。

____周____紧急招聘，发布时间共____周。

☐搜索结果最 TOP 排名共____个。

____周____频道____职能，____个职位数。

3. 网络招聘广告的形式选择

人力资源部在招聘网站进行广告发布时，应遵循"突出特色，吸引应聘者"的原则，采用多样化的广告形式，提升招聘效果。常见的网络招聘广告形式有以下四种，如表 7-5 所示。招聘经理或其他招聘工作人员应该根据招聘工作需要选择其中一种或多种的组合。

表 7-5 网络招聘广告的形式

形式	说明
网幅广告	网幅广告是将 GIF、JPG 等格式的图像文件定位在网页中，进行直观展现的广告形式 • 静态：静态网幅广告是指在网页上显示一幅固定的图片 • 动态：动态网幅广告拥有会运动的元素，如图片的移动或闪烁等，通常采用 GIF 格式，将一连串图像连贯起来形成动画 • 交互式：交互式广告的形式多样，如游戏、插播式、回答问题、下拉菜单、填写表格等，这类广告需要更加直接的交互，比单纯的浏览更吸引应聘者
链接广告	链接广告是指直接在招聘网站上发布企业招聘链接
漂浮广告	漂浮广告是指漂浮在招聘网站页面的漂移形式的广告，通常以图片或 FLASH 的方式呈现
视频广告	视频广告是指在招聘页面在线播放企业提供的相关视频

7.2.3　招聘网站每日刷新管理

大多数专业招聘网站提供每日刷新的服务，刷新后的职位会在同类别职位中排名靠前，选择适宜的时间进行刷新便于求职人员查找职位信息，增加职位被搜索的概率，因此，招聘工作人员应当充分利用招聘网站的刷新功能，以提升招聘效果。

一般情况下，企业发布多个职位后，可以根据招聘岗位性质的不同，选择在不同时间段、多次刷新的方式提升企业的职位排名，即时间差异性更新管理办法。招聘网站时间差异性更新管理办法如表7-6所示。

表7-6　招聘网站时间差异性更新管理办法

招聘岗位	每日更新时间
文职岗位、一般技术岗位、基层管理岗位	有离职意向的人员会利用午休时间投递简历，企业可在中午12点前更新招聘信息，以保证招聘岗位的排名较为靠前
高端技术岗位、中高级管理岗位	此类人才多会选择在晚上、节假日的休息时间关注适合自己的岗位，因此，企业可以在17：00～19：00更新招聘信息

对于急需招聘的岗位可以发布几个相类似的岗位，在不同的时间段分别刷新，应聘者无论何时搜索相关岗位，企业的招聘信息都会排在招聘页面的最前面。

此外，周末及法定假日是求职者投递简历的高峰期，招聘工作人员更新招聘信息的时间不受限制，因此，可以选择一次性更新的办法。

7.2.4　招聘广告效果评价管理

招聘广告是指企业结合自身发展需求与人力资源现状，通过网络平台，面向社会公开招聘相关员工时使用的应用文。招聘广告效果管理是指对招聘广告在吸引人才、企业宣传等方面产生的效果进行评价、管理。

招聘广告的目的是为了提高招聘效果，故最为直接的招聘广告效果评价指标为应聘简历数量和招聘成功率增长。除了上述两个指标外，人力资源部还可以从质量和数量两个方面对网络招聘广告的效果进行评价，常见的招聘广告效果评价指标如表7-7所示。

表7-7　招聘广告效果评价指标

一级招聘广告效果评价指标	二级招聘广告效果评价指标
品牌建设	●扩大知名度　●维持知名度　●提升美誉度　●提升偏好度
公关宣传	●配合公关事件宣传　●干扰竞争对手宣传　●突出事件公关

（续表）

一级招聘广告效果评价指标	二级招聘广告效果评价指标
吸引人才	• 招聘广告覆盖面　• 招聘广告为应聘者留下的印象 • 招聘广告吸引人才投递简历数量　• 招聘广告浏览量
投入产出比	• 招聘广告成本　• 招聘广告收益

人力资源部在对招聘广告效果进行评价的过程中，应多结合实际情况，选择不同的评价指标和评价方法，常见的招聘广告效果评价方法如下所述。

1. 招聘成果测定法

招聘成果测定法是对招聘广告带来的应聘人数增加和招聘到岗率的增减情况进行分析和评价。

（1）计算招聘广告效果指数

$$招聘广告效果指数（AEI）= \frac{招聘广告发布后实际增加的投递简历人数（\Delta Q）}{全体被调查人数}$$

即：$AEI = \Delta Q / N$

（2）招聘广告效果分析评价

人力资源部根据计算出的 AEI 数值，从四个方面对招聘广告的效果进行研究，如表7-8所示。

表7-8　招聘广告效果分析

招聘广告效果指数（AEI）	效果分析
招聘广告效果指数越大	招聘广告发布后吸引的应聘者数量占全体被调查人数的比例越大，招聘广告的效果越好
招聘广告效果指数为负数	招聘广告在招聘中引发负面效用
招聘广告效果指数高于行业平均值	招聘广告取得了较为满意的效果

2. 盈亏平衡点法

企业支付招聘广告的费用可以作为企业在一定时期内的固定成本，招聘广告为企业带来的效益作为企业在一定时期内的收益，应聘简历投递数量作为销售量，基于上述考虑，人力资源部可以将招聘广告成本、招聘广告收益从盈亏平衡的角度进行分析，如图7-3所示。

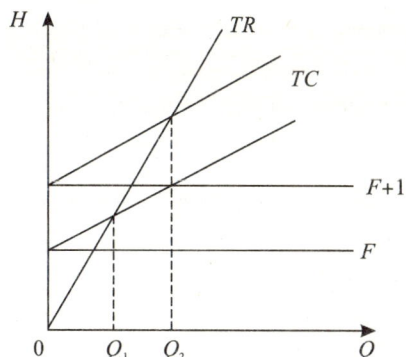

图7-3 企业网络招聘广告盈亏平衡图

图7-3中各字母代表的含义为：

F——网络招聘广告发布前企业的固定成本支出；

I——网络招聘广告费用支出；

TR——网络招聘广告为企业带来的收益；

TC——企业的总成本曲线。

从图7-3中可以看出，由于人力资源部支付广告费用，使得企业的盈亏平衡点由Q_1变为Q_2。Q_1与Q_2的差值为ΔQ。

人力资源部结合上述数据，从两个方面对招聘广告的效果进行分析，如表7-9所示。

表7-9 招聘广告效果分析

数据结果	效果分析
企业发布网络招聘广告后带来的简历投递数量大于ΔQ	企业招聘广告效果较好
企业发布网络招聘广告后带来的简历投递数量小于ΔQ	企业招聘广告效果较差

7.2.5 网络招聘平台效果评估

网络招聘平台效果评估是指对实施网络招聘的各类平台渠道进行评估，评估结果有利于改善网络招聘的实施工作，有助于提升企业网络招聘工作效率，保证了网络招聘平台选择的有效性和科学性。网络招聘平台招聘效果评估的内容及方法如表7-10所示。

表7-10 网络招聘平台招聘效果评估的内容及方法

评估内容	评估方法
招聘完成率	招聘完成率＝新入职人数÷计划招聘人数×100%

（续表）

评估内容	评估方法
获得招聘信息的途径	人力资源部统计有多少人通过网络招聘渠道获得招聘信息，即： 网络渠道应聘成功率 = 网络渠道应聘上岗人数 ÷ 各渠道应聘人数 × 100%
网络平台招聘有效性	人力资源部统计通过网络平台招聘到的与岗位匹配度较高的员工数量，即： 网络渠道招聘有效率 = 网络渠道招聘的人岗匹配度高的人数 ÷ 各渠道招聘的人岗匹配度高的人数 × 100%
网络平台应聘适合比	人力资源部统计通过网络渠道应聘报名的合适应聘比例，即： 招聘完成率 = 合适的应聘人数 ÷ 网络应聘总人数 × 100%
网络平台招聘平均成本	人力资源部统计网络招聘的人均成本，即： 招聘平均成本 = 网络平台招聘成本 ÷ 招聘的适合人数
招聘成功率	招聘成功率 = 实际上岗人数 ÷ 面试人数 × 100%
技术和服务体系	招聘网站能够根据企业招聘需求提供不同的招聘组合，招聘网站除具备信息处理能力、简历识别和评估能力外，还具备丰富的人力资源管理经验、市场推广经验，为企业吸引更多优秀的求职者，同时，能够为企业提供对人才市场、同行业薪资水平等方面的信息支持
数据库	招聘网站具有完善的、科学的信息系统，数据库资源丰富
信息真实度	招聘网站能够对求职者提供信息的真实性进行筛选，保证数据真实性
经营信誉度	招聘网站具有良好的业界口碑，客户对其评价较高

7.3 网络简历的筛选

7.3.1 利用招聘平台功能初筛

利用招聘平台功能初筛是指招聘工作人员利用网络平台自身的"过滤或筛选"功能，设置检索关键字，通过招聘网站的软件系统自动屏蔽不符合企业要求的简历，减少招聘工作人员查看无效简历的时间。

1. 利用招聘平台功能筛选、过滤的方法

利用网络招聘平台功能筛选是指将网络简历作为研究对象，通过对简历样本集进行筛选，对网络简历进行"检测"，找到符合企业招聘需求的简历，淘汰不符合企业需求的简历，为企业招聘工作人员提供人性化的检索服务。

招聘工作人员在发布职位信息后，可通过招聘网站的系统实现对简历的初步筛选。下面以企业常用的某知名招聘网站的"简历过滤筛选"功能为例进行讲解。

（1）单击网站职位发布中的"高级设置"页面，如图7-4所示。

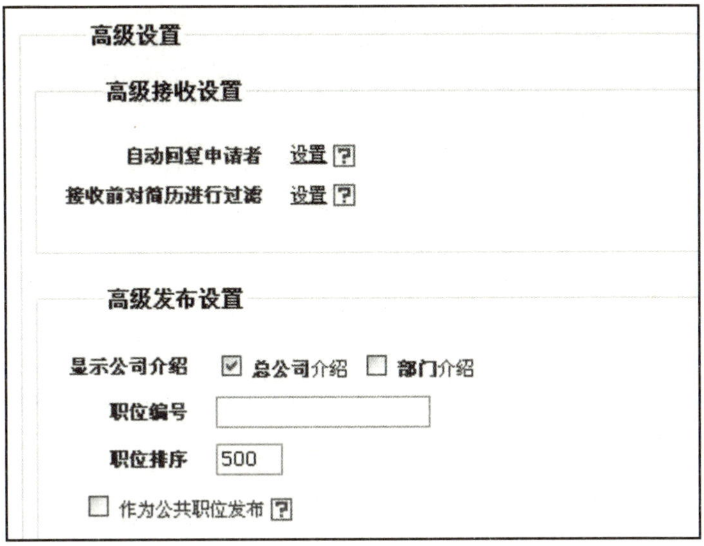

图7-4 网络平台"简历过滤筛选"功能的高级设置示例

（2）单击"接收前对简历进行过滤"后的"设置"按钮，招聘工作人员即可设置简历的接收条件，不符合接收条件的简历不会进入企业招聘工作邮箱，如图7-5所示。

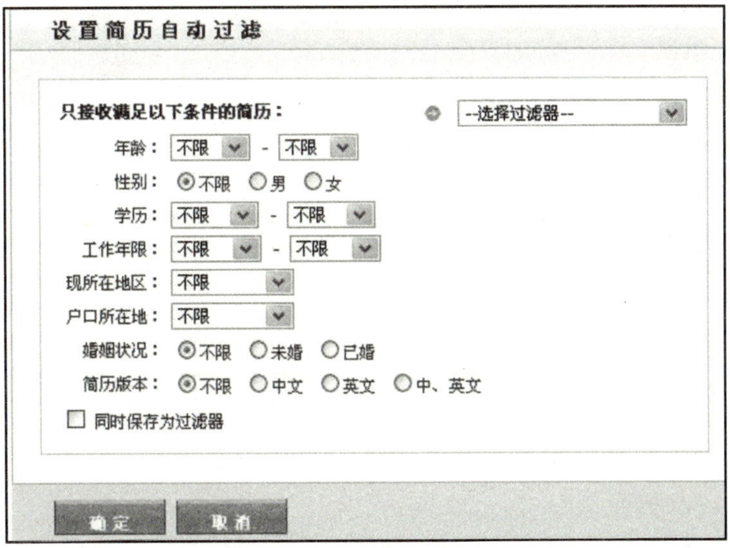

图7-5 简历自动过滤界面示例

2. 简历自动过滤条件的设置

招聘工作人员在设置简历自动过滤条件时，应综合考虑工作内容、岗位胜任素质和任职要求，具体如表7-11所示。

表7-11　简历自动过滤条件的设置

选取方式	说明
工作内容	★ 招聘岗位名称、日常工作内容、工作流程 ★ 有相关工作经验和工作资质的求职者会如何撰写简历
岗位胜任素质	★ 岗位需要的能力、知识和职业素养
任职要求	★ 岗位需求的专业背景、教育经历、工作经历等

招聘工作人员根据企业人力资源需求设置简历自动筛选、过滤条件，利用网络平台系统对简历进行检索、筛选、过滤。企业对应届毕业生的简历进行过滤、筛选时常用的过滤条件如表7-12所示。

表7-12　企业常用的应届毕业生的简历筛选条件

项目	权重	常用筛选条件			
		1级	2级	3级	4级
学校层次	10%	职业院校	一般大学	985、211大学	国外名牌大学
班级排名	5%	21名之后	11~20	6~10	1~5
英语水平	5%	CET-4未通过	CET-4	CET-6	专业英语8级
专业背景	10%	纯文科类	理工科类	经济类	管理类
社团工作	15%	无	一般成员	院社团主席	校社团主席
实习经验	15%	无	勤工俭学	专业相关实习	知名企业实习
……	…	……	……	……	……

7.3.2　人工筛选邮箱投递简历

人工筛选邮箱投递简历是指招聘工作人员对求职者主动向企业招聘工作邮箱中投递的简历进行筛选。

1. 快速查阅

与其他招聘方式相比，网络招聘存在求职者投递简历数量多和信息失真等现象，因此，在对求职者的网络简历进行人工筛选的过程中应注意筛选每份简历的时间不宜过长，为15~20秒，并重点关注表7-13所示的几项内容。

表 7-13　快速查阅简历的项目

项目	说明
扫视简历结构	• 招聘工作人员通过扫视简历结构，了解求职者的基本特点，明确简历中是否含有有效信息 • 审查简历的完成情况，以了解求职者是否具有认真、严谨的性格
关注硬性指标	包括岗位要求的专业水平、工作经验、工作地点等，剔除不合格的简历
审查简历内容	• 招聘工作人员应对简历内容的真实性进行审查，审查简历内容是否夸大或不真实 • 对简历内容的逻辑性进行审查，审查简历前后是否存在逻辑矛盾，工作时间是否有间歇、是否合理
职业发展趋势	通过求职者的工作经历，分析其稳定性、忠诚度，并初步判断其职业发展规划是否符合本岗职业发展路径

2. 重点阅读

招聘工作人员在快速查阅网络简历后，初步确定合格简历，对与应聘职位相关的简历中的重要信息，如个人基本信息、工作经历、教育经历等进行重点阅读。

（1）个人基本信息

个人基本信息是网络简历中最基础、最重要的信息，企业的岗位需求也从基本信息开始，具体包括姓名、性别、年龄、籍贯、居住地、联系方式和政治面貌。

（2）工作经历

工作经历是网络简历中较为重要的内容，招聘工作人员对简历的人工筛选，可以按照"3W1H"的原则进行。工作经历的阅读内容和相关说明如表 7-14 所示。

表 7-14　工作经历的阅读内容和相关说明

阅读内容		内容细化	举例	阅读价值	备注
When	工作时间	工作的时间段	2012.1—2014.1	工作连续性	与上一份工作的连续性
		工作多长时间	2 年	职业稳定性、职业深度	工作职责和主要业绩
Where	工作区域	工作地点	在北京市工作	招聘岗位所在地相关性	—
		工作区域分布	曾在天津市工作	职业目标	—
	所属行业	行业性质	劳动密集型	个人工作特点	定向用人风格
	所在企业	企业性质	国有企业	与招聘企业匹配度	—
		行业地位	全国领先	与招聘企业匹配度	—
What	做什么	岗位类别	管理岗位	与招聘岗位匹配度	—
		岗位职责	负责招聘工作	工作胜任水平	与任职资格相结合
How	如何做	做事方法	自己努力完成	识别个人能力和潜力	

（3）教育经历

教育经历包括培训经历，资格证书考取、职业技能培训和正规院校教育等内容，招聘工作人员对教育经历的阅读与工作经历的阅读方式相似，也可以通过"3W1H"的原则进行。对于应届毕业生，教育经历的重点关注内容为主修课程和成绩、在校期间的社会实践和实习经历。

7.3.3 自动搜索网络库的简历

自动搜索网络库的简历是指招聘工作人员登录招聘网站自动搜索简历页面，直接搜索招聘网站简历库查找简历。自动简历搜索主要包括按关键词搜索、根据发布职位搜索和简历ID搜索三种形式，其中，按关键词搜索是较为常用的形式。

1. 自动搜索网络库简历的步骤

（1）关键词搜索相关信息的填写

关键词是指能够最大限度概括简历信息的字或词语，描述了求职者网络简历的主要特征或核心内容。一般需要多个关键词才能准确完整地描述一个求职者。招聘工作人员通过关键词搜索求职者简历时填写的内容包括关键词、企业名称、职位名称、所在行业、更新日期、工作年限、学历、现居住地、性别、当前工作状态及期望工作地区等。

上述信息在网页上的常见设置如图7-6所示。

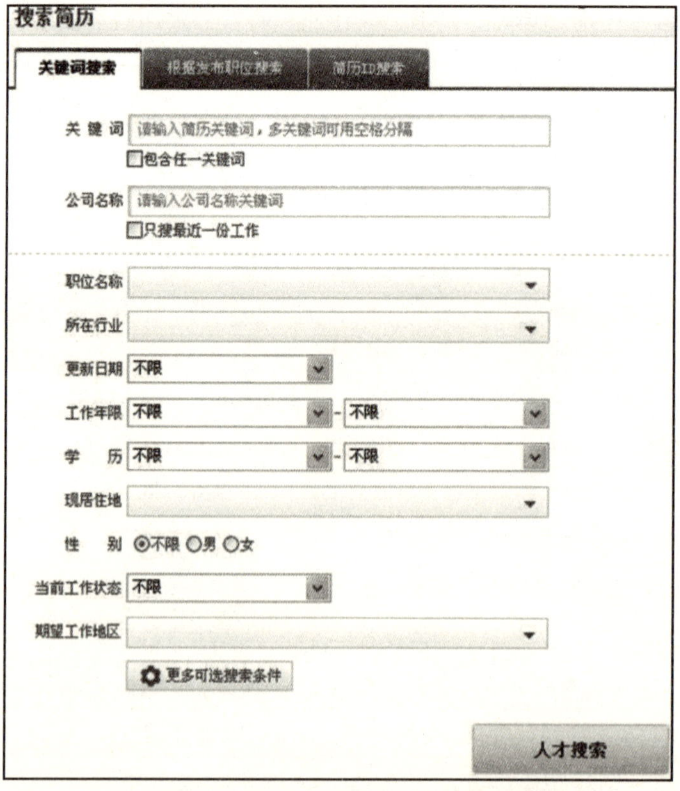

图7-6　按关键词搜索简历的网页设置示例

（2）"更多可选搜索条件"填写

招聘工作人员单击"更多可选搜索条件"选项，可增加多个搜索条件，扩大简历搜索范围，常见的搜索条件包括企业性质、企业规模、年龄、户口所在地、学校名称、专业名称、语言能力、目前月薪、期望从事行业、期望从事职业及当前工作状态等。

上述信息在网页上的常见设置如图7-7所示。

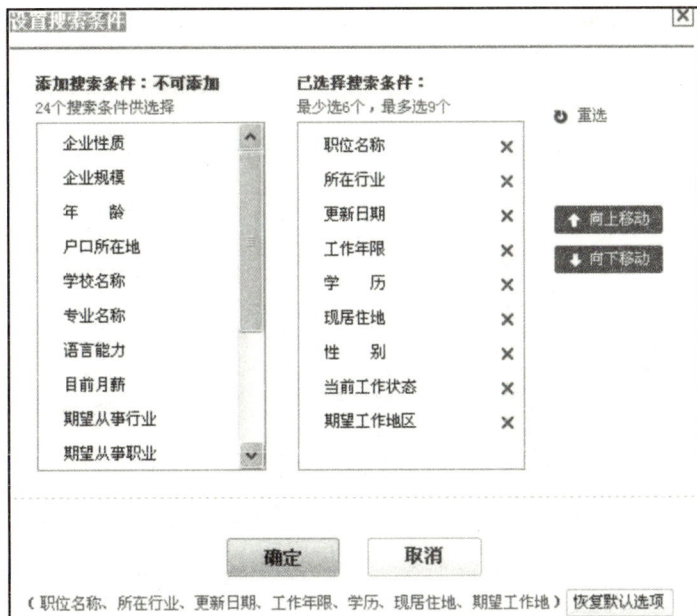

图7-7　"更多可选搜索条件"的网页设置示例

2. 自动搜索网络简历库的关键事项

自动搜索网络简历库存在简历数量较多，且邀约面试有效率较低的现象。因此，这种方式招聘工作人员一般仅在求职者主动投递简历数量不足或紧急招聘的情况下使用。

招聘工作人员在自动搜索网络库简历时，查看到的简历信息为除联系方式外的其他信息，因此，应对简历进行详细评估后，如决定邀请其进行面试，再进行简历下载，查看求职者的联系方式，以节约招聘成本、提高招聘有效性。

7.3.4　网络简历档案库的建设

在实际招聘过程中，企业会收到大量的简历，一些未能进入筛选范围的简历可能符合企业其他岗位的需求，或在今后成为企业需要的人才，因此，招聘工作管理人员应按照一定标准建设网络简历档案库。常见的网络档案库建设主要包括网站直接简历库建设、本地下载简历库建设和纸质简历档案操作。

1. 网站直接简历库建设

招聘工作人员对网络招聘平台上收到的简历可使用简历管理系统，进行"将简历保存到我的电脑""移到简历夹"等操作，建立网站自动简历库。网络招聘平台经常提供的系统前端界面如图7-8所示。

图7-8　网络平台提供的简历管理系统前端界面

2. 本地下载简历库建设

建设本地下载简历库是指招聘工作人员将招聘网站平台上的简历下载至本地电脑并分类保存，以避免与招聘网络平台终止合作后无法查阅储存在招聘网站上的简历，同时，有助于对招聘效果进行统计分析。

招聘工作人员根据企业的实际情况，设立分类文件夹，将下载的简历根据不同的分类标准进行分类，常见的分类标准包括筛选出来的简历、已通知的简历、参加面试的简历、储备的简历、成功录用的简历等。

3. 纸质简历档案操作

招聘工作人员将网络招聘平台上的简历打印出来后，根据投递日期和职位分类放置于不同的文件夹中，如果有特别突出的简历，可单独设置一个文件夹。

当企业各部门有人才需求时，可依据简历所属类别对简历进行检索，面试被淘汰的简历也要及时归档。同时，设定简历的保存期限，将超过期限的简历及时淘汰，以提高简历检索的有效性。纸质简历的分类标准如表7-15所示。

表7-15　纸质简历的分类标准

分类标准	标准说明
按应聘职位分类	可以将简历分为管理类人员简历、操作类人员简历、技术类人员简历、销售类人员简历、财务类人员简历
按应聘者专业分类	可以将简历分为电子商务专业简历、市场营销专业简历、工程专业简历、财务管理专业简历、人力资源管理专业简历
按应聘者工作经验分类	可以将简历分为无经验人员简历、具有三年以下工作经验人员的简历、具有五年以下工作经验人员的简历、具有十年以下工作经验人员的简历
按求职类型分类	可以将简历分为全职人员简历、兼职人员简历、实习人员简历
按应聘者居住地分类	可以将简历按照辽宁省、湖南省、湖北省等省份标准进行分类
按毕业院校类型分类	可以将简历划分为211院校人员简历、985院校人员简历、海外重点大学人员简历、普通高等院校人员简历等

为便于对纸质简历的管理，招聘工作人员还应在电脑上建立"简历电子检索表"，提高对简历信息的检索效率，如表7-16所示。

表7-16　简历电子检索表

序号	日期	姓名	专业	工作年限	记录人	保存期限
1						
2						
...						

7.4　面试通知的发出

7.4.1　面试通知的发出方式

企业招聘工作人员在完成网络简历筛选工作后，应该对符合条件的求职者发出面试通知，约定面试的时间和地点。

面试通知的发出方式各有其优势和劣势，招聘工作人员应结合实际需求选择适宜的面试通知发出方式。面试通知发出方式的优劣势分析如表7-17所示。

表 7-17　面试通知发出方式的优劣势分析

发出方式	适用范围	优势	劣势
电话通知	社会招聘	尊重求职者，能够树立良好的企业形象；可以在电话中对求职者有初步了解	花费时间较多、耗费成本较大
邮件通知	在较短时间内通知大量求职者	可以要求求职者回复邮件，加深对求职者的了解，节约面试通知的时间	不利于求职者记录面试时间和地点、求职者可能错过面试通知
短信通知	通知工作量较大	节约面试通知的时间、花费成本低	不利于求职者记录面试时间和地点、信息反馈不及时
招聘网站自带通知	在招聘网站上投递简历的求职者	降低面试通知的成本，便于进行大规模面试通知	求职者若不方便上网，则易错过面试通知

招聘工作人员一般会根据求职者是否上网方便、是否能及时记录等实际情况，选择上述两种方式进行灵活的组合应用。

7.4.2　面试通知的有效撰写

招聘工作人员根据面试通知不同的发出形式，撰写有针对性的面试通知内容，包括面试的时间、地点、路线、求职者能否按时参加面试等，确保求职者及时接到通知并准时参加，保证招聘工作顺利进行。

在发放面试通知时，应设置分批次的面试时间，避免多名求职者在相同时间进行面试，延长求职者等候的时间。

1. 电话通知面试的内容

电话通知是面试通知发出的常用方式，采用该种方式能够保证信息传达的及时性，并能通过电话进行简单的沟通，以对求职者的情况有初步的了解。

招聘工作人员在电话通知求职者参加面试时，应按照表 7-18 的流程进行操作。

表 7-18　电话通知面试的流程

步骤	相关范例
确定对方后自报家门	"您好，请问你是××吗？这里是××公司人力资源部，收到您发来的应聘我公司××职位的简历，现通知您来参加面试"
通知面试时间、地点、交通方式	"请您于本周五上午 10：00 点参加面试，面试的地点及交通方式稍后会以短信的形式发送至您的手机"
通知求职者应携带的材料	"请您在参加面试时携带个人简历及相关职业资格证书复印件"

（续表）

步骤	相关范例
通知注意事项后结束通话	"请您准时参加面试，如面试时间发生变化我们会及时通知您，您有什么问题可以拨打电话×××找王小姐咨询"

此外，在电话通知的过程中，资深的招聘工作人员还可以有意识地开展一次简单的电话面试，以初步考查求职者对应聘岗位的了解程度、以往工作经历等情况。

招聘工作人员在电话通知面试的过程中，应注意以下四个事项，如图7-9所示。

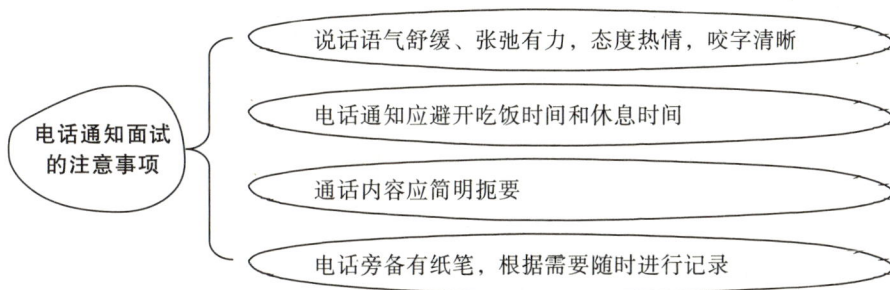

图7-9　电话通知面试的注意事项

2. 电子邮件通知面试的内容

由于在电话通知面试的过程中，求职者不方便记录面试的时间和地点，因此很多企业会将面试通知以电子邮件的形式发送给求职者，在电子邮件中注明面试的时间、地点和相关注意事项，便于求职者参加面试。以下是某公司通过电子邮件发送的面试邀请信范例，供读者参考。

面试邀请信

××先生/女士：

　　您好！

　　感谢您对本次招聘的关注，经初步筛选，您已获得本企业＿＿部门＿＿职务的面试资格，特向您发出面试邀请。

　　特邀您于＿＿年＿月＿日（上/下）午＿时＿分到我公司参加面试，面试地点为×××市×××区×××路×××号＿＿室，面试时请您携带个人简历（纸质）一份。

　　为保证面试工作的顺利进行，请您务必于接到邮件三个工作日内确认是否能够参加面试，否则视为自动放弃。

　　请您通过以下方式进行面试确认。

（续）

> （1）回复本邮件，在邮件正文内注明您能否参加面试。
>
> （2）登录××网校园招聘频道，在"××企业面试确认信"下单击"接受面试安排"。
>
> 如您确认参加面试，请关注我公司近期发送的邮件通知！
>
> ××公司人力资源部
> ＿＿年＿月＿日

3. 短息通知面试的内容

因考虑到求职者不方便上网接收邮件或不方便接听电话，招聘工作人员还可以使用手机短信的形式通知求职者参加面试，范例如下。

手机短信发出的面试通知范例

××先生/女士：

　　您的简历已通过××公司的初步审核，现通知您于＿＿年＿月＿日（上/下）午＿时＿分到本公司参加面试。面试地点为×××市×××区×××路×××号＿＿室。

　　如有疑问请拨打电话×××咨询王女士。

4. 招聘网站自带通知的内容

招聘网站收取的简历通过网络平台的初筛或人工初步审查后，招聘工作人员可以直接单击招聘网站提供的求职者简历后的"发放面试通知"功能选项，即可由招聘网站自动向求职者发放面试通知信函。通知信函的具体内容可参照如下范例进行撰写。

招聘网站自带面试通知信函范例

××先生/女士：

　　您好！

　　经初步筛选，您已获得××公司＿＿＿＿＿＿部门＿＿＿＿＿＿职务的面试资格，请您于＿＿＿年＿月＿日（□上　□下）午＿时＿分至本公司参加面试。

　　请您务必于接到通知的七个工作日内确认是否能够参加面试，否则视为自动放弃。

××公司人力资源部
＿＿年＿月＿日

第8章 猎头招聘实训

8.1 猎头招聘选择

8.1.1 适合猎头招聘的职位

猎头公司的招聘对象为各行业优秀的高级管理人才，企业适合猎头招聘的职位主要是实践经验丰富、业绩表现出色的高素质高级管理人才。通常，企业以下职位适合采用猎头招聘方式进行招聘，如图8-1所示。

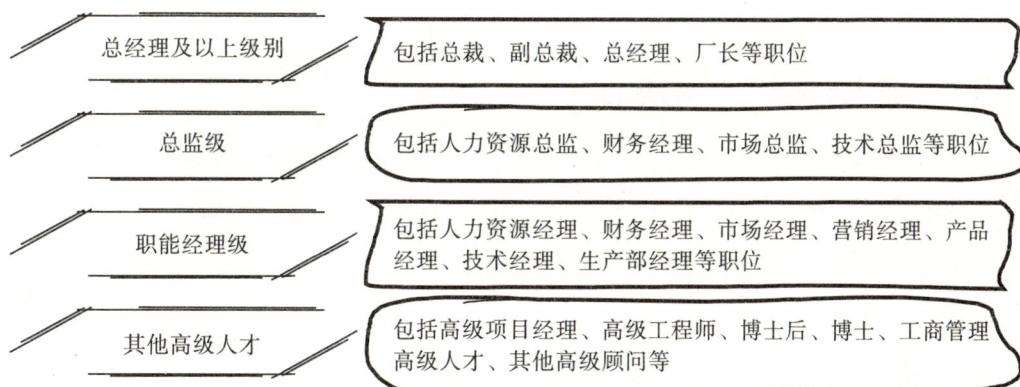

总经理及以上级别	包括总裁、副总裁、总经理、厂长等职位
总监级	包括人力资源总监、财务经理、市场总监、技术总监等职位
职能经理级	包括人力资源经理、财务经理、市场经理、营销经理、产品经理、技术经理、生产部经理等职位
其他高级人才	包括高级项目经理、高级工程师、博士后、博士、工商管理高级人才、其他高级顾问等

图8-1 适合猎头招聘的职位

8.1.2 猎头招聘的时机选择

猎头招聘是企业常见的外部招聘方式之一，企业在恰当的时机进行猎头招聘，可降低招聘成本，节约企业人力物力，并有利于招聘到不能公开招聘的、在外地的、难招的及企业迫切需要的人才。通常，当企业需要招聘下列人才时，应适时选择猎头招聘方式进行招聘，具体如表8-1所示。

表8-1 猎头招聘时机选择

需招聘人才	选择说明
招聘高级人才	通常高级人才不会参与招聘广告的应聘，在网上或招聘会上很难找到他们的简历，需要采用猎头这一特殊途径进行招聘

（续表）

需招聘人才	选择说明
招聘紧急需求人才	通常猎头有比企业内部更广泛的人脉资源，在紧急的情况下，用猎头招聘的效率会更高
招聘竞争对手相关人才	企业招聘人员直接去联络竞争对手的候选人往往比较敏感，通过猎头可以更好地维持与竞争对手之间的和谐关系
不能公开招聘的人才	有些职位人员可能还未离职，为避免企业内部矛盾，不能公开招聘，这时企业可采用猎头招聘方式进行招聘
招聘外地人才	企业所需的人才有些在本地比较紧缺，传统招聘渠道很难奏效，因此需选择专业猎头公司进行招聘
招聘难招的人才	企业通过多次公开招聘，采用了各种招聘方式后，仍招聘不到满意人才时，可选择猎头招聘方式进行招聘

8.1.3 猎头招聘的合作对象选择

猎头招聘的合作对象即猎头公司与猎头顾问，二者的服务能力与服务水平直接关系到聘用人才的质量，因此，企业在选择猎头公司及猎头顾问时，应对猎头公司进行综合考查，对猎头顾问进行全面了解，慎重地做出选择。

1. 选择猎头公司

选择猎头公司是企业应用猎头招聘方式进行招聘的第一步，企业在选择猎头公司时应对以下六点事项进行考查，确保选择的猎头公司信誉良好、服务优质、收费合理。

（1）猎头公司是否具有合法的资质

选择合法正规的经营机构，是选择猎头公司最基本的要求。企业招聘人员应对猎头公司的营业执照或者税务登记证进行检查，确认其经营范围中是否有人才中介服务的项目，以及是否具有人才中介服务许可证。人才中介服务许可证是国家对于人才中介机构经营的特许批准，选择的猎头公司有人才中介服务许可证，对日后合作中的人才服务质量会有一个基本的保证。

（2）猎头公司是否具有较高的综合实力

实力是提供高质量服务的基础。企业招聘人员一般可从公司背景、经营时间、媒体宣传、员工数量、人才库数量和质量、办公环境等方面对猎头公司的实力水平进行判断，选择实力较雄厚的猎头公司。

（3）服务客户的层次

从猎头公司曾经为什么样的客户提供过什么样的服务，可以判断出该公司的服务质量。如果猎头公司曾为众多大型著名企业做过高级人才搜寻服务，甚至是多家企业长期并唯一合作的猎头公司，那么，该公司会是一个可以信赖的公司。

（4）公司的团队层次及猎头顾问的素质

猎头公司能否很好地提供服务，很大程度上取决于良好的内部分工和配合的机制。如猎头公司内部有明确的分工和配合，且拥有一支高素质、有竞争力的团队，那么，该公司的服务会比较有保障。

（5）服务流程是否全面规范

猎头公司应有完整、合理、严密的规范化操作流程。规范化操作流程包括招聘前对客户进行调查，把握客户的真实需求；招聘中进行候选人背景调查，保证推荐人选的真实可靠性；推荐人选入职后提供后续服务，对企业和人选进行长期的服务跟踪。

（6）服务费用是否符合行业标准

猎头公司的收费标准一般为招聘岗位年总收入的30%。在操作中，有时会综合公司背景、行业领域、岗位职责、业务操作难度等相关因素做适当的小幅度调整，但一般不会低于招聘岗位年总收入的20%。企业与猎头公司签订委托协议后，猎头公司一般会要求企业支付一定比例的定金，作为合同执行的保证。

2. 选择猎头顾问

选择猎头公司后，企业招聘人员仍需要选择猎头顾问。企业招聘人员在选择猎头顾问时，一般应对猎头顾问以下四项素质进行考查，确保选择的猎头顾问素质较高，能够较好地理解企业要求，按时推荐合适的人才。选择猎头顾问应考查的项目如表8-2所示。

表8-2 选择猎头顾问应考查的项目

考查项目	具体说明
是否能保守秘密	◆ 通过猎头公司寻找高级人才，是企业的一项商业活动。猎头公司及猎头顾问应该保守企业的商业秘密 ◆ 保守秘密还体现在保守被猎人才的秘密，因为被猎人才大多数属于企业的高级管理人才，并在本职岗位中承担着重要的工作，如果猎头顾问不能够保守被猎人才的秘密，很可能会对被猎人才造成伤害 ◆ 保守秘密是猎头从业人员最起码的职业操守，优秀的猎头顾问应该能够很好地处理猎取和保密的关系，尽量减少猎取过程中可能出现的负面影响
是否诚实	◆ 由于寻找人才的工作一直处于保密状态，所以猎头顾问是否诚实尤为重要。只有诚实的猎头顾问才能获得客户的信任

（续表）

考查项目	具体说明
是否善于沟通	◆ 如猎头顾问不善于沟通，就很难让被猎者全面了解企业的情况，或者让被猎者对企业产生良好的印象 ◆ 一位善于沟通的猎头顾问，一般具有把握人心理的超强能力，在行业中有丰富的经验，能够让被猎者对其真诚地表露自己的想法和意愿，这是进一步说服被猎者的前提条件
是否有深厚的人事经验和职业咨询能力	◆ 如果猎头顾问具有深厚的人事经验，那么意味着他拥有一个巨大的人力资源网络，这个网络可以让他获取很多企业的人才信息 ◆ 深厚的人事经验也可以让猎头顾问在分析被猎者与现在企业聘用关系方面游刃有余，在猎取时不会让被猎者有过多的后顾之忧 ◆ 深厚的人事经验可以让猎头顾问具备一定的职业咨询能力，如果猎头顾问能够向被猎者透彻地分析职业发展放心，并让被猎者信服，那么猎取工作就算成功了一半

8.2 猎头招聘实施流程

8.2.1 需求分析

需求分析是指企业采用猎头招聘方式进行招聘时，猎头公司对企业需求的分析。猎头公司通过需求分析，可以了解企业所需人才的能力、素质要求，了解企业招聘需要，有利于招聘到适合企业需要的人才。需求分析的内容包括企业所需人才分析、企业目标人才分析、企业招聘要求分析三项。

1. 企业所需人才分析

企业所需人才分析包括招聘岗位的岗位职责分析与任职资格分析两项，企业招聘人员应协助猎头顾问完成所需人才分析工作，如图8-2所示。

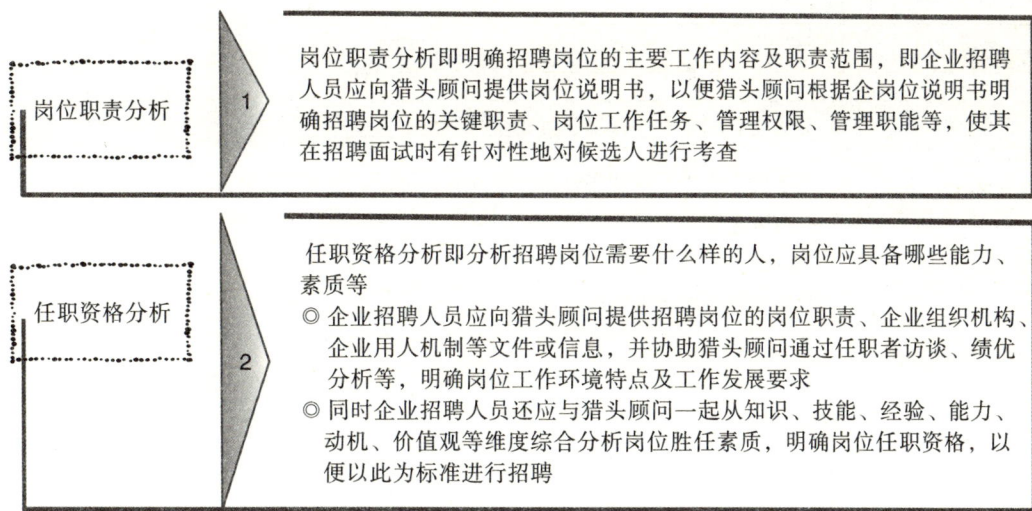

岗位职责分析 ① 岗位职责分析即明确招聘岗位的主要工作内容及职责范围，即企业招聘人员应向猎头顾问提供岗位说明书，以便猎头顾问根据企岗位说明书明确招聘岗位的关键职责、岗位工作任务、管理权限、管理职能等，使其在招聘面试时有针对性地对候选人进行考查

任职资格分析 ② 任职资格分析即分析招聘岗位需要什么样的人，岗位应具备哪些能力、素质等
◎ 企业招聘人员应向猎头顾问提供招聘岗位的岗位职责、企业组织机构、企业用人机制等文件或信息，并协助猎头顾问通过任职者访谈、绩优分析等，明确岗位工作环境特点及工作发展要求
◎ 同时企业招聘人员还应与猎头顾问一起从知识、技能、经验、能力、动机、价值观等维度综合分析岗位胜任素质，明确岗位任职资格，以便以此为标准进行招聘

图8-2　企业所需人才的岗位职责与任职资格分析

2. 企业目标人才分析

企业目标人才一般为竞争对手或同行业的人才，企业招聘人员应与猎头顾问详细说明企业目标人才范围，并协助其分析目标人员特质，使其明确企业人才标准，在条件许可的情况下，在目标范围内开展招聘，提高招聘的效率。

3. 企业招聘要求分析

企业招聘要求包括人员能力素质要求、人员上岗时间要求、薪资标准水平等，企业招聘人员应详细告知猎头顾问企业招聘要求信息，并与猎头顾问共同对要求信息进行分解与分析，使猎头顾问明确企业招聘要求，以便其按企业要求开展具体招聘工作。

8.2.2　发布信息

猎头顾问明确企业需求后，应根据与企业签订的合同，在规定的时间内发布招聘信息，以便更快、更广地搜寻人才。招聘信息发布相关事项的说明如下所述。

1. 信息发布方式

猎头招聘的招聘信息发布方式主要是网络，常见招聘信息发布网站有各大人才招聘网站、专业猎头网站、猎头公司自己的网站等。猎头顾问会在自己公司的网站上发布招聘信息，以便专业人员浏览，扩大人才搜寻的广度。

2. 信息发布内容

猎头顾问发布的招聘信息应全面、具体、详细、易懂，要能够使应聘人员全面了解招聘信息，给应聘人员留下良好的印象。通常，猎头顾问发布的招聘信息应包括以下几项内容，如表 8-3 所示。

表 8-3　猎头招聘信息发布的内容

项目	具体说明
基本信息	基本信息包括企业所属行业、岗位所属部门、企业性质、工作地点、职位年薪、联系方式等
职位描述	职位描述包括岗位职责和任职资格两个方面 ◆ 岗位职责要概括说明岗位的工作内容，要有重点、有逻辑 ◆ 任职资格应详细，要写明学历、工作年限、行业工作经验、专业技能、通用技能等
岗位要求	岗位要求包括语言要求、年龄要求、性别要求、专业要求等
企业介绍	企业介绍包括企业的业务范围、企业发展状况、企业规模、企业未来发展方向和企业文化等（不可以出现企业名称信息）

企业招聘人员可对猎头公司招聘信息的发布范围、宣传力度进行考查，对信息发布内容的有效性、全面性、保密性等进行检查，保证信息发布范围较广，信息全面有效，提高猎头招聘质量与效率。

8.2.3　筛选简历

简历筛选是招聘的重要步骤之一，有效地对简历进行筛选，有利于减少招聘工作的工作量，从而提高招聘效率。简历的构成要素一般包括基本信息、自我评价、求职意向、工作经验、教育经历、培训经历、证书、附件信息等。

招聘信息发布后，猎头顾问应对主动搜索或投递的简历依次进行筛选，对无法判定的简历，可征求企业招聘人员的意见。同时，企业招聘人员应对简历筛选过程进行检查与监督，保证筛选的简历符合岗位要求，提高招聘效率。

简历筛选程序主要包括以下六步。

1. 查看客观内容

查看客观内容主要包括个人信息筛选、受教育程度筛选、工作经历考查和个人成绩考查四个方面。

（1）个人信息筛选。猎头顾问筛选对硬性指标（性别、年龄、工作经验、学历）要求较严格的职位简历时，如其中一项不符合职位要求，则要快速筛选掉；如招聘职位对硬性指标的要求不是很严格，猎头顾问应结合年龄、学历、工作经验进行进一步筛选。

（2）受教育程度筛选。猎头顾问在查看求职者受教育经历中，要特别注意求职者是否用了一些含糊的字眼，比如有无注明大学教育的起止时间和类别等；在查看求职者培训经历时要重点关注专业培训、各种考证培训情况，主要查看专业（工作专业）与培训的内容是否对口。

（3）工作经历考查。求职者工作经历是查看的重点，也是评价求职者基本能力的视点，猎头顾问应从以下几方面对求职者的工作经历进行分析与筛选，如图8-3所示。

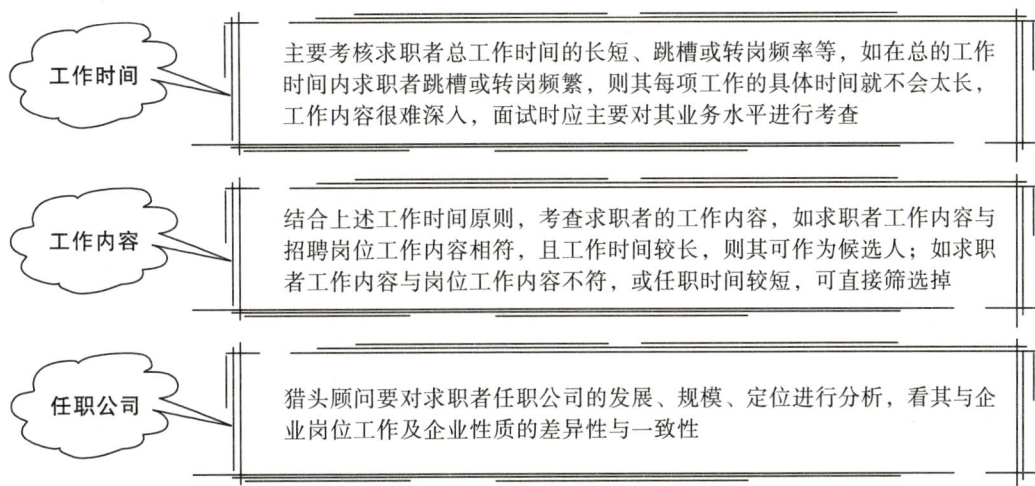

图8-3 求职者工作经历分析与筛选

猎头顾问要结合以上内容，分析求职者所述工作经历是否属实、有无虚假信息，如属实可继续考查，不属实则可直接筛掉。

（4）个人成绩考查。主要查看求职者所述个人成绩是否适度，是否与职位要求相符。如相符且适度，则可继续考查，如不相符或过度夸大，则可综合分析后筛选掉。

2. 查看主观内容

主观内容包括求职者对自己的评价性与描述性内容，如自我评价、个人描述等。其主要查看求职者自我评价或描述是否适度，是否属实，并找出这些描述与工作经历描述中相矛盾或不符、不相称的地方。如可判定求职者所述主观内容不属实，并且有较多不符之处，可直接筛选掉。

3. 初步判断简历是否符合职位要求

初步判断简历是否符合职位要求的步骤如图8-4所示。

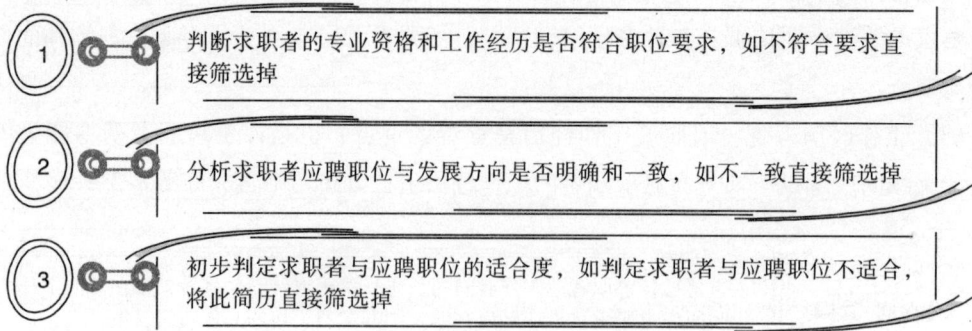

图 8-4　初步判断简历是否符合职位要求的步骤

4. 全面审查简历中的逻辑性

初步判定后，猎头顾问应主要对求职者的工作经历和个人成绩进行审核，要特别注意描述是否有条理、是否符合逻辑、工作时间是否连贯性、是否反映一个人的水平、是否有矛盾的地方，并找出相关问题。如判定求职者简历完全不符合逻辑的，直接筛选掉。

5. 查看求职者薪资期望值

逻辑性审查后，猎头顾问需查看求职者期望薪资与招聘职位薪资大体匹配程度，可将其作为参考之一。

6. 最终判定

猎头顾问应结合以上内容，最终判定简历是否符合职位要求，如不能做出判定，可通过电话面试进行筛选或征求企业招聘人员的意见。简历合格的，可与求职者约定初步面试时间。

8.2.4　初步面试

面试是在特定的地点与时间，由猎头顾问（有时包括企业招聘专员）与求职者按照预先设计好的目标和程序进行面谈，相互观察、相互沟通促进了解的过程。简历筛选后，猎头顾问应邀请求职者进行初步面试，通过初步面试判断求职者的简历信息是否属实，明确求职者与招聘岗位的匹配程度。

1. 初步面试考查要点

初步面试是面试的第一阶段，猎头初步面试考查的要点主要包括图 8-5 所示的六项。

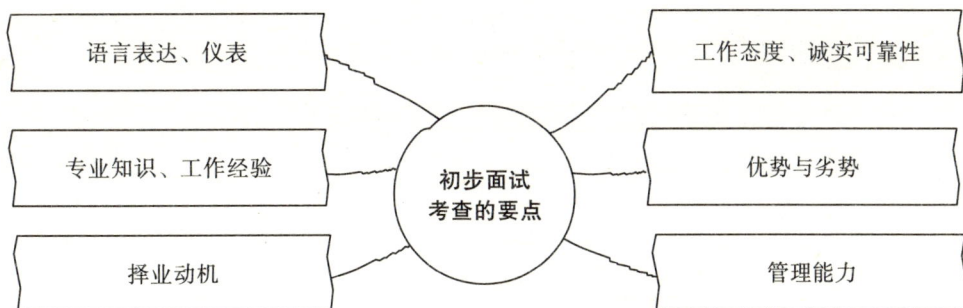

图 8-5 初步面试考查的要点

2. 初步面试的实施流程

初步面试的方式主要是一对一结构化面试或半结构化面试，初步面试实施流程主要包括七步，具体如表8-4所示。

表 8-4 初步面试实施流程

序号	实施流程	具体说明
1	寒暄与问候	◆ 寒暄与问候是初步面试的第一步，面试人员有效地进行寒暄与问候，有利于给候选人留下良好的印象，提高面试成功率 ◆ 面试人员可以使用以下语言开始寒暄与问候： 　"王总，您好！我是小张，这是我的同事小李，现在主要由我们来负责××公司的项目。这是我的名片，请多多指教。今天约您过来是想了解一下您的个人情况……"
2	硬性条件考查	◆ 硬性条件包括工作年限、以往所在企业的性质、具体的职责特点、掌握的职业技能、英语程度、计算机能力等，可以从全面性和真实性方面进行考查 ◆ 全面性可以通过让候选人陈述和面试人员追问的方式了解；真实性可以通过行为面试法进行测评 ◆ 使用行为面试法进行面试，面试人员首先要明确目标职位的关键胜任特质，然后在候选人过去的经历中探测与关键胜任特质有关的行为样本，在胜任特质的层次上对候选人做出评价。通过对相关行为的情景、目标、行动、结果的提问，了解和判断候选人在未来类似情景中的行为表现

（续表）

序号	实施流程	具体说明
3	软性条件考查	◆ 软性条件包括领导能力、团队合作能力、沟通能力、管理技能、成就感等，不同的职位有不同的软性条件要求，面试人员可以根据具体情况设置。一般在面试中，面试人员可以通过观察和设置某些场景进行提问 ◆ 软性条件考查问题举例 ①管理技能：您的管理风格是什么？您是如何管理您的下属的 ②成就感：您觉得这份工作什么最让您有成就感？可以跟我们讲讲吗
4	择业动机考查	◆ 择业动机考查可以让候选人客观评估自己，明确职业目标，同时判定候选人个人规划与招聘企业的发展方向是否一致 ◆ 择业动机考查问题举例 离职原因：您离开原公司的原因是什么？您为什么现在想换工作 职业发展：您怎样看待自己的职业发展机会 职业期望：您现在的薪酬待遇如何？您的薪酬要求是多少
5	企业介绍	◆ 企业介绍可以激发候选人的兴趣点，获得候选人的信任 ◆ 面试人员可分三个层次进行介绍：第一，大致介绍企业的基本情况，如规模、发展历程、业绩，地址等；第二，突出企业的优势；第三，指明目前企业可能存在的弱势
6	面试结束	面试结束后，面试人员要对候选人的到来表示感谢，并向他简单说明后续推荐工作的时间安排，同时温馨提醒他如在各人才网站投送过简历，在推荐期间请他屏蔽一下并说明原因
7	确定面试结果	面试人员应根据候选人的表现及企业的硬性及软性要求，对其进行综合评定，判定其能否参加正式面试

8.2.5 正式面试

初步面试后，猎头顾问应根据初步面试的结果，通知合格候选人正式面试。正式面试主要对候选人的管理能力、专业知识与技巧、工作成就等进行考查。

1. 正式面试的方法

合适的面试方法可以全面地对候选人进行考查，提高用人决策准确度。猎头常见的正式面试方法主要有结构化面试、非结构化面试、半结构化面试、行为描述面试、压力面试等，各种方法的特点及适用范围如表8-5所示。

表8-5 各种正式面试方法的特点及适用范围

面试方法	特点	适用范围
结构化面试	标准化、程序化	对教育背景、工作经验等客观因素的考查
非结构化面试	确定面试的大致内容，随意性较强	对个人能力、综合素质等主观因素的考查
半结构化面试	结合结构化与非结构化两种面试方法	适用范围较广
行为描述面试	与过去的工作内容和绩效有关的行为事件的描述	适用范围较广
压力面试	面试考官故意制造压力	适用于对心理素质要求较高的工作岗位

2. 正式面试程序

猎头招聘正式面试的面试考官一般为猎头公司高层主管（有时包括企业招聘主管）。通常，在正式面试开始前，面试考官应明确面试程序，并按程序要求进行面试。猎头正式面试的程序为选择面试方法、设计面试题目、进行面试、确定面试结果、进行简历指导五步，具体说明如图8-6所示。

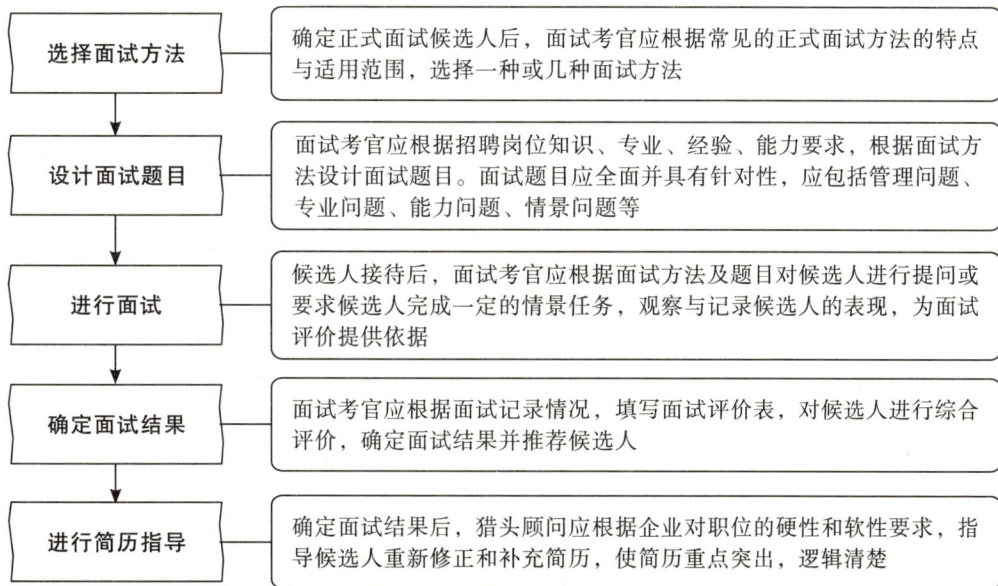

图8-6 猎头正式面试的程序

在猎头公司初步面试及正式面试中，企业招聘人员应根据招聘需要协助猎头公司完成面试工作，并对面试过程进行监督，掌握猎头招聘进度。

8.2.6　推荐报告

确定推荐候选人后，企业招聘人员应与猎头顾问说明推荐报告的内容及要求，猎头顾问应按企业要求编写推荐报告，并报企业审核。

通常，猎头推荐报告应包括候选人基本信息、候选人的知识与技能结构、候选人工作经历与主要业绩、候选人个性特征与管理风格、候选人优势与劣势、推荐建议等内容，以便企业全面地对候选人进行考查。以下为猎头公司候选人推荐报告模板，供读者参考。

猎头公司候选人推荐报告（模板）

为了让您对候选人有一个更加全面和细致的了解，为了节约您宝贵的面试时间，提高您对候选人综合判断的准确性，将候选人更加真实和内在的一面呈现在您的面前，我们特向您提交本报告。

本报告共分为以下七大部分。

第一部分：候选人基本信息

第二部分：候选人的知识与技能结构

第三部分：候选人的过往经历与主要业绩描述

第四部分：候选人的个性特征与管理风格倾向

第五部分：候选人的优劣势分析

第六部分：候选人的核心胜任力构成

第七部分：推荐建议

第一部分：候选人基本信息

姓名：　　　　　　　　　　　　　　性别：

出生日期：　　　　　　　　　　　　户籍：

婚姻状况：　　　　　　　　　　　　民族：

推荐职位：　　　　　　　　　　　　期望年薪：

第二部分：候选人的知识与技能结构

一、教育经历

___年__月_日 _____学校 _____专业 _____学历。

二、培训经历

___年__月 _____培训。

三、职称、技能与特长

1. 职称（略）

2. 语言（略）

（续）

3. 计算机技能（略）

第三部分：候选人的过往经历与主要业绩描述

___年__月 _____地区 _____企业 _____职务

1. 汇报对象（略）

2. 下属人数（略）

3. 主要工作业绩（略）

第四部分：候选人的个性特征与管理风格倾向

该候选人主要符合以下四项个性与行为特征。

1. 影响性

在工作和生活中习惯采用各种方法和策略去影响他人。

2. 情感性

敏感。对事物的判断较容易受自己的情感和价值观影响。

3. 独立性

自立自强，当机立断。倾向于独立解决问题和做出自己的选择和决定。

4. 自律性

自律谨慎。通过对事情的事先计划和准备来对事情进行控制。有十分清晰的个人标准，并认为以此来规划自己的行为很重要。

第五部分：候选人的优劣势分析

1. 优势（略）

2. 劣势（略）

第六部分：候选人的核心胜任力构成

该候选人核心胜任力包括人际理解力、影响力、沟通协调能力、团队领导能力、责任感、思维能力、计划组织能力等。

第七部分：推荐建议

×先生具有多年的××类企业信息化建设和管理经验，同时具有较长时间的基层工作经验，同时具备软件开发的能力，其不仅可以胜任信息化建设工作，同时也能对基本的维护与管理和企业内部软件开发起到一定的作用。×先生的加入，不仅可以对公司现有的系统进行维护和管理，同时更可以在现有的基础上设计相应的信息化解决方案。因此，我们建议将×先生定位为贵公司的××职位。

8.2.7　企业审核

企业招聘人员应对猎头顾问提交的推荐报告的真实性、有效性、全面性等进行审查与评定，并根据审核结果对候选人做出判断。企业推荐报告审核的内容主要包括六项，如图8-7所示。

内容1	→	推荐报告的内容是否全面、详细
内容2	→	推荐报告的信息是否真实、可靠
内容3	→	候选人的年龄、学历、工作年限等基本信息是否符合岗位要求
内容4	→	候选人的工作经验、工作业绩是否符合岗位要求
内容5	→	候选人的优劣势、胜任能力是否与岗位工作匹配
内容6	→	候选人的个性特征、管理风格是否符合岗位需要，适合企业文化

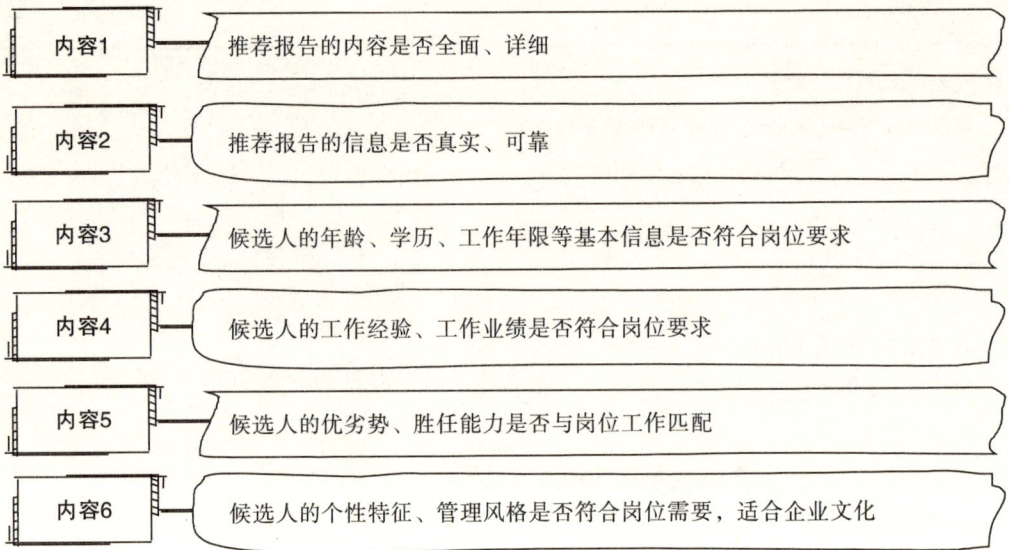

图 8-7　企业推荐报告审核的内容

8.2.8　企业面试

企业招聘人员审核推荐报告后，应根据推荐报告的审核结果，确定面试人员名单，并将其告知猎头顾问，由猎头顾问与候选人沟通企业面试信息。

企业面试在猎头招聘中是最重要的一环，它决定着招聘的人才是否可用，决定招聘工作完成与否。人力资源部在企业面试前应做好面试准备，并组织实施面试工作。

1. 面试准备

企业面试前，人力资源部应做好面试准备，以便面试工作顺利进行。企业面试准备事项主要包括以下三项，具体如图 8-8 所示。

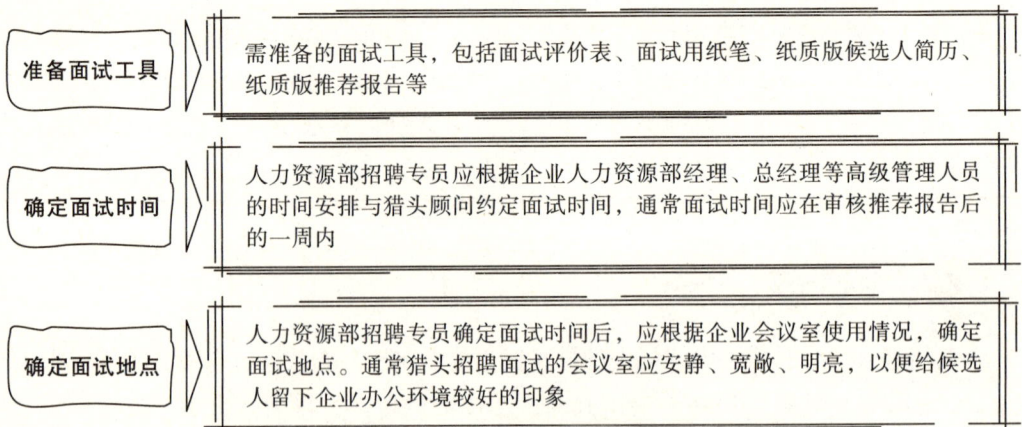

准备面试工具	▷	需准备的面试工具，包括面试评价表、面试用纸笔、纸质版候选人简历、纸质版推荐报告等
确定面试时间	▷	人力资源部招聘专员应根据企业人力资源部经理、总经理等高级管理人员的时间安排与猎头顾问约定面试时间，通常面试时间应在审核推荐报告后的一周内
确定面试地点	▷	人力资源部招聘专员确定面试时间后，应根据企业会议室使用情况，确定面试地点。通常猎头招聘面试的会议室应安静、宽敞、明亮，以便给候选人留下企业办公环境较好的印象

图 8-8　企业面试准备事项

2. 面试实施

企业面试实施包括面试接待、初试、复试、面试结果确定四步，每一步骤的详细说明如表8-6所示。

表8-6　面试实施步骤说明

序号	步骤	具体说明
1	面试接待	面试人员到来后，人力资源部招聘专员应接待候选人，将其引至面试地点，为其奉上茶水，并告知其正式面试时间，请其稍等
2	初试	◆ 初试工作一般由人力资源部经理负责，人力资源部经理应在面试正式开始前设计好面试问题 ◆ 在面试开始后，采用提问式面试、情景式面试、讨论式面试、测评式面试等对候选人的基本信息、个性特征、能力水平等进行考查，并确定候选人是否有资格参加复试
3	复试	◆ 复试工作一般由企业总裁、总经理、副总经理等高级管理人员负责。复试方式通常为直觉式面试、交谈式面试、以行为为基础的面试等 ◆ 复试人员应在复试前确定复试程序，并按程序进行面试，面试中重点对候选人的胜任能力进行考查与评价，填写面试评价表
4	面试结果确定	复试后，人力资源部经理应将复试人员的面试评价信息汇总，并将其报复试人员，由其讨论确定面试结果

8.2.9　确认试用

面试结果确认后，人力资源部应确定试用人员名单，并与猎头顾问联系，将试用名单告知猎头顾问，以便猎头顾问与候选人联系，与企业共同安排候选人试用事宜。

通常，试用确认工作事项主要包括确定试用期限、明确录用需提交的材料、办理入职手续、员工试用与考核等，如表8-7所示。

表8-7　试用确认工作事项

事项	具体说明
确定试用期限	试用期限应根据劳动合同期限确定。根据法律规定，劳动合同期限三个月以上不满一年的，试用期不得超过一个月；劳动合同期限一年以上不满三年的，试用期不得超过两个月；三年以上固定期限和无固定期限的劳动合同，试用期不得超过六个月

（续表）

事项	具体说明
明确录用需提交的材料	决定录用后，企业招聘专员应与试用人员联系，告知试用人员办理入职应提交的材料，以便顺利入职。一般入职需提交的材料主要包括身份证复印件、学历学位资格证书复印件、免冠照片、离职证明、体检材料等
办理入职手续	◆ 试用员工交付相关资料后填写"员工登记表"，由招聘专员为试用员工建立个人档案，发放考勤卡等 ◆ 人力资源部组织试用员工在自愿、平等、协商一致的基础上签订劳动合同
员工试用与考核	◆ 试用员工入职后，人力资源部对其进行企业规章制度、企业文化等方面的培训，同时，试用员工在录用岗位上开展工作，企业开始对试用员工进行试用 ◆ 试用期结束后，人力资源部应根据试用岗位，对试用员工试用期的工作表现、工作业绩、工作能力等进行考查，确定试用员工是否能够胜任岗位工作

8.2.10　支付款项

款项支付即猎头公司服务费的支付。员工试用结束后，如员工试用合格，则企业应按签订的合同支付猎头公司相应数额的服务费；如员工试用不合格，则企业可按合同的约定，支付部分费用或要求猎头公司继续为企业招聘。

通常，猎头招聘款项支付方式如图8-9所示。

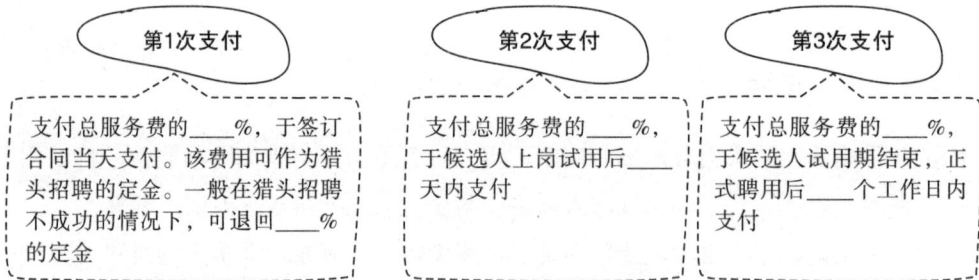

```
第1次支付
支付总服务费的____%，于签订
合同当天支付。该费用可作为猎
头招聘的定金。一般在猎头招聘
不成功的情况下，可退回____%
的定金

第2次支付
支付总服务费的____%，
于候选人上岗试用后____
天内支付

第3次支付
支付总服务费的____%，
于候选人试用期结束，正
式聘用后____个工作日内
支付
```

图8-9　猎头招聘款项支付方式

8.2.11　正式聘用

试用结束后，试用合格的人员可留在企业继续任职，人力资源部应按签订的劳动合同为其办理正式聘用手续。正式聘用事项主要包括办理转正手续、更新员工档案、落实合同事项等，具体如表8-8所示。

表8-8　正式聘用事项

事项	具体说明
办理转正手续	◆ 正式聘用人员应填写转正相关表单，如"试用期工作总结""转正申请审批表"等，依此为转正的依据。这些表单有利于人力资源部为其建立完善的员工档案 ◆ 试用员工转正后，人力资源部经理或总经理等高级管理人员应组织对试用人员进行转正面谈，对下一步工作计划进行交流与探讨等
更新员工档案	人力资源部应按规定更新员工岗位、职级、员工性质、工资水平、福利待遇等信息，更新员工档案
落实合同事项	人力资源部应按企业薪酬福利管理办法，落实正式聘用员工工资、福利、补贴津贴等事项

8.3　猎头招聘评估

8.3.1　猎头招聘的收益评估

猎头招聘收益是指企业使用猎头这一招聘方式进行招聘时获得的显性收益及隐性收益等。人力资源部对猎头招聘收益进行评估，有利于明确猎头招聘的好处，优化企业招聘渠道，从而降低招聘成本，节约企业管理成本。猎头招聘的收益评估说明如表8-9所示。

表8-9　猎头招聘的收益评估说明

项目	构成	评估说明
显性收益	节约的招聘时间成本	◆ 企业将合适的招聘岗位外包给猎头公司，可节约招聘人员时间，招聘人员可用这段时间完成其他工作 ◆ 猎头招聘为主动出击式的招聘，猎头招聘可以迅速锁定寻访的范围，可为企业较快地招聘到合适的人才，缩短招聘时间
	节约的招聘成本	◆ 企业将合适的招聘岗位外包给猎头公司，可节约信息发布费用，减少简历筛选时间，节省初步面试费用，从而节约招聘成本 ◆ 猎头顾问选聘的候选人上岗后，猎头公司会为其提供一系列的后续保障服务，帮助候选人尽快适应企业，从而避免招聘失败，提高招聘的准确性，降低招聘成本
	新员工为企业创造的价值	猎头公司主要从企业竞争对手和相关公司近似职位寻访人才，因此，猎头寻访到的人才通常会比较符合企业的要求，人才能很快上手，在工作岗位上为企业创造价值

（续表）

项目	构成	评估说明
隐性收益	避免与竞争对手的摩擦	企业应用猎头招聘高级人才，可以避免与竞争对手的直接接触，减少企业在行业内的敌人
	软性广告宣传	企业应用猎头招聘，可通过猎头顾问在行业内的寻访，为企业做软性广告宣传

　　猎头招聘后，企业招聘人员应对猎头招聘的显性收益进行计算，综合评估隐性收益，并编写猎头招聘收益评估报告，说明猎头招聘的好处，为优化招聘渠道管理工作提供依据。

8.3.2　猎头招聘的费用评估

　　猎头招聘的费用评估是指对猎头招聘过程中的费用进行调查、核算，并对照预算进行评价的过程。人力资源部对猎头招聘费用进行评估，可明确猎头招聘支出事项，有利于企业按各支出事项有针对性地进行招聘费用控制，从而降低招聘成本。猎头招聘费用主要由猎头公司找寻费用、猎头招聘服务费、选拔成本、录用成本、安置成本等构成，如表8-10所示。

表8-10　猎头招聘的费用评估

费用构成	说明	计算方法
猎头公司找寻费用	企业在考查猎头公司、选择猎头公司、询价议价中的支出	找寻费用 = 时间成本 + 资料费用
猎头招聘服务费	猎头公司为企业招聘人才，企业支付给猎头公司的佣金	◆ 服务费 = 招聘岗位年薪 × ____% ◆ 招聘岗位年薪 = 月薪 × 12（若有股权或期权方案，双方应另行协商折算成薪金的比例）
选拔成本	企业对应聘人员进行鉴别选择，决定录用或不录用哪些人员所支付的费用	选拔成本 = 选拔者面谈的时间费用 + 汇总申请资料费用 + 考试费用 + 测试评审费用 + 体检费
录用成本	录用成本是指经过招聘选拔后，把合适的人员录用到企业所发生的费用	录用成本 = 录取手续费 + 调动补偿费 + 搬迁费 + 旅途补助费
安置成本	安置成本是为安置已经被录取的员工到具体的工作岗位所发生的费用	安置成本 = 各种行政治理费用 + 必要装备费用 + 安置人员时间损失成本

　　其中，猎头招聘服务费为企业猎头招聘的主要费用支出，企业在与猎头公司签订合作合同前，应根据行业标准、招聘岗位的招聘难度、岗位年薪等，与猎头公司协商确定费用

标准，在保证招聘质量的同时，尽量降低服务费用。

同时，人力资源部在找寻猎头公司和选拔、录用、安置候选人时，应尽量简化程序，减少资料、装备等费用支出，提高工作效率，节约时间成本。

8.3.3 猎头招聘的风险评估

猎头招聘风险是企业在选择猎头合作对象、任用推荐人员工作中可能出现的风险。企业对猎头招聘风险进行评估，有利于明确猎头招聘的问题，发现猎头招聘的危害，从而提前采用有效措施，降低问题发生概率，减少风险损失。

人力资源部可从可能出现的问题、风险危害的大小、风险发生的概率和风险评估的方法四个方面对猎头招聘的风险进行评估。

1. 可能出现的问题

在猎头招聘过程中，一般可能会出现以下六项问题，从而导致招聘成本增加，或招聘人员不能胜任岗位工作等，具体如图 8-10 所示。

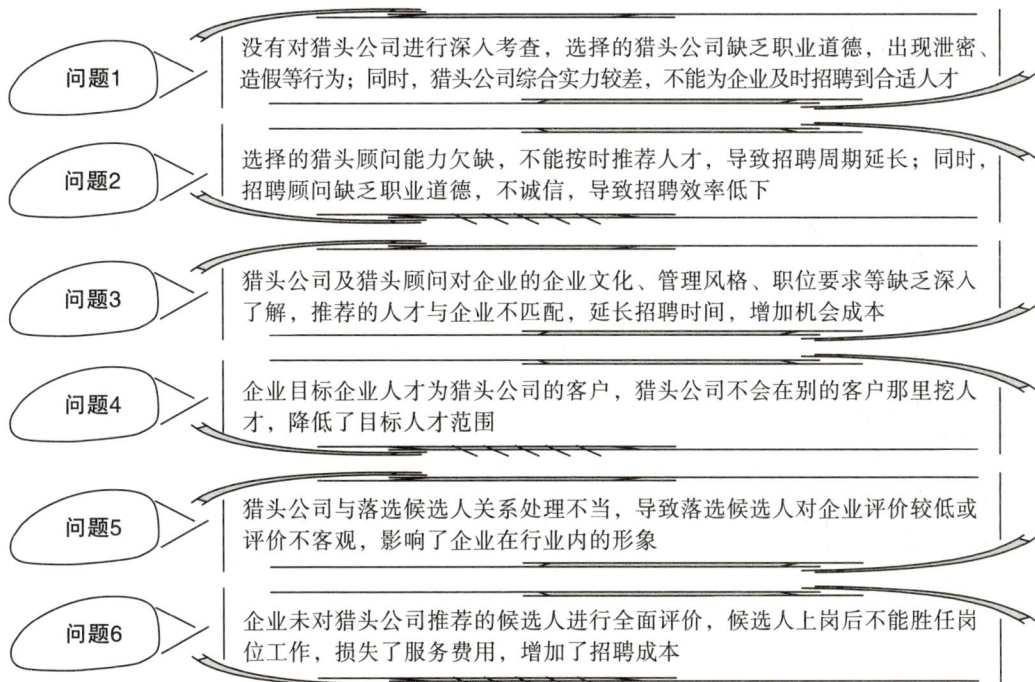

问题1	没有对猎头公司进行深入考查，选择的猎头公司缺乏职业道德，出现泄密、造假等行为；同时，猎头公司综合实力较差，不能为企业及时招聘到合适人才
问题2	选择的猎头顾问能力欠缺，不能按时推荐人才，导致招聘周期延长；同时，招聘顾问缺乏职业道德，不诚信，导致招聘效率低下
问题3	猎头公司及猎头顾问对企业的企业文化、管理风格、职位要求等缺乏深入了解，推荐的人才与企业不匹配，延长招聘时间，增加机会成本
问题4	企业目标企业人才为猎头公司的客户，猎头公司不会在别的客户那里挖人才，降低了目标人才范围
问题5	猎头公司与落选候选人关系处理不当，导致落选候选人对企业评价较低或评价不客观，影响了企业在行业内的形象
问题6	企业未对猎头公司推荐的候选人进行全面评价，候选人上岗后不能胜任岗位工作，损失了服务费用，增加了招聘成本

图 8-10　猎头招聘可能出现的问题

2. 风险危害的大小

猎头招聘各环节出现问题，会导致以下危害。

（1）猎头合作对象选择风险危害。合作对象选择不当，会延长招聘时间、降低招聘效率，从而增加企业机会成本和管理成本。

（2）与落选候选人关系处理不当风险危害。与落选候选人关系处理不当，可能会破坏企业形象，影响企业在行业的口碑，从而影响客户对企业的看法，对企业长远发展不利。

（3）未对候选人进行全面有效评价风险危害。候选人上岗前未对候选人进行全面有效评价，导致候选人不能很好地完成岗位工作，给企业带来损失，或降低了企业的生产力。

3. 风险发生的概率

猎头招聘关系到企业岗位工作能否顺利开展，关系到企业的生产力，企业如缺乏完善的猎头招聘管理办法，且未有效执行，风险发生概率较高。企业应建立完善的猎头招聘管理办法，对猎头合作对象进行深入考查，选择优秀的合作对象；加强与猎头的沟通，并对猎头进行监督，妥善处理与落选候选人的关系；面试中采用科学的方法对候选人进行考查，选择与岗位匹配的候选人，降低风险发生概率。

4. 风险评估的方法

猎头招聘风险评估常用方法主要有风险因素分析法、专家调查评价法、概率统计分析法、风险率风险评价法四种，具体说明如表 8-11 所示。人力资源部可根据企业招聘工作需要，选择其中一种或几种方法准确地对猎头招聘风险进行评估，从而有针对性地采取措施降低风险发生概率或风险损失。

表 8-11　猎头风险评估常用方法

方法	具体说明
风险因素分析法	该方法是指对可能导致风险发生的因素进行评价分析，从而确定风险发生概率大小。其一般步骤是：调查风险源→识别风险转化条件→确定转化条件是否具备→估计风险发生的后果→风险评价
专家调查评价法	该方法首先通过调查编制猎头风险因素调查表，然后根据专家经验对风险的重要性或发生可能性进行评判，得出综合风险水平
概率统计分析法	概率统计分析法是将猎头招聘风险的历史数据与概率分布进行分析与对比，得出目前猎头招聘风险水平的方法
风险率风险评价法	◆ 风险率风险评价法的基本思路是：先计算出风险率，然后把风险率与风险安全指标相比较，若风险率大于风险安全指标，则有风险；如两者数据相差越大，则风险越大 ◆ 风险率 = 风险发生的频率 × 风险发生的平均损失 风险安全指标是在大量经验积累及统计运算的基础上，确定的能够接受的最低风险率

第9章 招聘实务实训

9.1 招聘计划书的撰写

企业人力资源部在进行招聘工作前，需要制订详细的招聘计划，最终形成完整的书面招聘计划书，以便指导招聘的实施工作，确保各类人员的招聘工作有的放矢、有条不紊地顺利开展。

9.1.1 招聘计划书的撰写要点

1. 招聘计划书的撰写要求

撰写招聘计划书需要注意以下几点要求，如图9-1所示。

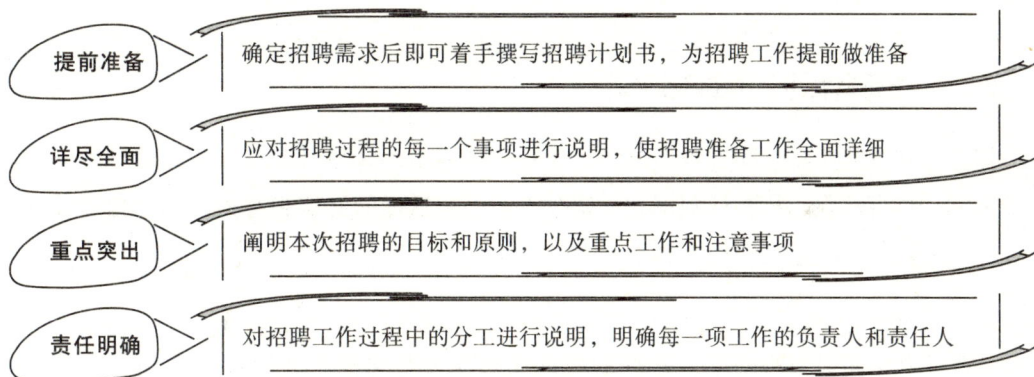

提前准备	确定招聘需求后即可着手撰写招聘计划书，为招聘工作提前做准备
详尽全面	应对招聘过程的每一个事项进行说明，使招聘准备工作全面详细
重点突出	阐明本次招聘的目标和原则，以及重点工作和注意事项
责任明确	对招聘工作过程中的分工进行说明，明确每一项工作的负责人和责任人

图9-1 招聘计划书的撰写要求

2. 招聘计划书需要撰写的内容

完整的招聘计划书应包括招聘全过程所有事项的具体安排与落实，从招聘准备开始，对招聘过程事项进行要求，最终对招聘结果进行处理。招聘计划书应体现的重点内容包括以下七个方面，具体说明如表9-1所示。

表9-1 招聘计划书应体现的重点内容

计划事项	具体内容
招聘需求计划	◎ 根据招聘需求及岗位说明书拟写招聘岗位的名称、职责、任职资格 ◎ 体现需招聘的岗位及人数、男女比例、工作地点、待遇、到岗时间

（续表）

计划事项	具体内容
招聘费用预算	◎ 明确费用使用的项目，如招聘广告费、交通费、场地费、资料费等 ◎ 说明招聘费用的额度，使其尽可能具体、准确，数据来源合理
招聘小组成员	◎ 包括人力资源部工作人员、用人部门负责人、企业中高层领导等 ◎ 明确各人员的职责，招聘工作过程中应负责的事项
招聘考核方式	◎ 一般招聘考核分为简历筛选和面试评价方法 ◎ 根据对招聘人员的要求确定招聘考核的方法，并明确具体操作事项
招聘日程安排	◎ 分析招聘环境和招聘需求，确定招聘时间及地点 ◎ 确定简历接收、考核筛选、结果统计时间等招聘各环节的安排
选择招聘渠道	◎ 根据招聘需求选择外部或内部招聘渠道 ◎ 针对招聘对象确定具体的招聘渠道，并根据需求确定数量
招聘资料准备	◎ 在计划书中列明每一招聘环节需要准备的资料 ◎ 提供重要招聘资料的样稿，如招聘广告样稿、面试评分标准等

9.1.2　招聘计划书的数据来源

招聘计划书需要将招聘过程中的各个事项明确列出，并尽可能符合实际情况。一份详尽、具体、执行性强的招聘计划书，一定少不了可靠数据的支撑和有力说明。招聘计划书中应体现的数据及数据来源说明如下。

1. 需求职位及人数

招聘计划中需要招聘的职位及各职位的人数主要是根据企业及部门的用人需求测算而来。

2. 招聘工作组人数

招聘工作组多来自于企业内部，也有需要外部专家等协同进行招聘工作，对人员数量的估计主要可考虑以下几方面。

（1）招聘过程中人力资源部人员需要配合其他人工作，一般根据工作量及工作安排，选出需要人力资源部配合招聘工作的人员，保证招聘工作的顺利进行。

（2）对于笔试监考人员数量，首先根据考场可容纳考试人员的数量和参加笔试人员的数量，确定考场数量。每个考场安排 2~3 名监考人员，从而确定监考人数。

（3）对于面试考官人数的确定，主要取决于以下三个方面，如图 9-2 所示。

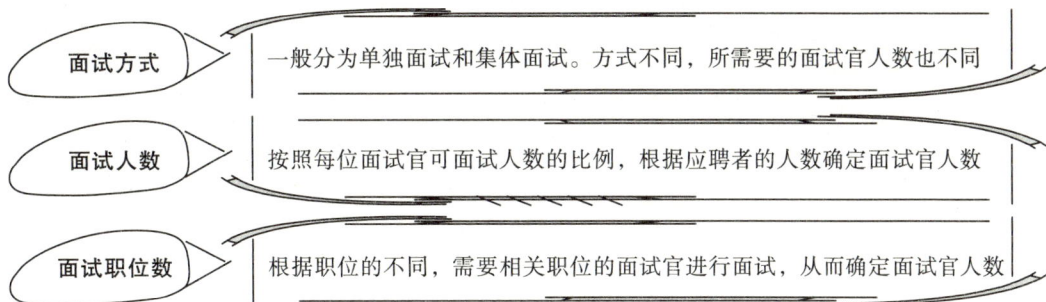

图9-2　面试考官人数确定说明

3. 招聘时间安排方面的数据

招聘时间安排方面的数据主要取决于下列四项：

（1）简历接收时间，即根据单位时间内所收取的简历数量及需要的简历份数来定；

（2）笔试时间，需要根据笔试内容确定需要进行测试的时间；

（3）面试时间，需要根据面试人数、面试方式、面试要求等来确定；

（4）结果统计时间，需要根据需统计的数据量及工作人员、统计软件的统计效率来确定。

4. 费用预算方面的数据

招聘费用预算是对招聘过程中发生的、需要支出的费用进行预估而得到的数据。它对招聘过程的影响主要体现在对费用支出的约束和控制上。另外，通过对招聘费用的事先预估，可调整和完善可节约费用的招聘工作项目，使招聘过程更加经济。

一般来说，招聘费用预算需要的数据主要体现在以下几个方面，如表9-2所示。

表9-2　招聘费用预算

大类	具体项目	费用项目及金额说明	金额（元）
招聘宣传费用	招聘网站维护费用	◇ 职位数（个）×单价＋下载简历数（份）×单价＋网站使用费	
	宣传材料费用	◇ 招聘广告彩页：页数×单价（元） ◇ X型展架：个数×单价（元） ◇ 企业简介：册数×单价（元） ◇ 普通宣传单：页数×单价（元）	
招聘管理费用	办公用品	◇ 签字笔：数量×单价（元） ◇ 笔记本：数量×单价（元）	

（续表）

大类	具体项目	费用项目及金额说明	金额（元）
招聘管理费用	临时场地费	◇ 参加招聘会租用展台：天数×每天费用（元） ◇ 临时会议会务费（元）	
	人员补贴	◇ 招聘人员交通及伙食补贴：每人补贴×人数（元） ◇ 聘用代理人员工资（元）	
	设备费用	◇ 话筒：个数×单价（元） ◇ 音响：个数×单价（元）	
选拔费用	心理测试费	◇ 系统建设与维护费用（元） ◇ 系统操作人员工资（元）	
	笔试费用	◇ 试卷份数×单价（元） ◇ 监考人员工资（元） ◇ 评卷人工资（元）	
	面试成本	◇ 面试考官工资（元） ◇ 面试材料：页数×单价（元）	
录用费用	录用手续	◇ 录用通知单：份数×单价（元） ◇ 通信费（元） ◇ 合同管理费用（元）	
说明	上述费用仅列出主要项目的费用，企业可根据本企业的实际情况予以补充		

9.1.3 招聘计划书的撰写范例

招聘计划是招聘人员开展招聘工作的指导性文件，有助于企业招聘工作在计划下有条不紊地进行。一般来说，招聘计划书分为年度招聘计划书、季度招聘计划书及月度招聘计划书。年度招聘计划书较为全面，包括全年招聘工作的各个事项；季度招聘计划书一般包括本季度招聘的具体实施事项，如招聘人员需求、时间和地点安排、招聘组成员、招聘渠道、费用等；月度招聘计划书则主要为人员需求信息。

以下是某公司的年度招聘计划书范例，供读者参考。

××公司年度招聘计划书

一、招聘目的和意义

随着公司规模的不断扩大，对人才的需求日益增长，为提高员工素质，获取公司发展所需人才，现结合公司 2016 年发展战略及相关计划安排，特制订下一年度招聘计划。

（续）

二、招聘原则

公司招聘员工应以面向社会公开招聘、全面考核、择优录取为原则，从知识、能力、道德、经验、与岗位的契合性等方面进行全面审核，为公司吸引到合适的人才。

三、发布招聘信息

经公司人力资源部及领导层商议决定，2016 年招聘岗位及信息如下所示。

2016 年拟招聘岗位及信息

岗位名称	人数	招聘要求	工作地点	薪酬福利待遇
经理助理	1 人	1. 工商管理、企业管理等相关专业 2. 具有 3 ~ 5 年相关工作经验 3. 具备较强的沟通协调管理能力和领导能力	××市	____元/月
行政秘书	1 人	1. 文秘/行政管理等相关专业 2. 具有 1 年及以上相关工作经验 3. 形象好，气质佳 4. 具备较强的公文处理能力、人际沟通能力，能够熟练运用办公自动化软件	××市	____元/月
……				

四、招聘方案设计

1. 现场招聘

（1）每场均安排专人发放"招聘信息单"，保证参会人员知晓我公司的招聘信息。

（2）在常用有效的人才市场申请成为会员，以便享受优惠及公益招聘会免费参加的机会。

（3）现场招聘会的面试人员每组不得少于两人。

2. 网络招聘

（1）尝试采用视频面试的形式，合格后再邀约其至公司进行现场面试。

（2）网络面试可以与现场招聘会结合起来，安排到统一复试地点进行面试沟通。

（3）网络招聘应尽可能细化岗位要求和岗位职责，压缩筛选简历的时间，降低因非面试造成的误差。

3. 主要招聘途径

（1）应届毕业生招聘会（相关对口专业学校筹备专场招聘会）。

（2）人才市场现场招聘。

（3）在招聘网站刊登招聘信息，保证综合性网站一家及以上，地方性网站一家，预算费用在____元以内。

（续）

4. 补充招聘渠道

（1）社会组织免费招聘会。

（2）网站免费刊登的招聘信息。

（3）本公司内部员工介绍。

五、招聘实施

第一阶段

3月中旬至4月初是招聘高峰阶段，以现场招聘会为主，高度重视网络招聘，具体方案如下：

（1）参加现场招聘会，保持每周两场的现场招聘会频率；

（2）确定招聘人员及其职责；

（3）准备相关招聘材料，包括宣传册、求职申请表、考题等；

（4）布置展台和设备，携带投影仪等设备；

（5）发动公司内部员工转介绍；

（6）坚持每天刷新网络招聘信息及建立筛选与联系，每周至少发出一次集体面试邀约。

第二阶段

（1）坚持每天刷新网络招聘信息及建立筛选与联系，每周至少发出两次集体面试邀约。

（2）积极参加大专院校的大型招聘会，组织校园专场招聘会，每场招聘会上有公司介绍、现场初试、复试，有1~2名公司高层领导参加，于现场确定录用结果。

（3）联系前期面试人员进行招聘信息的转告及代为介绍。

第三阶段

7月底至10月底求职人员数量较少且分散，故以网络招聘为主，减少或不参加收费型现场招聘会，具体方案如下：

（1）坚持每天刷新网络招聘信息并进行筛选与联系，每周至少发出两次集体面试邀约；

（2）每周至少两次利用网络主动搜寻联系人才，补充少数的空缺及离职空缺；

（3）组织开展活动，以便新入职员工了解部门架构和在岗人员；

（4）对新入职员工予以关注，并进行沟通、培训和统计分析；

（5）准备申报下半年的校园招聘会。

第四阶段

11月初至12月底各大高校都将陆续举办校园招聘会，此阶段主要以校园招聘会为主，主要招聘各部门的储备性人才，具体方案如下：

（1）建立校园招聘小组，积极参加校园综合招聘会，对专业对口类院校筹备公司专场招聘会；

（2）正常刷新关注网络招聘平台及论坛等信息。

第五阶段

12月底至次年3月的整体招聘环境不理想，主要联系招聘公司高层专业人才，以年度人力资源规划、总结报告及统计分析为主要工作，非紧急新增岗位不重点做招聘工作，具体方案如下：

（续）

（1）公司年度招聘效果分析、公司人力资源分析、协助公司战略分析与讨论；

（2）编制年度人力资源规划；

（3）部门工作总结、讨论、分析，确定新的年度个人工作计划及目标制定；

（4）建立、编制公司人才培养体系，建立人才成长计划；

（5）建立并完善人力资源管理制度、流程及体系；

（6）申报筹备下一年度招聘计划，重点是三月份的招聘计划。

六、公司面试

人力资源部经过初步建立筛选后会在一个星期内通知应聘者参加面试。

1. 公司面试流程

（1）原则上所有应聘人员均由人力资源部初试，合格后推荐给部门领导进行专业面试，确定面试合格者后，人力资源部与面试合格者沟通确定试用期及相关薪资福利待遇。重要岗位由副总及以上人员面试并最后确定录用。

（2）面试要注意前期气氛的铺垫，双方做互相介绍。

2. 正式面试的提纲

（1）你为什么选择我们公司，你对工作的要求和期望是什么？

（2）你之前的学习或工作经历哪些与应聘岗位相关联？

（3）你觉得自己适合哪些工作，可以胜任哪个岗位？

……

3. 面试评价（略）

七、录用决策

公司根据面试的综合结果，在最后一轮面试结束当天或三天内告知应聘者，通知录用者办理入职手续。

八、员工录用后的相关工作

（略）

9.2 招聘说明书的撰写

9.2.1 招聘说明书的撰写要求

招聘说明书是企业对外发布招聘信息的重要媒介，主要用于向应聘者、社会各界相关人员及企业内部相关人员介绍本次招聘的目的、职位信息、任职资格、联系方式以及企业人力资源部想提供的其他信息。其编写质量直接关系到应聘者的数量和质量。

综上所述，撰写招聘说明书应当符合以下要求，如图 9-3 所示。

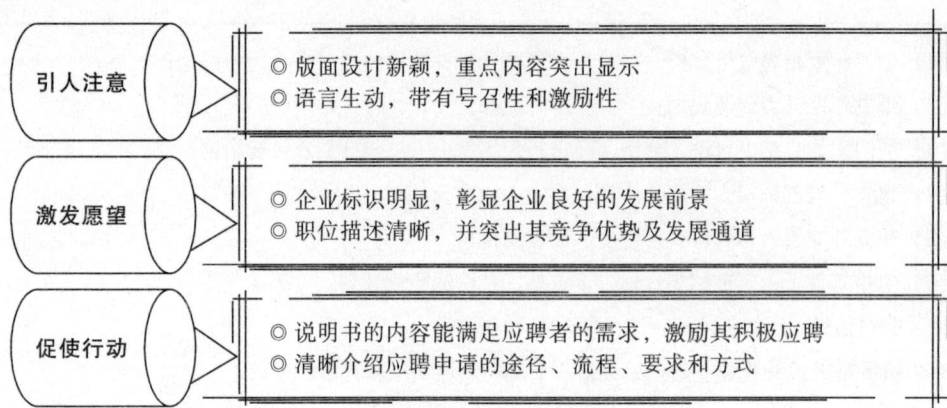

图9-3　招聘说明书的撰写要求

9.2.2　撰写招聘说明书应注意的问题

在招聘说明书中对职位信息、任职资格的描述需符合法律规定、社会规范及习俗；所有描述的内容需清晰、明确，以避免不必要的争议，影响招聘效果和企业形象。撰写招聘说明书时应注意的问题包括但不限于以下几点，如图9-4所示。

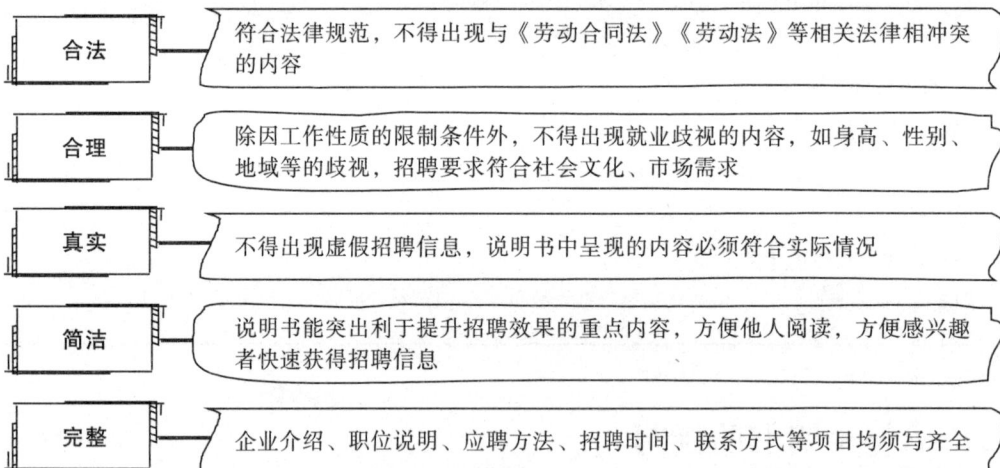

图9-4　撰写招聘说明书应注意的事项

9.2.3　招聘说明书的撰写范例

以下是某集团招聘说明书的撰写范例，供读者参考。

××集团招聘说明书

一、集团简介

我集团成立于1995年，目前拥有员工2万余人。经营宗旨是"创建一流企业，勇争行业第一"。上年度，本集团实现销售收入突破100亿元。

本集团是一家现代化基础施工机械制造企业，主要致力于设计与制造各类基础施工机械产品，通过科学的方法和实用的装备使企业成为行业领袖，促使基础施工行业升级换代至世界一流水平。本集团主营业务为高新实用技术基础施工机械的研发、制造、销售及服务。

二、招聘职位及信息

职位1　信息系统管理主管

所属部门：信息管理部。

招聘人数：1人。

工作职责：负责集团公司基础信息化建设项目（OA、ERP、广域专网及局域网、电子商务平台、网络安全系统等）的规划、组织及实施工作。

任职资格：

（1）本科以上学历，计算机、电子工程、自动化等相关专业，中级及以上职称；

（2）五年以上相关工作经验（硕士以上学历条件可适当放宽）；

（3）精通计算机广域网及局域网、交换机及路由器、PC服务器维护，熟悉网络技术；

（4）出色的沟通、协调和组织能力，有高度的敬业精神和团队合作精神，具有良好的语言、文字表达能力与英语水平。

职位2　会计

所属部门：财务部。

招聘人数：2人。

工作职责：

（1）负责本事业部相关业务的协调、财务环节工作的衔接与开展；

（2）负责本事业部业务付款的审批，具体收、付款业务的办理；

（3）负责本事业部相关会计核算和利润考核工作；

（4）负责本事业部重大项目进程跟踪、执行情况分析及相关问题的建议；

（5）负责客户往来账户的核对，及时向事业部提供与本岗位有关的财务信息；

（6）完成领导交办的其他工作。

任职资格：

（1）财务或相关专业，硕士及以上学历；

（2）熟悉海外工程的相关业务；

（3）两年以上会计核算或相关工作经验，具有中级会计师或注册会计师资质；

（4）具有较好的英语水平，通过国家英语六级考试。

（续）

三、报名方式

本次招聘可通过以下四种方式报名。

(1) 网站申请，即进入公司网站×××，单击"人才招聘"，填写招聘申请表申请。

(2) 投递电子简历，即将电子简历及个人材料发送至公司人力资源部邮箱×××。

(3) 寄送纸质简历，即将纸质简历及个人材料寄送至公司所在地址×××，人力资源部（收）。

(4) 现场报名，即于＿＿年＿月＿日××人才招聘会＿＿号参加公司举办的招聘会。

四、招聘须知

(1) 本次招聘简历接收时间为＿＿年＿月＿日至＿＿年＿月＿日，逾期将不再接收简历。

(2) 请保持联系方式畅通，以便及时收到我们的通知信息。

(3) 所有招聘职位享受国家规定五险一金待遇，本公司提供午餐补助、出差补助、节假日福利等待遇。

(4) 有任何有关招聘咨询事项可通过以下方式与本公司人力资源部联系：

联系电话：＿＿＿＿＿＿　　　企业邮箱：＿＿＿＿＿＿　　　公司地址：××省××市××路××号

9.3　招聘渠道计划书实训

9.3.1　校园招聘计划书范例

为保证校园招聘的实施效果，企业人力资源部在进行校园招聘前应做好招聘材料、问题解答、校园宣讲等核心事项的计划工作。以下是某公司校园招聘计划书范例，供读者参考。

××公司校园招聘计划书

一、计划书说明

为做好 2016 年度校园招聘工作，结合公司对专业人才的需求以及公司的实际情况，特制定本计划书。

二、校园招聘计划目标

通过制定合理有效的招聘程序，引进一批具有专业知识技能的人员，充实公司各部门及相应岗位的人才队伍，提高公司人员的综合素质，构建企业人才梯队，为公司持续发展补充、储备充分的人力资源。

三、校园招聘工作预期目标

(1) 在 2016 年 9 月与各学校联系，建立合作关系。

(2) 利用校园招聘宣讲会作为宣传媒介，以提升公司形象，扩大我公司在高校的知名度。

（续）

（3）利用校园招聘的机会了解目前高校人才的培养情况，使公司能招聘到更合适的人才。

四、2016 年校园招聘负责人

总负责人：集团人力资源总监。

工作组成员：集团人力资源部招聘经理、人事主管、招聘专员（若干名）。

五、校园招聘整体流程计划

2016 年度校园招聘整体流程、进度及过程事项如下所示。

2016年校招主题：××××××

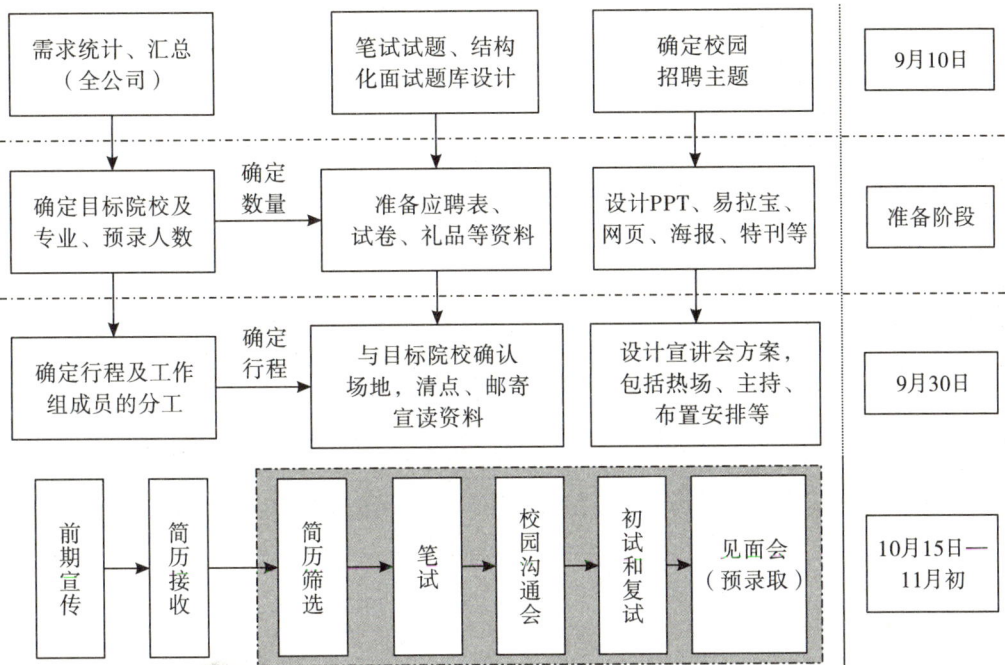

六、确定目标院校及预估录用人数

与各目标院校建立联系，将我公司的招聘计划与各院校进行沟通，提前告知院校我公司实施校园招聘的时间、需求岗位及专业信息。

目标院校与预录用人数确定一览表

目标城市	序号	学校名称	拟招聘人数	需签约人数（预计每个院校10人左右毁约）	参加总经理见面会	参加面试人数（按通过的80%计算）	参加笔试人数（按通过的80%计算）
	1	××大学					
	2	××大学					

（续）

（续表）

目标城市	序号	学校名称	拟招聘人数	需签约人数（预计每个院校10人左右毁约）	参加总经理见面会	参加面试人数（按通过的80%计算）	参加笔试人数（按通过的80%计算）
	3	××大学					
	4	××大学					
小计							

说明：目标院校依据学生对本公司的认可程度、专业优势等确定。

七、招聘行程的确定

根据目标院校的区域方位、适合宣讲的时间、招聘人员的配备情况等因素，确定校园招聘的行程安排、负责人、参与人。在确定以上事项后，应及时与目标院校取得联系，提前告知院校我公司招聘的时间、需求岗位及专业信息，通报行程安排（见下表），以便请学校安排好宣讲会所需要的教室、投影仪、麦克风、会议室等。

招聘行程安排表

序号	城市	安排笔试院校	组织单位	参与单位	校园宣传（BBS、就业网）	笔试	沟通会	面试	见面会	备注
1										
2										
3										
4										
说明	（1）笔试场地原则上在本院校举行，沟通会场地依据所在城市院校间隔距离及人数确定 （2）以上表格日期要与各学校确定后，才能做最终的安排 （3）本年度校园招聘预计笔试____所院校、____场沟通会，校园招聘工作组共计出差____天（自__月__日—__月__日）。									

八、校园招聘工作的具体实施

1. 项目策划及准备工作（略）

2. 校园招聘宣传计划

（1）公司首页广告宣传（招聘主管刘××跟进，市场部协助设计）。

（2）合作的招聘机构网站广告（9月__日提供初稿）。

（3）校园BBS和就业网（依据行程表时间发布，一般在笔试前两周上线）。

（续）

（4）海报：主要为吸引学生眼球，传达公司校园招聘信息，提供四套设计方案。

第一套：共__张，主题为：×××（紧扣2016年校园招聘主题）。

第二套：共__张，主题为：×××（紧扣2016年校园招聘主题）。

第三套：共__张，主题为：×××（紧扣2016年校园招聘主题）。

第四套：合作的招聘机构提供（共__张）。

（5）X型展架（__张/套），紧扣企业经营理念、企业文化主题、本次校园招聘主题来设计。

（6）PPT宣讲（共____套），从企业经营理念、企业文化主题、本次校园招聘主题来宣传公司，缩短企业介绍的时间，增加与学生互动问题环节、互动活动的时间。

3. 笔试

（1）笔试前期筹备，包括场地、笔试责任人、相关工具的准备，具体要求如下所示。

笔试相关准备事项

准备项目	具体清单说明	准备责任人
场地准备	（每到一院校所在地，与校方商定具体的笔试场地）	人事主管杨××
现场所需资源	笔试试题（注意清点份数）	公司人力资源部
	充足的答题卡，备用的B2铅笔、橡皮，草稿纸	合作的当地招聘机构
	笔试监考人员工作证、校园大使工作证	合作的当地招聘机构
	B2铅笔、橡皮、身份证/学生证	考生
	笔试布置物料（指示路标、考场和考生座位的编号标贴、签到名单表、考场公布的考生座位安排、监考人员备份考生名单）	合作的当地招聘机构

（2）笔试执行流程，相关安排如下所示。

笔试执行流程安排

序号	时间	工作任务	内容
		笔试前准备事项	
1	__月__日—__月__日（笔试前2周）	宣传简历投递	BBS、就业网、各大网站宣传行程和活动宣传及简历投递
2	__月__日—__月__日（笔试前1周）	简历筛选	人员预估，确认场地和试卷数量是否需要变更

（续表）

序号	时间	工作任务	内容
笔试前准备事项			
3	__月__日 （提前 1 天）	场地确认	和校方确认考场的时间和地点，如果条件允许，选择一个备选的场地，以防临时变故，并提供相应座位数和布置（校方签字盖章条方可使用教室）
			如果发生场地费用，需要支付费用和收取发票（收据）
4	__月__日 （笔试前 1 天）	考卷确认	清点试卷和答题卡是否足够，依据简历筛选数量及时变更
5	__月__日 （笔试前 2 天）	工作人员确认	确定各个考场的责任人，明确笔试要求
			确定场地布置的校园大使、临时电话通知（联系未到考生）的校园大使、现场维持秩序的校园大使
			收集所有同步笔试考场工作人员的联络方式，并做成现场通讯录
			要求宣贯及培训
6	__月__日 12：00 （笔试前 1 天上午）	考生确认及通知	依据考场详细信息，短信通知学生安排到相应的考场
			在合作的招聘机构的网站上、校园 BBS 和就业网上发布考试信息，包括时间、地点、所带物品等
7	__月__日 18：00 （笔试前 1 天下午）	物资确认	打印至少两份考场名单交给考场主监考官使用
			准备适量的铅笔、橡皮（预备给那些没有带的考生），并在考试后收回
			准备正式的工作胸牌（确保数量）
			给现场校园大使准备注有"工作人员"字样的胸卡，准备座位编号的贴纸
			打印路标，并准备好张贴路标使用的胶水、透明胶、图钉及剪刀等工具
			打印两份考生名单，准备笔，以备考生签到

（续）

（续表）

序号	时间	工作任务	内容
	**笔试当天考试前——提前2小时需要做的工作**		
1	笔试开始前2小时	考场布置	提前1小时到达考场（确认考场、张贴座位牌、考试名单和座次）
			让校园大使维持秩序，使提前到达的学生进行登记，并排队进行等候
			让校园大使清理抽屉的废纸等杂物，保证考场的干净整洁
			板书"××公司第几考场"、教室门口张贴Logo，清理考场注意礼貌
2		考场秩序维护	督促所有校园大使及工作人员及时将手机调整为静音状态
			准时让学生入场，并核对信息，宣读考场须知
	**笔试中需要做的工作** （此次笔试使用答题卡作答，考生的简历编号是固定的，所以一定要填涂正确的简历编号， 读卡的时候是要用来确定学生信息的）		
1	笔试开始前5分钟	宣读规则	由考场工作人员宣读考试规则
			提醒考生一定要注明"个人编号 + 姓名 + 学校"
			提醒考生不得在试卷和答题卡上书写，不得将试卷、草稿纸、答题卡带离考场
2	笔试中	秩序维护	不得在考场内和人交头接耳，不得在考场内打电话
		人员安排	除收发考卷外，场内监考人员不宜过多，不宜在考场中频繁走动
		时间提示	监考人员注意提醒考试时间，根据每段考试时间长短，结束前5分钟提醒
		收发考卷	收发试卷和答题卡要提前分工，收发速度要快，要照顾先后顺序尽量做到公平，至少需要2个人在考生考试的过程中准备好（按照现场座次情况）下一场试卷，并对考生做过记号的考卷予以清理（多准备几块橡皮）
		核对考生人数	核对到场人数，在名单上做好记录，填写笔试记录表
			如果遇到考生身份不对、有作弊等不良行为时，须及时终止并报备相应项目经理

（续）

（续表）

序号	时间	工作任务	内容
笔试后需要做的工作			
1	清点与清理	清点试卷	考试后清点答题卡数量，如数交还该项目客户经理，以及时统一机阅卷 检查试卷份数，保持卷面整洁，以便二次使用
		回收物品	回收借出去的铅笔、橡皮等物品
		清理考场	和校园大使一起及时将座位标记及路标除去，给校方留下良好印象，以便下次合作
2	数据汇总与导入	汇总数据	将笔试相关数据进行汇总、统计（由合作的招聘机构反馈给公司）
		阅卷	要求笔试第二天全部阅卷完毕，并将成绩导入系统
		系统输入	将结果自动导入系统，并尽快筛选出进入面试的人选

4. 校园沟通会

（1）校园沟通会前期筹备，具体要求如下所示。

校园沟通会前期筹备事项

准备项目	资源清单	准备责任方
场地预定	（与校方商定）	招聘主管刘××
现场布置所需物料	横幅、海报、X型展架、咨询台、饮用水、路标、宣传册	招聘专员柳××
沟通会现场资源准备	企业宣传片、启动仪式剪辑、宣讲PPT、笔记本电脑、现场礼品	招聘专员李××

（2）校园沟通会，初步时长定为2小时，具体议程如下所示。

2016年校园招聘之校园沟通会议程

活动时间	活动主题和安排
___:___ ~ ___:___	入会前准备（并播放企业宣传片）等待时播放
___:___ ~ ___:___	主持人出场介绍公司的嘉宾、活动内容和流程

（续）

（续表）

活动时间	活动主题和安排
＿：＿～＿：＿	开场游戏（奖励第一个到达、主动帮助的同学）
＿：＿～＿：＿	企业介绍
＿：＿～＿：＿	主讲嘉宾谈公司的人力资源政策
＿：＿～＿：＿	师兄师姐谈在公司的成长
＿：＿～＿：＿	问答环节

5. 面试安排

（1）面试前期筹备的事项，安排如下所示。

面试前期筹备的事项安排

准备事项	资源清单	准备责任方
面试场地	（由合作的招聘机构提供）	合作的招聘机构
面试人员	（根据筛选的简历情况、进入面试环节的学生数确定专业面试官并安排专业面试官行程）	人力资源总监
现场所需资源	面试提纲、专业面试官卡座、纸、笔	合作的招聘机构
	路标，等候区、初试间、复试间门牌，引导人员工作牌、我公司工作人员工作牌	
	学生饮用水（杯、水）、工作餐安排地点及责任人	

（2）面试官的具体安排如下。

①初试官，由公司总部招聘专员、各事业部招聘专员担任。

②专业面试官，由公司分管领导确定的专业面试官担任。

（3）面试形式的安排：采用1对5方式进行集体面试，预计5名初试官，每组面试30分钟，8个小时可以面试400人，复试可以按类别分时间段进行，避免面试间冲突。

（4）面试执行流程，如下所示。

面试执行流程安排

序号	时间	工作任务	具体工作事项
1	＿月＿日	合作的招聘机构场地预定	确定面试场地数量和大小，反馈给公司人力资源部

（续）

（续表）

序号	时间	工作任务	具体工作事项
2	__月__日 （面试前4天）	笔试	依据笔试参加人数，人力资源部预估各类别专业面试官
		面试官行程	依据应聘者数量，人力资源部确定面试官的实际行程安排
3		再次确定场地	和校方确认面试场地的时间和地点，如果条件允许，选择一个备选的场地，以防临时变故（校方签字盖章条方可使用教室）
4		专业面试官邀请函	发放邀请函，详细地点、时间
5	__月__日	工作人员确认及培训	合作招聘机构工作人员、校园大使通讯录、公司工作人员通讯录、面试现场布置方案确认
6	__月__日 （校园沟通会）	面试通知	沟通会现场通知学生面试
			短信通知学生面试（两轮）
			跟各类别面试官再次确认行程，明确时间、地点、联络人
7	__月__日晚上	物资确认	面试人员汇总表
			面试提纲、卡座、标签、纸笔等
			按时间顺序编排好应聘申请考聘表
面试前——提前1小时要做的工作			
1	面试开始前 1个小时	面试场地布置	7:30 到达，确认场地，并张贴标签、佩戴工卡
			让校园大使维持秩序，使提前到达的学生进行登记，并引导进等候区等候
			人力资源部负责确认面试官是否可以准时赶到
2	面试前	专业面试官引导	人力资源部清点复试间的各项资料
			将各类别专业面试官引导至复试间

（续）

（续表）

序号	时间	工作任务	具体工作事项
		面试进行中	
		（原则上，每个地区各专业类别至多邀请1名专业面试官，其余委托面试） 因每个院校专业面试间有限，按不同时间段安排各类别应聘者面试，确定场地可间隔利用	
1	__月__日 面试当天	引导员 安排人员初试	人员面试（委托招聘除外）
			现场宣布初试结果，合格者等候下一轮面试（引导至复试等候区）
			相应的资料汇总和数据统计
2		引导人员复试	人员面试（委托招聘除外）
			复试结束离开场地，后续短信通知结果
			相应的资料汇总和数据统计
3		工作人员餐饮	11：40～13：00 轮流就餐，避免学生等待
		面试后需要做的工作	
	__月__日 面试结束当天	资料统计汇总	以统一格式统计各院校面试情况
		清理现场	和校园大使一起及时将座位标记及路标及时除去，给校方留下良好印象，以便于下次合作
		复试通过名单	BBS、就业网发布，并同步发布见面会安排
		总结沟通	各项目组总结沟通，避免重复人员招聘

6. 高管见面会（公司总部）

（1）时间、地点安排，初步计划共分四场，具体时间和地点待见面的人数确定后再行安排。

（2）见面会表格：由合作的招聘机构提供、公司人力资源部招聘专员修改。

（3）场地布置标准：参考公司接待标准。

7. 签约及培训（略）

8. 费用预算（待合同签订后明确，略）

9.3.2　招聘渠道计划书范例

招聘渠道计划就是招聘工作人员针对各种招聘渠道的优劣势进行分析、比较，选择对企业所需人才相匹配的招聘渠道或招聘渠道组合的过程，其结果形成一份完整的招聘渠道计划书，以呈报给主管副总审核。以下是某公司招聘渠道计划书范例，供读者参考。

招聘渠道计划书

一、公司招聘渠道计划背景

鉴于公司对招聘人员的需求及应聘者层次的不同，在对公司现有招聘渠道进行比较分析的基础上，对招聘对象进行了细化，以采用最有效的招聘方式进行招聘，特制定本计划书。

二、公司现有招聘渠道定性比较

目前，公司主要采用的招聘渠道主要有网络招聘、现场招聘、员工内部推荐、猎头招聘四种。

1. 网络招聘

公司人力资源部主要采用直接网上招聘的形式。这种形式在实际使用的过程中体现出成本低、面对人群广泛、简历投递方便快捷、受众时效性强、不受招聘对象时空限制等优势；同时，还能测试出应聘者在计算机使用、网络应用、简历制作水平等方面的能力。

2. 现场招聘

现场招聘主要指每年每月人才交流中心与其他机构主办的人才招聘洽谈会。人才市场的招聘，效率高、可快速淘汰不合试的人选、可初步控制应聘者的数量和质量；但是，花费较高、招聘时效短（通常只有4个小时的推广）、受主办方宣传推广力度影响大。

3. 员工内部推荐

内部推荐也是公司近几年聘任员工时的主要渠道。它对招聘专业人才比较有效，有招聘成本低、应聘人员与岗位匹配度高、新员工入职后离职率低、工作绩效表现良好等优势。

但是，采用内部推荐这一招聘渠道时，招聘人员需要注意考查、筛选，杜绝纯粹为亲人朋友争取就业机会而不考虑被推荐者是否胜任、为栽培个人在公司的势力而安插自己亲信等不良现象的出现。

4. 猎头招聘

猎头招聘也是公司近几年采用的一种招聘形式，多用于公司中高层职位的招聘。它具有保密性、不影响现职人员积极性、聘用的人员与岗位有较高的匹配度等优势；但是，人才猎头的招聘成本较高（费用一般为聘用人才年薪的30%）。公司需要针对特定的对象采取这一形式。

三、公司招聘渠道方案

在未来的一年中，公司在人员需求方面不断发生变化，人员流失也在所难免，所以，公司人员招聘工作仍需多开拓招聘渠道。

1. 网络招聘渠道的使用

网络招聘仍需要常年进行，一来常年招聘费用较低（例如：A网络招聘平台同在2014年，一个季度的招聘费用是1380元，而全年的费用则需要3720元，折合下来一个月只需要310元），二来在公司招聘人员随时发生变化时也可随时变更招聘信息、效率较高。

2014年与公司合作的网络招聘平台，拟在A网络的基础上，再增选一家B网络，合作的费用分别是_____元、_____元，这两家网站针对会员的套餐费用，报价分别如下所示。

（续）

2014 年度 A 网络招聘平台套餐费用一览

产品名称	产品类型	发布安排	持续时间	职位数	简历数
××频道城市招聘头条	本地招聘头条	2014.01.01—2014.12.31	＿＿周	—	—
行业频道最新招聘（文字链）	普通职位列名	2014.01.01—2014.12.31	＿＿周	—	—
××频道特别推荐企业	文字链接	2014.01.01—2014.12.31	＿＿周	—	—
e 聘 A 型	e 聘	2014.01.01—2014.12.31	1 年	160	—
简历下载、搜索	简历搜索	2014.01.01—2014.12.31	1 年	—	350
合计				160	350
合同总金额	上述服务对应的合同总金额合计：4100.00 元。人民币大写：肆仟壹佰元整				

2014 年度 B 网络招聘平台套餐费用一览

服务编码	套餐报价（元）	服务时长	产品内容
套餐 1（北京）	3880	一年	年会员 B，200 个职位，600 份简历，发布地区：北京
			北京专区最新文字 4 周
			北京专区著名图文，尺寸：176×65，位于页面第一屏位置 2 周
			北京专区热门 4 周
套餐 2（全国）	4080	一年	年会员 A，160 个职位，500 份简历，发布地区：全国
			城市专区最新文字 4 周
套餐 3（北京）	5880	一年	年会员 C，300 个职位，1200 份简历，发布地区：北京
			北京专区最新文字 8 周
			北京专区著名图文，尺寸：176×65，位于页面第一屏位置 4 周
			北京专区热门职位 6 周
套餐 4（北京）	2580	一年	年会员 A，120 个职位，300 份简历，发布地区：北京
			北京专区最新文字 6 周
			北京专区著名图文，尺寸：176×65，位于页面第一屏位置 2 周

（续）

此外，对于公司下一年度内的专业性人才的需求，需要专业性的招聘网站。这类网站的招聘对象在行业、专业技能、职称、工作经验上针对性强，投简历的目标非常明确，可以节约公司招聘工作人员筛选简历的时间。人力资源部需要对一些专业性招聘网站的网络浏览量、简历投递量、人才类型及行业类型等方面进行深入地了解，从中选择 1 ~ 2 家进行一个季度的试用后，再决定后期的长期合作。

2. 现场招聘渠道

2014 年公司拟与三家人才交流中心进行合作，预计会花费____元、____元、____元的现场招聘费用，共需落实____个岗位、____名任职人员。

3. 员工内部推荐渠道

2014 年，人力资源部仍然欢迎公司全体员工向我们推荐合适的员工。经推荐的人员一经录用，我们会按照"内部推荐实施与奖励办法"予以相应的奖励。这里，人力资源部拟留出____元费用作为成功推荐的奖金。

4. 猎头招聘渠道

2013 年公司没有与猎头公司开展合作，主要顾虑在于此类招聘形式收费太高，仅用其解决一两个岗位的任职人员的招聘问题，性价比偏低。

但猎头招聘的针对性强，能够广泛搜索顶尖的人才，人力资源部还是有必要与猎头公司进行有意向的接触，做到有备无患。同时，还可与猎头公司进行人才资历审查、素质进行专业测评等方面的合作。

四、公司招聘渠道组合计划

在上述常用的四大渠道的基础上，人力资源会在下列三种情况下，会对招聘渠道进行合理组合应用：招聘突发期的紧急招聘、招聘职位具有明显的层次性与差别性、招聘渠道难以突破某些核心岗位时。

9.4 招聘报告书实训

9.4.1 招聘工作总结报告书范例

招聘工作结束后，招聘工作管理人员还应对整个招聘过程进行总结分析，并撰写招聘工作总结报告。总结报告主要包括四方面内容：招聘计划的完成情况、招聘工作进行、招聘成本核算、招聘工作的经验总结。以下是某公司招聘工作总结报告书范例，供读者参考。

××公司招聘工作总结报告书

一、公司人力资源概况

本公司是以经营汽车零配件为主的大型生产型企业，基于行业特点，公司员工流动性较高，同时，由于本年度公司业务不断扩展，2015 年对劳动力的需求较大。

二、招聘计划

根据公司目前实际情况，并由人力资源部经理批准，人力资源部决定在 2015 年 11 月 15 日前招聘如下人员。

1. 中层管理人员 10 名

主要考查应聘者的综合素质、学历、工作经验等，以保证企业管理层在知识结构、工作能力、职业素养等方面具备较大的潜能。面试评估的标准如下所述：

（1）学历要求在本科以上；

（2）在生产型企业从事管理工作三年以上；

（3）具备完善的应变能力、逻辑分析能力、人际交往能力、决策能力、团队建设能力及协调能力。

2. 技术管理人员 15 名

主要考查应聘者的专业技能、工作经验和管理能力，以解决企业在生产过程中产生的专业性问题。

3. 一线操作人员 20 名

一线操作人员主要考查其个人道德品质、工作态度、工作责任感和操作技能等。

三、招聘渠道选择

本次招聘人力资源部根据不同的招聘岗位选择招聘渠道，如下所示。

招聘岗位及渠道

招聘岗位	招聘渠道
中层管理岗位	网络招聘、校园招聘、猎头招聘
技术管理岗位	内部选聘、招聘会、网络招聘
一线操作岗位	劳务派遣、招聘会

四、招聘进程安排

人力资源部按照招聘工作关键事项划分时间节点，对本次招聘工作的进程安排如下所示。

招聘进程安排

时间	工作项目	工作内容
9 月 15 日— 9 月 18 日	拟订企业招聘 需求计划	• 确定招聘员工的数量 • 明确招聘标准，包括应聘者工作经验、学历、工作技能等

（续）

（续表）

时间	工作项目	工作内容
9月19日— 9月26日	招聘准备工作	• 制作招聘广告和企业宣传资料 • 确定招聘工作管理小组成员，明确成员的工作职责 • 制定招聘工作流程 • 编制面试和笔试题目，制定考评标准 • 确定面试的时间与地点 • 考虑可能出现的风险因素，并制定应变对策
9月27日— 10月3日	招聘信息发布	• 在人力招聘网站上发布企业招聘广告和职位广告 • 参加校园招聘和社会招聘 • 在企业内部发布内部选聘广告 • 与劳务派遣机构确定招聘相关事宜
10月10日— 10月13日	简历筛选	从收到的300份简历中，初步筛选出符合招聘要求的180份简历，其中，应聘中层管理岗位的简历90份，应聘技术管理岗位的简历50份，应聘一线操作岗位的简历40份
10月14号— 10月21日	初试	• 对技术管理岗位、技术管理岗位的应聘者采用集体面试的方式进行初试，其中，有5名技术管理岗位的应聘者和3名技术管理岗位的应聘者因故未参加初试 • 由企业高层管理人员单独面试中层管理岗位应聘者
10月22日— 10月29日	复试	• 经过面试后，人力资源部对符合资格的应聘者发放复试通知 • 参加复试的中层管理岗位应聘者15名，技术管理岗位应聘者20名，一线操作岗位应聘者25名
10月30日— 11月6日	做出录用决策	• 招聘工作管理小组综合应聘者初试和复试的考核成绩，初步确定录用人选 • 人力资源部将录用人员名单上报人力资源部经理审批
11月8日— 11月10日	通知被录用人员	人力资源部采用电话通知、短信通知、邮件通知、招聘网站自带通知等多种方式，通知被录用人员报道的时间、地址及被录用职位等信息
11月12日— 11月15日	新员工入职 管理	• 人力资源部要求新员工携带相关证件，办理入职手续 • 在新员工入职管理过程中，有1名中层管理岗位应聘者未与企业达成协议而未报到

（续）

五、招聘成本

1. 招聘费用预算

本次招聘工作实施前，人力资源部根据员工招聘工作过程中所花费的各项成本，制定了详细的招聘费用预算，如下所示。

招聘费用预算

金额单位：元

工作项目		费用支出
招募成本	直接业务成本	400
	招聘管理人员劳务费	300
	间接管理成本	200
选拔成本	选拔面谈的时间成本	670
	测试评审成本	1200
录用成本	入职手续费	100
	差旅补助费	300
安置成本	行政管理费	320
	安置人员时间损失成本	210
适应性培训成本	培训费用	600
	设备折旧费用	100
合计		4400

2. 招聘实际费用

本次招聘活动，实际支出 4700 元，超支项目及原因如下所示。

（1）由于本次招聘的外地员工较多，所以差旅补助费支出 500 元，超支 200 元。

（2）在对新入职员工进行适应性培训过程中，因发生设备损坏，造成培训设备折旧费超支 100 元。

六、招聘评估

本次招聘共需招聘员工 45 人，实际招聘到 44 人，主要依据以下评估指标对招聘工作的实施情况进行全面评估，评估结果如下所示。

招聘评估结果

评估指标	评估结果
填补岗位空缺的百分比	• 中层管理岗位 = 9 ÷ 10 × 100% = 90% • 技术管理岗位 = 15 ÷ 15 × 100% = 100% • 一线操作岗位 = 20 ÷ 20 × 100% = 100%

（续）

（续表）

评估指标	评估结果
平均每个录用员工的招聘成本	$4700 \div 44 \approx 106.82$（元）
整个招聘活动的实施时间	2个月
新员工对招聘的满意度	在对新员工进行的招聘满意度调查中，90%的新员工选择"非常满意"选项
平均每次面试的成本	$4700 \div 2 = 2350$（元）
招聘计划完成率	$44 \div 45 \times 100\% \approx 97.8\%$
面试人数比例	$180 \div 300 \times 100\% = 60\%$
招聘费用超支	$4700 - 4400 = 300$（元）

七、招聘总结

根据招聘评估结果及对整个招聘活动实施情况的深入分析，人力资源部对本次招聘活动的优点和不足之处做出如下总结。

1. 本次招聘活动的成功之处

（1）招聘准备工作充分。本次招聘活动在开展之前进行了充分的准备工作，如在校园招聘中安排企业各层级领导进行宣讲，并细致回答招聘现场同学们的疑问，提前与劳务派遣机构沟通，保证招聘工作的顺利开展。

（2）招聘工作的流程清晰。人力资源部提前对招聘工作中的关键事项划分时间节点，明确招聘工作管理小组成员的职责，保证招聘工作的顺利进行。

（3）招聘计划完成率较高，基本上完成了人员的招募工作，为企业提供了充足的人力资源保障。

2. 本次招聘活动的不足之处

（1）因未充分考虑到招聘过程中可能出现的问题，导致招聘费用超支。

（2）测评工具使用较为单一，没有针对不同的岗位层级使用有针对性的测评工具。

9.4.2　招聘效果评估报告书范例

企业在对招聘活动进行评估后，需要形成书面的招聘效果评估报告，招聘效果评估报告需要通过数字、图表说明招聘工作的效果，并对招聘效果与招聘计划间的差异进行分析，最终提出改进建议。以下是某公司招聘效果评估报告范例，供读者参考。

××公司招聘效果评估报告

我公司为期三个月的招聘工作已于 2015 年____月____日落下帷幕，为了不断提升本公司招聘工作的效率和质量，现特对本次招聘活动进行全面评估。

一、招聘准备工作概述

人力资源部对本企业各部门的用人需求进行统计、分析、汇总，其中，管理岗位计划招聘 30 人，专业技术岗位计划招聘 20 人，一线生产岗位计划招聘 10 人。在招聘实施过程中，部分部门对招聘需求重新调整，最终将专业技术岗位的需求调整为 15 人，造成招聘资源的浪费。

本次招聘方案设计以校园招聘、网络招聘为主，内部选拔为辅，总计应聘人数 264 人，其中，通过网络应聘人员 116 人，通过校园招聘应聘人员 120 人，通过内部选拔 20 人，经笔试、面试甄选后，最终录用 55 人。

二、招聘实施评估

1. 不同招聘渠道的招聘效果评估

下表为招聘渠道应聘人数和录取人数分别占总人数的比例，通过与上年度的对比分析，评估不同招聘渠道的招聘效果。

不同招聘渠道的招聘效果

比较项目	网络招聘	校园招聘	内部选聘
2015 年应聘人数占总人数比例	43.9%	45.4%	7.6%
2015 年录取人数占总人数比例	75.6%	15.4%	9%
2014 年应聘人数占总人数比例	64.9%	26.7%	8.4%
2014 年录取人数占总人数比例	37.6%	54.1%	8.3%

从上表数据可以看出，本年度招聘网络招聘渠道的招聘效果最好，这与企业扩展网络招聘渠道有密切关系。同时，校园招聘渠道的招聘效果有所下降，这是由于本次校园招聘的合作院校多选择为东部地区的 985、211 院校，而本企业总部在西部地区，因此，应聘者易于受地域因素影响。

2. 不同面试方法的招聘效果评估

人力资源部通过对应聘简历进行初步筛选后，确定了 200 名符合条件的应聘者进入初试，初试采用笔试的形式，管理岗位笔试合格率为 98%，专业技术岗位笔试合格率为 97%，一线生产岗位笔试合格率为 96%。

从笔试成绩来看，合格率较高，平均合格率高达 97%，可知本次笔试试题的设计过于简单，无法全面考核应聘者的胜任素质，无法充分发挥人才甄选的作用，加剧了面试工作的负担。

经笔试后，共有 180 人进入面试，针对不同岗位选择面试方法，经两轮面试后，最终录用 55 人，招聘完成率为 100%，完成了招聘目标。

（续）

三、招聘周期评估

本次招聘从各部门主管提出招聘需求到员工实际到岗共耗时三个月，与用人部门期望的两个月到岗时间相比有较大差距，无法满足用人部门的需求，导致部分人才流失。

四、招聘成本效用评估

人力资源部通过招聘总成本、招聘单位员工成本、招聘总成本效应、招聘收益成本比这四个指标衡量招聘成本效用，上述指标的计算公式为：

$$招聘单位员工成本 = 招聘总成本 \div 录用人数$$

$$招聘总成本效应 = 录用人数 \div 招聘总成本$$

$$招聘收益成本比 = 新员工为企业创造的价值 \div 招聘总成本 \times 100\%$$

本次招聘活动共花费人民币5100元，录用员工55人，根据上述公式，计算出招聘单位员工成本为92.7元，招聘总成本效应为0.01，招聘收益成本比为78.5%。

以上数据表明，本次招聘活动单位招聘成本所产生的效果较差，招聘工作的有效性还需进一步提高。

五、招聘录用员工评估

人力资源部从招聘完成比、应聘比和录用合格比三个指标出发，对录用员工情况进行评估。三个指标的计算公式分别为：

$$招聘完成比 = 录用人数 \div 计划招聘人数 \times 100\%$$

$$应聘比 = 应聘人数 \div 计划招聘人数 \times 100\%$$

$$录用合格比 = 录用人员胜任工作人数 \div 实际录用人数 \times 100\%$$

与2014年招聘录用员工评估效果的对比分析如下所示。

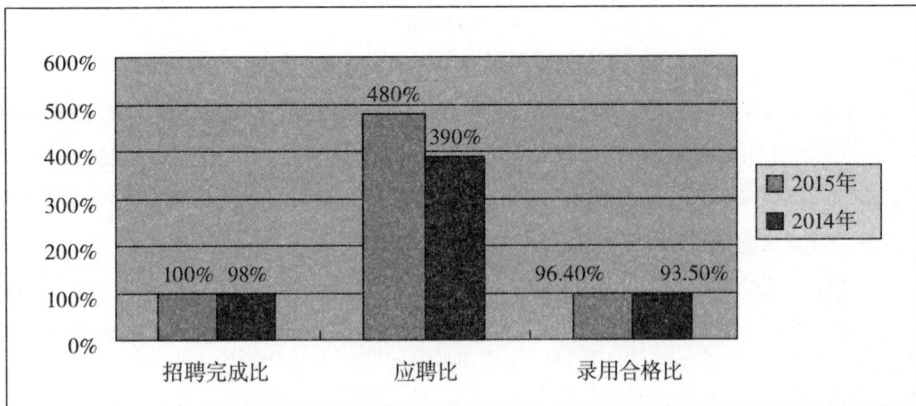

本次的招聘完成比、应聘比和录用合格比与2014年招聘相比均有不同程度的提升，表明本次招聘不仅在数量上全面完成了招聘计划，而且招聘信息发布的效果较好，同时，录用人员的数量较高，正确录用程度较好。

（续）

六、存在问题及解决措施

1. 存在问题

经人力资源部深入分析，本次招聘活动从计划到实施工作中，共存在以下三方面问题。

（1）招聘需求申报制度尚不完善。在招聘工作实施过程中，重新调整了招聘需求，造成企业人力、物力、财力的浪费。

（2）校园招聘的合作院校选择不当。基于企业宣传形象的需求，校园招聘的地点多选取在与企业总部距离较远的总部地区院校，导致校园宣讲效果较差。

（3）招聘周期过长。本次招聘共历时三个月，笔试筛选时间过长，耗费了较多时间，部分一线生产岗位因长期人员缺乏，导致生产任务无法按时完成。

2. 解决措施

针对在招聘工作中存在的不足之处，应从以下三个方面完善招聘工作。

（1）企业各用人部门应认真进行招聘需求分析，保证招聘需求分析的科学性和稳定性，避免因招聘需求分析不当而产生的资源浪费。

（2）应综合考虑企业的地理位置、行业竞争地位等因素，考虑校园宣讲会的地点，提高应届生的应聘比。

（3）人力资源部应缩短招聘周期，加强对招聘工作管理人员的培训，提高其工作技能和工作效率，缩短招聘周期，避免人才流失。

9.4.3　企业年度招聘报告书范例

企业实施年度招聘后，招聘工作管理人员应对年度招聘情况进行分析，并就本年度招聘取得的成绩及存在的不足之处进行总结，提出改善意见，最终以书面报告的形式上呈上级领导。以下是某公司年度招聘报告书范例，供读者参考。

××公司年度招聘报告书

一、2014 年度招聘情况分析

本企业 2014 年度招聘情况分析主要从五个方面进行，包括招聘数量分析、招聘结构分析、招聘成本分析等。

1. 2014 年度人员招聘数量分析

（1）不同部门的招聘人数和离职人数分析

2014 年度本企业各部门入职人数和离职人数如下所示。

（续）

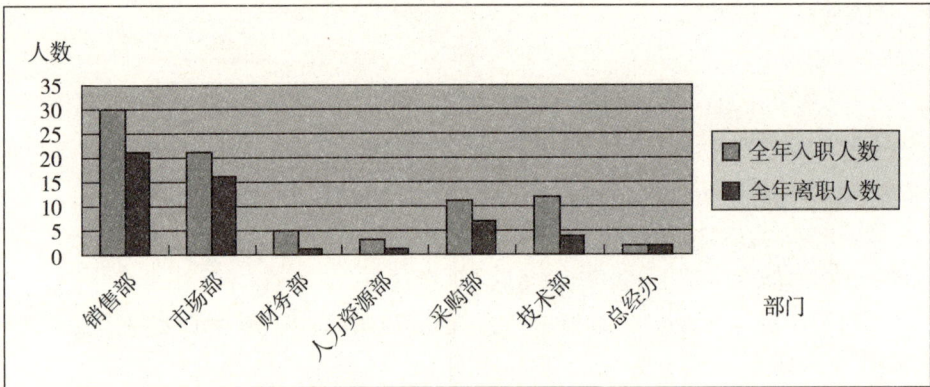

从图中可以清晰地看出，本企业全年共招聘岗位7个，招聘人数84人，离职人数52人，截至2014年12月31日，本企业员工数为300人，2014年离职率为17.3%。其中，销售部、市场部、采购部、技术部的人员变动最为突出。

（2）不同招聘渠道的招聘人数分析

本年度招聘渠道主要包括网络招聘、校园招聘、内部选聘、劳务派遣、猎头招聘和社会招聘，每种招聘渠道招聘的人数如下所示。

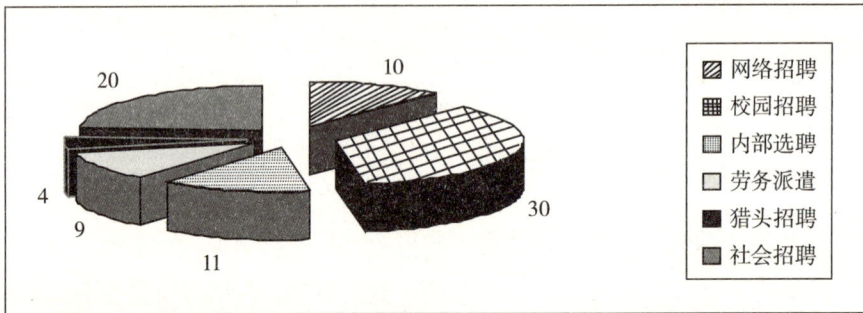

2014年度校园招聘人数为30人，占总招聘人数的35.7%，校园招聘不仅为企业打造了一支高素质的员工队伍，同时，扩大企业知名度。

内部选聘人数也有所上升，占总招聘人数的13.1%，招聘成本相对低廉，同时内部选聘员工的稳定性较高，适应性培训投入成本较少。

2014年下半年开始尝试通过猎头招聘渠道为企业吸纳高层管理人员，不仅开拓了新的招聘途径，而且为企业注入了新思维、新活力。

2.2014年度人员招聘结构分析

通过下图可以直观地分析出本年度招聘员工的素质结构和年龄结构。

（续）

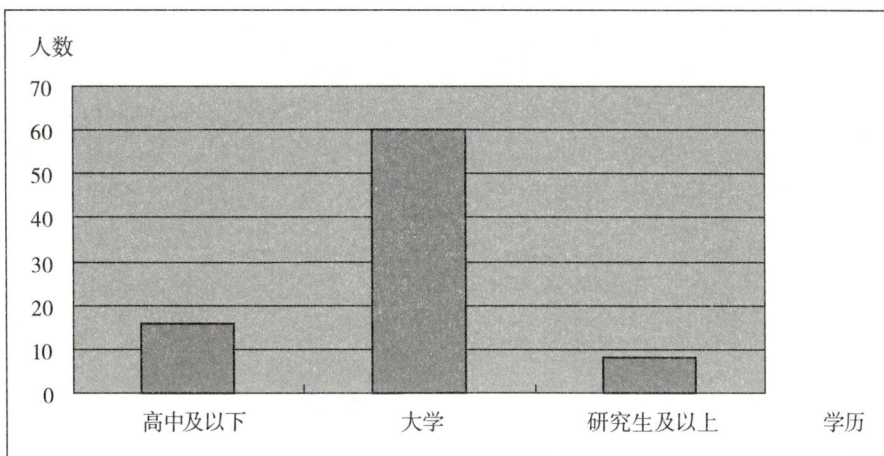

本年度招聘人员中，大学学历的人数最多，为60人，占新招聘员工总数的71%，同时，研究生及以上学历的高端人才招聘比例与去年同期相比上升2%，未来应考虑吸引更多高端学历人才，使企业员工整体素质结构得到大幅度提升。

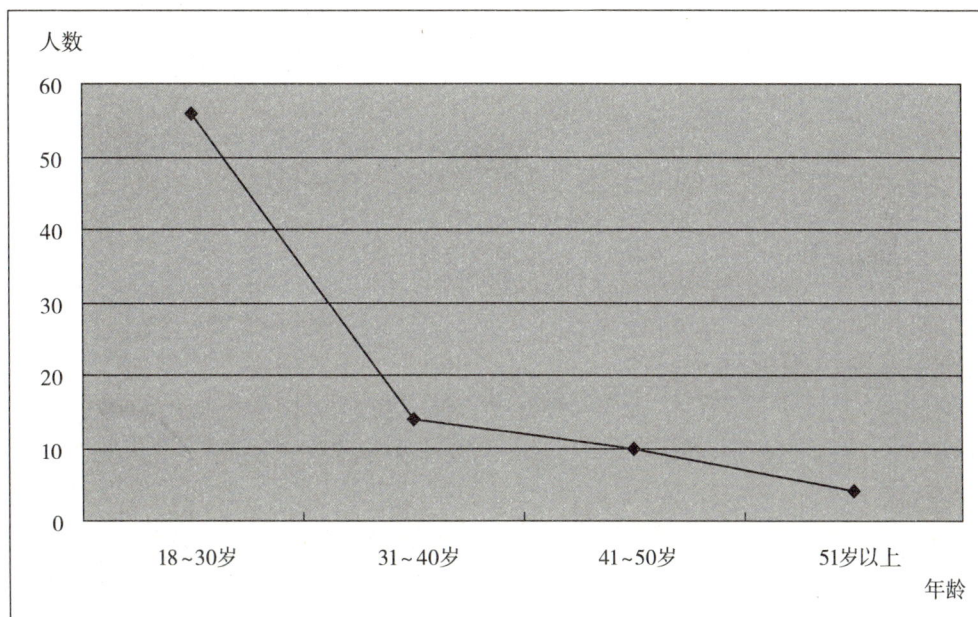

本年度招聘员工中，18~30岁所占比例最大，与其他年龄段相比，此年龄段的员工更易接受新知识、新技能，更有机会为企业创造利润。40岁以上年龄段虽招聘的人数较少，但多为企业的高层管理人员，关系到企业未来的发展方向。

（续）

3. 2014 年度招聘成本分析

2014 年度招聘成本分析

招聘途径	费用	招聘人数	人均招聘成本	备注
网络招聘	500 元	10 人	50 元/人	
校园招聘	2000 元	30 人	66.67 元/人	
内部选聘	200 元	11 人	18.18 元/人	
劳务派遣	500 元	9 人	55.56 元/人	
猎头招聘	400 元	4 人	100 元/人	
社会招聘	1100 元	20 人	55 元/人	

由于企业 2014 年度招聘任务重大，同时，希望增加应届生比例，提高企业员工整体学历水平，因此，在校园招聘渠道投入的费用较多，2015 年度应考虑增加网络招聘渠道的投入比例。

同时，随着人员稳定性的提高，招聘工作的合理性和计划性增加，2015 年度整体招聘成本会有所下降。

二、2014 年度招聘成绩

1. 招聘成果

（1）招聘达成率

2014 年度计划招聘员工 84 人，实际招聘员工 84 人，招聘任务达成率为 100%。

（2）面试约见率

2014 年初招聘，网络招聘主动投递简历的数量较少，需要招聘工作管理人员通过网络人才库进行简历搜索，因此，约见率仅为 20%。

随着企业发展规模的不断扩大、企业品牌建设的不断完善，同时，人力资源部不断总结、完善面试约见的技巧，2014 年末招聘，网络主动投递简历的应聘者数量增加，面试约见率提升为 55%，校园招聘的面试约见率为 72%，与去年同比增长 13%。

（3）人员筛选比例

2014 年度共接收简历 600 份，最终录用员工 84 人，招聘人员筛选比例为 14%，同比增长 2%，表明拓宽招聘渠道后，有更多高素质员工向企业投递简历。

（4）人员稳定情况

2014 年度录用的 84 名员工，83 人通过试用期考核，1 人因未达到企业用工标准，延迟试用期 1 个月，在试用期内因个人原因离职 1 人，试用期离职率为 1.2%，同比下降 0.3%。

（续）

2. 招聘渠道建设

（1）扩展招聘渠道

与2013年相比，本年度在原有招聘渠道上，增加了猎头招聘渠道，并扩大了网络招聘渠道的选择范围，在行业招聘网站上投放招聘广告，为企业吸纳了大量人才。

同时，进一步完善了企业官方网站招聘版块的建设，改版后的简历投递量与去年同期相比，提升了30%。

（2）招聘渠道管理及维护

2014年企业招聘任务重、时间紧，除与网络招聘渠道保持定期沟通外，建立广泛的客户关系，通过猎头公司与劳务派遣机构等渠道搜集人才信息，为各类专业人才的招聘奠定扎实基础。

3. 招聘计划管理

（1）招聘制度及招聘流程梳理

在往年招聘过程中，缺乏制度化的操作方法，导致企业招聘过程产生疏漏，招聘质量较差。2014年，人力资源部对企业招聘流程进行梳理，完善了招聘管理制度，并定期总结分析，改进工作流程，提高招聘效率。

（2）跨部门合作促进招聘计划完善

集合人力资源部本身资源，加强面试各环节与用人部门的交流，未通过招聘审批的岗位不能进行招聘，对岗位编制进行了有效控制。

三、2014年度招聘工作不足与建议

人力资源部对2014年度的招聘工作进行深入分析。

1. 2014年度招聘工作的不足

（1）招聘渠道尚须扩展，未打造企业在行业内的人才交流平台。

（2）招聘流程存在交叉，部分基层管理岗位的招聘流程甚至比高层管理岗位更为繁琐。

（3）部分招聘岗位缺乏准确的定位，核心岗位的任职资格混乱。

2. 招聘工作的改善建议

（1）人力资源部应与各用人部门建立有效的沟通渠道，根据审批通过的招聘计划有序开展招聘工作，做到人才的高效储备，避免发生紧急招聘的现象。

（2）人力资源部应重视对新入职员工的跟踪考核，掌握其工作进程，关注新入职员工在企业的成长。

（3）扩展招聘渠道建立企业人才库，保证下一年度能够高效、便捷地满足企业招聘需求。

（4）提升非人力资源管理人员的人力资源管理水平。